AF372712

Helmuth Graf von Moltke

Unter dem Halbmond

e-artnow 2018

Max Eyth
Im Strom unserer Zeit

Wolfgang Amadeus Mozart
Mozarts Briefe

Platon
Die Briefe (Vollständige deutsche Ausgabe)

Leo Tolstoi
Briefe: Einblick in die Gedanken Tolstois

Martin Luther
Gesammelte Briefe

Helmuth Graf von Moltke

Unter dem Halbmond

Briefe über Zustände und Begebenheiten in der Türkei aus den Jahren 1835 bis 1839

e-artnow, 2018
Kontakt: info@e-artnow.org
ISBN 978-80-268-8742-3

Inhaltsverzeichnis

1. Besuch beim Pascha von Neu-Orsowa – Reise durch die Walachei – Bukarest

Bukarest, den 25. Oktober 1835

Dicht unterhalb von Alt-Orsowa taucht aus den Fluten des Donaustroms ein Eiland empor, das eine türkische Festung trägt. Die Österreicher, die sie erbaut, tauften sie Neu-Orsowa; die Türken eroberten den Platz und obwohl seitdem ihre Grenzen von den Karpaten bis zum Balkan zurückgedrängt wurden, haust noch heute ein Pascha in Ada-Kalessi, der Inselfestung. Weit hinausgeschoben zwischen christliche Länder ragt hier ein letztes Minarett empor, von dem die Verehrung des Propheten verkündet wird, und die Türken, die von ihrem eigenen Grund und Boden, aus Serbien und der Walachei, verbannt sind, finden auf jener Insel eine Zuflucht.

In Begleitung eines Zoll- und eines Gesundheitsbeamten wurde meinem Reisegefährten, dem Baron von Bergh, und mir erlaubt Sr. türkischen Exzellenz einen Besuch abzustatten. In fünfzehn Minuten waren wir da.

Osman Pascha empfing mit viel Freundlichkeit zwei Fremde, die aus dem fernen Lande »Trandeburg« (Brandenburg) kamen. Er ließ uns Kaffee reichen und Pfeifen und gestattete uns seine Festung zu besehen. Der Pascha ist ein stattlicher Herr mit dickem rotem Bart, aber so unbeschreiblich schlecht logiert, wie bei uns kein Dorfschulze. Sein Palast ist ein Bretterschuppen. Trotz der empfindlichen Kälte saßen wir in einem halb offenen Gemach ohne Fensterscheiben. Unnötigerweise hatten wir einen Frack angezogen, während Se. Exzellenz in zwei bis drei Pelzen, einer größer und weiter als der andere, erschien.

In der Stadt überraschte uns die Unreinlichkeit der engen Straßen. Die Anzüge der Männer waren rot, gelb, blau – kurz, von den schreiendsten Farben, aber alle zerlumpt. Die Frauen schlichen tief verhüllt wie Gespenster umher. Alle Wohnungen trugen Spuren des Verfalls und an der Festung ist, glaub ich, seit der Besitznahme kein Ziegel ausgebessert.

Am 31. Oktober setzten wir unsere Reise durch die Walachei fort. Wenn mein Urteil über dies Land nicht sehr günstig ausfällt, so muss ich ehrlicherweise bemerken, dass ich nur den noch in dem letzten Feldzug furchtbar verwüsteten Teil gesehen habe. Vielleicht sind die nördlichen Gegenden besser. Dabei durchzogen wir diese Einöde während eines mehrtägigen unausgesetzten Regens und es war ein Glück für mich die mühevolle Reise wenigstens in angenehmer Gesellschaft zu machen.

Wir hatten uns in Orsowa einen Leiterwagen gekauft, denn die walachischen Fuhrwerke sind wie Kinderwagen, nicht über zwei Fuß vier Zoll hoch, und so kurz und eng, dass kaum ein Mensch darin sitzen kann, führte er auch so wenig Gepäck mit sich wie wir. An dem ganzen Wagen ist nicht das kleinste Stück Eisen; Nabe, Achse, alles aus Holz. Ebenso wenig darf man irgendeine Art von Metall an dem Pferdegeschirr suchen. Wir fanden die Flüsse so angeschwollen, dass das Wasser bis in unseren großen Wagen trat, und gratulierten uns, nicht noch zwei Fuß niedriger zu sitzen. Unsere Karosse galt aber als eine *voiture monstre*, ein großes Gefährt, in der Walachei; man spannte uns acht Pferde vor, und an schwierigen Stellen noch einige Büffel. Wo es der Weg gestattete, da ging es in schnellem Galopp und unter lautem Schreien der Postillione davon, die ohne Sattel auf den kleinen Pferden saßen und fast die Erde mit den Beinen berührten. Das Rufen benachrichtigt schon von weitem die Poststation und wenn man in den umzäunten Hof fährt, stehen die neuen Pferde bereit.

Der Regen goss unaufhörlich vom Himmel und mein Hut war so durchweicht, dass ich ihn aus dem Wagen warf. In Crajowa mussten wir, um unsere Pelze zu trocknen, zum Bäcker schicken, und erhielten sie, wie eine Art Backwerk, halb verbrannt zurück. In den Dörfern fand man nichts, weder Essen noch Trinken, noch Nachtquartier. Selbst die Postämter sind elende Hütten oder nur Höhlen in der Erde, mit einem Dach aus Zweigen überdeckt. Von einer solchen Armut hatte ich bisher keine Vorstellung.

Nicht wenig erfreut waren wir in Bukarest ein Gasthaus zu finden. Seit Orsowa hatten wir keins gesehen.

Obwohl wir uns fast unter dem gleichen Breitengrad mit Genua befinden, wo ich mich vorigen Jahres um diese Zeit des schönsten Sommers erfreute, so ist hier doch schon alles in tiefem Winter erstarrt. Wir durchstreifen indes die Stadt, die Kasernen und die Salons und rüsten uns zur Reise nach Konstantinopel.

In Bukarest erblickt man die elendsten Hütten neben Palästen im neuesten Stil und alten Kirchen von byzantinischer Bauart; die bitterste Armut zeigt sich neben dem üppigsten Luxus und Asien und Europa scheinen sich in dieser Stadt zu berühren.

2. Zustand der Walachei – Die Spuren langer Knechtschaft – Konsulate – Geringe Einwirkung der Regierung auf das Land – Vergleich mit Serbien

Die Walachei ist seit fünf Jahren erst in die Reihe christlicher Länder getreten, und wenn dies zwar unter der Bedingung einer doppelten Abhängigkeit geschah, so hat sie doch das Recht erlangt ihre innere Verwaltung nach eigenem Ermessen zu regeln.

Die Physiognomie dieses Landes trägt die furchtbarsten Spuren einer langen Knechtschaft. Zur Hälfte noch in Trümmern und Schutthaufen liegen die Städte ohne Mauern, ohne Tore, denn jede Gegenwehr war bisher Verbrechen gewesen. Nachdem der Widerstand sich so oft fruchtlos gezeigt, nachdem er so oft verderblich geworden war, dachte der Walache an keine andere Rettung mehr als an die Flucht. Sobald eine türkische Schar über die Donau herangezogen kam, entwich, wer etwas zu verlieren hatte, in die Wälder nach Ungarn oder nach Siebenbürgen.

Von dem zum Ackerbau geeigneten Boden ist kaum der fünfte Teil bestellt und so gleicht denn dieses Land in der Tat nur einer weiten Wüstenei, einer Wüstenei freilich, die nur auf fleißige Menschenhände wartet, um jede Mühe überschwänglich zu lohnen.

Der Walache hat von seinem Vater gelernt, nie mehr anzubauen, als gerade ausreicht sein Leben kümmerlich zu fristen; ein Mehr wäre nur die Beute seiner Machthaber oder seiner Feinde gewesen. Gewohnt, sich mit dem Allergeringsten zu begnügen, kennt er keine der tausend Bedürfnisse anderer Nationen, scheut die Dürftigkeit nicht so sehr wie die Arbeit, den Zwang der Gesittung mehr als das Elend der Barbarei. Die Walachen sind ein auffallend schöner, großer Menschenschlag; ihre Sprache ist eine Tochter der römischen und noch heute der italienischen ähnlich. Aber das türkische Joch hat dieses Volk völlig geknechtet. Die Waffen sind ihm lange schon fremd geworden, es ergibt sich in jede Forderung. Jeder wohl gekleidete Mann imponiert dem Walachen, er hält ihn für völlig berechtigt ihm zu befehlen und Dienstleistungen von ihm zu verlangen. Nie wird man einen Walachen danken sehen, selbst wenn ein Geschenk alle seine Erwartungen übersteigt, aber ebenso stillschweigend nimmt er auch Misshandlungen hin; er hält es für unklug, seine Freude und seinen Schmerz zu verraten. Dagegen findet man ihn stets heiter, wenn er in einer elenden Erdhöhle am mächtigen Feuer seine durchnässten Lumpen trocknen, einen Maiskolben rösten oder gar eine Pfeife rauchen kann.

So viele unserer Landsleute wandern aus, um sich in fremden Weltteilen ein besseres Dasein zu gründen, und so wenige versuchen es aus dieses reichen Landes Quellen zu schöpfen, wo jede Arbeit ihren Lohn finden müsste, wenn nur Schutz und Sicherheit des Eigentums vorhanden wären.

Man hat in den Hauptrichtungen durch das Land Postverbindungen hergestellt und der Reisende wird in der günstigsten Jahreszeit äußerst schnell, aber auch äußerst unbequem befördert. Allein, da für Straßen und Brücken bis jetzt auch noch nicht das Allermindeste geschehen ist, so grenzt es fast an Unmöglichkeit, sich nach anhaltendem Regen in diesem schweren Lehmboden von einem Ort zum anderen zu bewegen. Die Flüsse, die von den Karpaten herabstürzen, füllen dann ihre breiten Betten in der Ebene und unterbrechen jeden Verkehr. Mit der Wegbarkeit sieht es in diesem Land noch sehr schlecht aus; Straßen gibt es nicht, die Donau zieht nur an der Grenze entlang und die Flüsse, die ihr zuströmen, sind nicht schiffbar und auch kaum schiffbar zu machen.

Man staunt, in dieser Wüstenei eine Stadt wie Bukarest mit fast 100 000 Einwohnern zu finden. In Bukarest gibt es Palais, Gesellschaften und Visiten, Theater, *marchandes de mode*, Zeitungen und Equipagen; aber so wie man den Fuß vor das Tor setzt, versinkt man in Barbarei. Man hat eine Gesellschaft von Naturforschern und eine Musterwirtschaft gegründet, aber selbst der Anbau der Kartoffel ist in der Walachei noch nicht eingeführt. In der Stadt sieht man den *Hof*, aber im Lande die *Regierung* nicht.

Serbien bildet in vielen Beziehungen das Gegenstück zur Walachei. In Serbien gibt es weder Bojaren noch anderen Adel, weder große Städte noch einen Hof, sondern nur Volk und Fürst.

Milosch, dieser außerordentliche Mann, hat mit dem Schwert die Freiheit seiner Landsleute erkämpft, aber er hat es verschmäht, ihren bürgerlichen Zustand zu begründen.

Milosch Obrenowitsch war während seiner Anwesenheit in Konstantinopel mit seltener Auszeichnung empfangen worden und ist der Pforte noch wahrhaft ergeben, denn er ist klug genug einzusehen, dass nur durch sie sein Fürstentum bestehe. Im Innern seines Landes herrscht er durch das Andenken an große Verdienste, durch die Vereinigung aller materiellen Gewalt in seinen Händen und durch den Einfluss eines ungeheuren Reichtums. Nach außen ist er stark durch den kriegerischen, tüchtigen Charakter des serbischen Volkes, denn obwohl seine Miliz nicht zahlreich ist, so weiß doch jeder Serbe die Waffen zu führen, für deren Besitz er so lange gekämpft hat.

3. Walachische Schlitten – Gjurgewo – Rustschuk – Reise mit dem Tataren – Schumla – Türkische Bäder – Der Balkan – Adrianopel – Ankunft in Konstantinopel

Konstantinopel, den 29. November 1835

Nach achttägigem Aufenthalt in Bukarest setzten wir unsere Reise im Schlitten fort, wenn man diese schmeichelhafte Benennung für ein Fuhrwerk gebrauchen will, das eigentlich nichts war, als eine mit vier Pferden bespannte Schleife, und diese noch dazu so eng und kurz, dass die Beine über den Rand hervorragten und man bei der schnellen Bewegung sich nur mit äußerster Anstrengung im Sitz hielt. Auch hatten wir die erste Post noch nicht erreicht, als unser Postillion gestürzt und ich zweimal aus dem Schlitten gefallen war. Der Führer des Miniaturfahrzeugs nahm davon nicht die mindeste Kenntnis; er jagte mit seinen kleinen Pferden weiter und man hatte die äußerste Mühe ihn durch Rufen darauf aufmerksam zu machen, dass er ein Stück seiner Fracht verloren habe. Die Bäche waren in den Tälern über die Wege getreten.

Das Schlimmste für den europäischen Reisenden in diesen Ländern ist der gänzliche Mangel an Gasthöfen. Wenn man hungrig, durchnässe und halb erstarrt abends in eine Stadt kommt, so findet man für Geld weder eine warme Stube noch ein Bett, noch ein Abendessen. Es bedurfte eines Schreibens des Fürsten, um uns in Gjurgewo Aufnahme in eine Privatwohnung zu verschaffen.

Man sieht in dieser Stadt noch deutlich genug die Spuren der Verwüstung aus den letzten Kriegen. Die Festungswerke nach der Landseite sind geschleift, an der Donau sind dagegen einige Bollwerke stehen geblieben. Die Lage an dem schiffbaren Strom wird aber gewiss den Ort bald wieder heben und schon jetzt steigen außer den Kirchen mit ihren byzantinischen Kuppeltürmen einige stattliche steinerne Gebäude empor.

Am folgenden Morgen setzten wir über den hier sehr breiten Strom, der an dieser Stelle mehrere Inseln bildet. Der Wind half uns gegen die starke Strömung, denn Gjurgewo liegt etwas unterhalb Rustschuks. Dort betraten wir türkischen Boden.

Alles in dieser Stadt erschien uns neu und außerordentlich. Wir sahen mit ebenso viel Erstaunen um uns, als wir von den Einwohnern mit Erstaunen angesehen wurden. Unser Weg führte uns am Palast des Paschas vorüber, einem großen baufälligen Haus aus Fachwerk mit vergitterten Fenstern und weit hervorragendem Dach. Gegenüber auf einem freien Platz standen einige Kanonen. Hierauf durchwanderten wir den Basar, eine lange Straße zwischen zwei Reihen von Buden, deren Dächer fast zusammenstießen, sodass man einigermaßen gegen Sonne oder Regen geschützt geht. Pfeifen, Pferdegeschirr, baumwollene und halbseidene Gewebe, Früchte, Stiefel und Pantoffeln waren die einzigen Gegenstände, die dieser Markt bot. Endlich erreichten wir das Hann oder den türkischen Gasthof. Dieser gewährt den Reisenden ein Obdach, aber auch durchaus weiter nichts. Irgendein reicher Pascha erbaut ein solches Hotel als eine Art fromme Stiftung, aber niemand denkt daran, es zu möblieren oder nur in baulichem Stand zu erhalten. Jedes Hann hat seine Fontäne, die reicheren haben zugleich eine Moschee und ein Bad, aber der Reisende muss sein Lager wie seine Mahlzeit selbst mitbringen. Mir fiel es besonders auf, dass in einer Stadt, die einen so rauen Winter hat, wie hier an den Ufern der Donau, nicht einmal Fensterscheiben zu finden waren. Die Fenster waren entweder ganz offen oder höchstens mit Papier verklebt.

Wir hatten aus Bukarest eine Empfehlung an einen griechischen Kaufmann, der sich in dem Hann förmlich eingerichtet hatte und seine Strohmatte, seine Kissen und seine Mahlzeit mit uns teilte. Er schloss auch den Handel mit einem Tataren ab, der es für nicht ganz 100 Taler übernahm, uns mit unserem Gepäck nach Konstantinopel zu schaffen, wobei er zugleich für die Zehrung zu sorgen hatte. Es ist mir noch ein Rätsel, wie es uns gelang, uns über alle diese Dinge zu verständigen, denn unser griechischer Wirt konnte gerade so viel Deutsch oder Französisch, wie wir Türkisch oder Griechisch.

Bei Tagesanbruch trabten wir über das holperige Steinpflaster zum Tor hinaus. Unsere kleine Karawane bestand aus fünf Reitern und sieben Pferden. Voraus ritt mit einem Handpferd der Wegweiser, ein Araber, dessen schwarzes Gesicht in der weißen Winterlandschaft etwas deplatziert aussah. Der Sohn der Wüste versank oft bis zu den Bügeln im Schnee. Ihm folgte der Surudschi, der Pferdejunge, mit dem Packpferd an der Hand, und dann wir mit dem Tataren. Alle waren bewaffnet und führten in der Rechten den Kamtschik, eine lange Peitsche mit kurzem Stiel.

Anhaltender Regen hatte, ehe der Frost eintrat, den schweren Lehmboden sehr aufgeweicht. Jetzt waren alle diese Unebenheiten fest gefroren und durch hohen, aber lockeren Schnee verdeckt. Es war daher ein halsbrecherisches und langwieriges Reiten.

Die Tataren, wenn sie auch noch so früh ausreiten, halten erst des Abends an. Die Pferde bleiben oft zwölf bis vierzehn Stunden ohne Futter. Bergauf reitet man Schritt, in der Ebene einen kurzen Zuckeltrab, der den Reiter schrecklich ermüdet; bergab aber, selbst auf den abscheulichsten Wegen, geht es Galopp. Sobald man das Nachtquartier nur aus der Ferne sieht, setzt sich alles in Galopp und nun geht es mit vollem Rennen und mit lautem Allah-Ruf über halsbrecherisches Steinpflaster, durch enge abschüssige Straßen bis an den Hof des Hann oder der Karavanserai. Der Surudschi führt dann die dampfenden Pferde wohl eine Stunde lang noch herum; der Reiter aber zieht sogleich die Stiefel aus und streckt sich auf das Kissen am Kaminfeuer. Man bringt die Kanne und das Waschbecken (Ibrik Lehenn) und reicht gleich darauf eine winzige Tasse (Fildschan) ohne Unterschale, aber auf einem kleinen Messingfuß (Sarf) mit Kaffee ohne Zucker und ohne Milch, den Kaffeesatz in der Tasse. Dann kommt die Pfeife zum Vorschein und endlich breitet man ein Leder vor dir aus, auf welches eine Schüssel Pillaw (Reis) gesetzt wird, und unmittelbar darauf legt sich jeder schlafen, angezogen, wie er ist. Wer nicht an Reisen zu Pferde gewöhnt ist, dem kann ich einen Ritt im Winter mit dem Tataren durch Bulgarien und Rumelien nicht empfehlen.

Am Abend des zweiten Tages erreichten wir Schumla. Nachdem man die Höhe, auf welcher das Fort Strandscha liegt, erstiegen hat, hat man einen prächtigen Anblick auf die Stadt mit ihren zierlichen Minaretts und großen Kasernen, auf die steilen Berge, welche hinter ihr emporsteigen, und die weite Ebene, die bis zur Donau reicht. Die Vorberge des Balkan umfassen Schumla in Form eines Hufeisens und die offene Seite ist durch Verschanzungen geschützt. Die Stadt ist weit freundlicher und besser gebaut als Rustschuk und die Hauptmoschee sehr zierlich und schön.

Hunger, Kälte und Ermüdung nach vierzehnstündigem Ritt schüttelten mir die Glieder mit Fieberfrost, als ich im Karavanseraj abstieg, und die kurzen Steigbügel des Tatarensattels hatten meine Beine fast gelähmt. Man schlug mir vor ins Hamam oder türkische Bad zu gehen. Da ich von diesem Bad noch keine Vorstellung hatte, so schleppte ich mich mühsam dahin, um es wenigstens zu sehen. Wir traten in ein weites hohes Gewölbe, in dessen Mitte ein Springbrunnen plätscherte, der mir die Kälte sozusagen anschaulich machte, die in diesen Räumen herrschte. Ich verspürte nicht die geringste Versuchung nur das kleinste Stück meiner Toilette abzulegen; überdies sah ich überhaupt keine Badewanne und dachte nur mit Schrecken an den Springbrunnen und seine Eiszapfen. Mit Erstaunen erblickte ich auf der hölzernen Estrade, die rings das Gemach umgab, mehrere Männer auf Teppichen und Matratzen liegen, bloß mit einem dünnen Leintuch zugedeckt, behaglich die Pfeife rauchend und sich wie an einem schwülen Sommertag an der Kühle labend, die mir in diesem Augenblick so entsetzlich schien.

Der Badewärter, der in unseren bedenklichen Mienen las, führte uns in ein zweites Gewölbe; in dem schon eine ganz anständige Hitze war. Hier bedeutete man uns durch Zeichen, dass wir uns entkleiden möchten; man wickelt sich ein halbseidenes blaues Tuch um die Hüften und bekommt ein Handtuch als Turban um den Kopf, von dem angenommen wird, dass er nur aus Versehen nicht geschoren ist. Nach dieser Einkleidung schob man uns in eine dritte gewölbte Halle hinein, deren marmorner Fußboden so stark geheizt war, dass man ihn nur auf hölzernen Pantinen (Galendschi) betreten konnte. Unter der Mitte der Kuppel, durch deren sternförmige, mit dickem Glas geschlossene Öffnungen das Tageslicht eindringt, erhebt sich ein zwei Fuß hohes Plateau mit Marmor, Jaspis, Porphyr und Agat reich ausgelegt, auf welches man sich behaglich hinstreckt.

Der Telektschi oder Badewärter schreitet nun zu einer ganz eigentümlichen Prozedur. Der ganze Körper wird gerieben und alle Muskeln gereckt und gedrückt. Der Mann kniet einem auf die Brust oder fährt mit dem Knöchel des Daumens über das Rückgrat; alle Glieder, die Finger und selbst das Genick bringt er durch eine leichte Manipulation zum Knacken. Wir mussten oft laut auflachen, aber der Schmerz nach dem langen mühseligen Ritt war verschwunden. Durch Klatschen in die Hände gibt der Telektschi das Zeichen, dass er mit seiner Operation fertig sei.

Man begibt sich nun in die kleinen, noch stärker erwärmten Zellen, welche die große Halle umgeben. Hier sprudelt klares Wasser in Marmorbecken, und zwar nach Belieben, aus zwei Hähnen, warmes und kaltes. Der Patient wird nun demselben Verfahren unterworfen wie die türkischen Pferde beim Striegeln, indem nämlich der Wärter einen kleinen Sack aus Ziegenhaar über die rechte Hand zieht und damit den ganzen Körper anhaltend überfährt. Dies ist allerdings eine gründliche Reinigung und man möchte sagen, dass man noch nie gewaschen gewesen ist, bevor man nicht ein türkisches Bad genommen hat. Der Telektschi erscheint nun aufs Neue mit einer großen Schüssel mit wohlriechendem Seifenschaum. Mittels eines großen Quastes aus den Fasern der Palmrinde seift er seinen Mann vom Scheitel bis zur Fußsohle, Haare, Gesicht, alles ein, und mit wahrem Vergnügen gießt man sich dann das kalte Wasser über Kopf, Brust und Leib.

Jetzt ist man fertig; statt der durchnässten Tücher erhält man trockene, über dem Feuer erwärmte umgewickelt, einen Turban auf den Kopf und ein Laken über die Schultern, denn die größte Schicklichkeit wird beobachtet. Bergh und ich erkannten uns in dieser Maskerade kaum wieder und mussten einer über den anderen lachen. Wir streckten uns nun in der Eingangshalle so behaglich hin, wie wir es von den Türken sahen. Man schlürft einen Scherbet (kaltes Limonadengetränk), Kaffee oder raucht die Pfeife und empfindet die Kälte nur als angenehme Erfrischung, so innerlich durchwärmt ist der Körper. Die Haut fühlt sich äußerst glatt und geschmeidig an und es ist gar nicht zu beschreiben, wie erquickend und wohltuend ein solches Bad auf große Ermüdung wirkt. Nach einem köstlichen Schlaf setzten wir am folgenden Morgen unseren Ritt so frisch fort, als ob wir noch keine Anstrengungen gehabt hätten.

Da alle Bäche und Flüsse über die Ufer getreten waren, so mussten wir uns von Schumla zu einem weiten Umweg über Eski-Schumna und Osman-basary entschließen. Von dort erstiegen wir ganz allmählich und auf breiten Schneeflächen den Balkan und nachdem wir einen felsigen Grat überschritten hatten, sahen wir das tiefe Tal von Kasann vor uns, in welches die Straße sich sehr steil hinabsenkt. Die Stadt Kasann erblickt man erst in einer letzten Schlucht zwischen den schroffen hohen Felswänden. Jenseits windet sich der nur für Reiter geeignete Pfad wieder sehr steil empor. Der Weg wird nun dadurch, dass er sich über mehrere kleine Rücken und durch tiefe Täler zieht, äußerst beschwerlich. Endlich erreicht man die letzte Höhe, von der man weit über das rumelische Hügelland hinschaut. Hier wehte uns eine mildere Luft entgegen; der Schnee verschwand, die Bäume trugen noch Laub und zahllose Krokusse blühten auf den grünen Wiesen.

Längs einer Schlucht, deren Tiefe durch Wolkennebel verhüllt war, ging's nun in vollem Galopp durch Frucht- und Olivengärten dem Städtchen Islenije (Selimnia) zu.

Von Islenije gewährte das hohe zackige Gebirge einen prachtvollen Anblick. Wolken hingen an den Gipfeln, während die Sonne die kahlen Steinwände beschien, welche die kühnsten und malerischsten Formen zeigen.

Ehe wir das Nachtquartier erreichten, war es Abend geworden und wir bemerkten, dass unser Tatar, mit dem wir keine Silbe reden konnten, sich verirrt hatte. Wir befanden uns auf einer weiten Wiese, von den Überschwemmungen der Tundscha nach allen Richtungen umgeben. Dabei war es so finster, dass man nicht drei Schritte vor sich sah und wir alle Mühe hatten, nicht von unserem Führer abzukommen. Wir stießen auf große Herden von Kühen und Ziegen, aber alles Rufen nach den Hirten war vergebens; sie mochten wohl wissen, dass der Besuch eines Tataren ihnen Dienstleistungen ohne Lohn verhieß.

Dieser erwischte schließlich, Gott weiß wie, einen kleinen Ziegenhirten, knebelte ihn sogleich, band ihn mit dem Kamtschik an sein Pferd und zwang ihn durch dick und dünn vor uns herzutraben. Der kleine Bulgare wehrte sich herzhaft, schrie, als ob er gespießt würde, und ich erwartete jeden Augenblick ein paar Flintenschüsse von seinen Angehörigen. Es war ein widriges Gefühl, dies Unrecht dulden zu müssen, aber wir konnten uns weder verständigen noch der Hilfe des Knaben entbehren. Als ob der Himmel die Unbilde rächen wollte, strömte der Regen auf uns herab und nur einzelne Blitze erhellten die Gegend vor uns. So zogen wir wohl eine halbe Stunde fort, bis unser kleiner Führer vor einer elenden Hütte Halt machte, von der wir sogleich Besitz nahmen. Nur mit Mühe gelang es, aus grünen Tannenzweigen ein Feuer mitten auf dem Fußboden anzufachen, und der Rauch wurde bald so unerträglich, dass man es nur an der Erde liegend aushalten konnte. Zu essen gab es hier nichts und wir mussten uns, bis auf die Haut durchnässe, schlafen legen, denn selbst die Mantelsäcke trieften von Regen.

Ich suchte mir den trockensten Platz in der Hütte und schlief aus Ermüdung sehr bald fest ein. Als ich am folgenden Morgen aufwachte, fühlte ich jedoch, dass ich kein ganz bequemes Lager gehabt hatte. Ich befand mich auf einer Art Schleife, deren ganze Fläche mit scharfen Feuersteinen besetzt war. Man drischt nämlich hier das Korn nicht wie bei uns, sondern legt es im Freien auf eine Art Tenne »Harman« und fährt dann mit dem beschriebenen Schlitten im Kreise darauf herum. Das Stroh wird dabei zugleich zermalmt und den Pferden genießbarer gemacht.

Nachdem wir unseren kleinen Führer reichlich beschenkt hatten, setzten wir bei fortwährendem Regen die Reise weiter fort. Aber schon mittags mussten wir in einem elenden Dorf liegen bleiben, weil es keine Möglichkeit gab, einen der Zuflussbäche zur Tundscha zu passieren. Als am folgenden Morgen das Wasser etwas gefallen war, furteten wir durch; das Packpferd aber stürzte mit unseren Sachen in den Fluss und wäre beinahe davongeschwommen. Die Wege waren bodenlos aufgeweicht und unsere Karawane gewährte den traurigsten Anblick, als wir endlich in Adrianopel einzogen.

Wie alle türkischen Städte ist auch Adrianopel von außen gesehen sehr schön. In einem weiten Wiesental, zwischen mächtigen Baumgruppen und schlängelnden Flussarmen erheben sich die Kuppeln und Minaretts, die Mauern und Türme über ein Gewirr von flachen roten Dächern, zwischen denen lichtgrüne Sträucher und hohe schwarze Zypressen hervorleuchten. Die mächtige Moschee Sultan Selims mit ihren vier schlanken Minaretts ragt auf dem höchsten Hügel über die ganze Stadt empor, welche von Weinbergen, Gärten und Ackerfeldern umschlossen ist.

Unser Tatar trieb indes zur Eile und am zehnten Morgen, seit wir aus Rustschuk ausgeritten waren, sahen wir die Sonne hinter einem fernen Gebirge emporsteigen, an dessen Fuß sich ein Silberstreifen hinzog; – es war Asien, die Wiege der Völker, es war der schneebedeckte Olymp und der klare Propontis, auf dessen tiefem Blau einzelne Segel wie Schwäne schimmerten. Bald leuchtete aus dem Meer ein Wald von Minaretts, von Masten und Zypressen empor – es war Konstantinopel.

4. Fahrt von Konstantinopel auf dem Bosporus nach Bujukdere

Konstantinopel, den 3. Dezember 1835

Nachdem wir eine Nacht in Pera geruht hatten, setzten wir uns in einen der äußerst zierlichen leichten Nachen (Kaik), die zu hunderten im Hafen, dem Goldenen Horn, herumfahren. Die Ruderer sitzen schon fertig und warten: »*Buirun captan. Hekim baschi. St!*«, rufen die Türken, die von jemandem, der den Hut trägt, voraussetzen, dass er ein Schiffskapitän oder ein Arzt sein müsse; »*Ellado tscheleby!*« – Hierher, gnädiger Herr! – die Griechen. Sobald man sich entschieden hat, wem man den Vorzug geben will, und unten auf dem Boden des schwankenden Fahrzeugs Platz genommen hat, versetzen ein paar Ruderschläge den Nachen aus dem Getümmel der Wartenden hinaus ins Freie.

Aber, wie soll ich dir den Zauber schildern, der uns jetzt umfing. Aus dem rauen Winter waren wir in den mildesten Sommer, aus einer Einöde in das regste Leben versetzt. Die Sonne funkelte hell und warm am Himmel und nur ein dünner Nebel umhüllte durchsichtig den feenhaften Anblick. Zur Rechten hatten wir Konstantinopel mit seiner bunten Häusermasse, über welche zahllose Kuppeln, die kühnen Bogen einer Wasserleitung, große steinerne Hanns mit Bleidächern, vor allen aber die himmelhohen Minaretts emporsteigen, welche die sieben riesengroßen Moscheen Selims, Mehmeds, Suleimans, Bajasids, Valideh, Achmeds und Sophia umstehen. Das alte Serai streckt sich weit hinaus ins Meer mit seinen phantastischen Kiosken und Kuppeln mit schwarzen Zypressen und mächtigen Platanen. Der Bosporus wälzt gerade auf diese Spitze zu seine Fluten, die sich schäumend am Fuß der alten Mauer brechen. Dahinter breitet sich der Propontis mit seinen Inselgruppen und felsigen Küsten aus. Der Blick kehrt aus dieser duftigen Ferne zurück und heftet sich auf die schönen Moscheen von Skutari, der asiatischen Vorstadt; auf den Mädchenturm (Kiskalessi), welcher zwischen Europa und Asien aus der tiefen Flut auftaucht; auf die Höhen, die noch mit frischem Grün prangen, und auf die weiten Begräbnisplätze im Dunkel der Zypressenwälder.

Wir eilten zwischen großen Kauffahrern mit den Wimpeln aller Nationen und riesenhaften Linienschiffen hindurch aus dem Goldenen Horn in den Bosporus. Zahllose Kaiks glitten in allen Richtungen über das unbeschreiblich klare, tiefe Wasser; jetzt wendeten wir uns links um das Vorgebirge, welches Pera, die Frankenstadt und Galata mit seinen alten Mauern und dem gewaltigen runden Turm trägt, von welchem einst die Genueser der Eroberung Konstantinopels teilnahmslos zuschauten.

Wegen der heftigen Strömung halten sich die Nachen beim Hinauffahren ganz dicht an das europäische Ufer und wir betrachteten mit Vergnügen die Sommerwohnungen (Jalys), die von den Wellen bespült werden. Die Fenster sind mit dichten Rohrgittern geschlossen und die Gärten von Lorbeer- und Granatbäumen beschattet und mit zahllosen Blumentöpfen besetzt. Eine Menge blühender Rosen lachte den Vorüberfahrenden aus den Gitterfenstern der Gartenmauern entgegen und Delphine sprangen schnaubend dicht neben dem Kahn über die glatte Fläche empor. Auf beiden Ufern des Bosporus reiht sich eine Wohnung an die andere, eine Ortschaft folgt der anderen und die ganze, drei Meilen weite Strecke von Konstantinopel bis Bujukdere bildet eine fortgesetzte Stadt aus zierlichen Landhäusern und herrlichen Palästen, aus Fischerhütten, Moscheen, Cafés, alten Schlössern und reizenden Kiosken.

Besonders schön liegt Therapia, wo die Botschafter Englands und Frankreichs wohnen. Der Ort schaut aus den von jetzt an felsigen und unbebauten Bergwänden des Bosporus hinaus ins Schwarze Meer. Links um eine weite Bucht reihen sich die Häuser von Bujukdere mit den Gebäuden der österreichischen, russischen, preußischen und anderen Gesandtschaften.

Wir gingen in Bujukdere an Land und stellten uns unserem Gesandten vor, der uns mit der ausgezeichnetsten Güte und Freundlichkeit empfing und uns sogar eine Wohnung in seinem reizend gelegenen Haus einräumte.

5. Besuch beim Seraskier Pascha

Konstantinopel, den 24. Dezember 1835

Vor einigen Tagen begleiteten wir unseren Gesandten zu einer Audienz bei *Mehmed Chosref Pascha*, dem allgewaltigen Kriegsminister und Oberkommandierenden.

Die Wohnung dieses Würdenträgers ist ein ausgedehntes hölzernes Gebäude, welches einen schönen Blick auf das Marmarameer gewährt. Der Seraskier empfing den Gesandten stehend in einem sehr großen Saal mit vielen Fenstern. Außer dem breiten Diwan befinden sich Sofas, Stühle, Tafeluhren und Tische im Zimmer, ebenso viel Dokumente zeugen von der Europäisierung des türkischen Generals. Ein schöner Teppich bedeckte den Fußboden und ein großes bronzenes Kohlenbecken glühte in der Mitte des Saals. Nachdem man sich gesetzt hatte, waren wohl zwanzig bis dreißig Agas beschäftigt die Pfeifen und den Kaffee zu reichen, denn je mehr man seinen Gast ehren will, je mehr Diener müssen erscheinen. Diese Schar zog sich dann in tiefer Stille, die Hände als Zeichen der Ehrfurcht vor den Leib gekreuzt, rückwärts zur Tür und verschwand auf einen Wink des Gebieters.

Der Seraskier führte die Unterhaltung mit Hilfe eines Dragomans, eines Dolmetschers, mit viel Jovialität und Ungebundenheit. Er richtete auch einige Fragen an mich über das preußische Landwehrsystem, welche zeigten, dass er sich wohl mit diesem Gegenstand beschäftigt hatte, und rühmte sehr die Vortrefflichkeit unserer Militäreinrichtungen.

Du weißt, dass meine Absicht war, nur etwa drei Wochen in Konstantinopel zu verweilen und dann über Athen und Neapel zurückzukehren. Nun hat aber der Seraskier mich durch die Gesandtschaft förmlich auffordern lassen die Abreise zu verschieben, was meinen ganzen Reiseplan ändert. Ich muss meinen Gefährten, den Baron Bergh, allein ziehen lassen, was mir in jeder Beziehung äußerst leid ist.

6. Spaziergang durch Tophane – Öffentliche Briefschreiber – Galata

Konstantinopel, den 4. Januar 1836

Ich schrieb dir in meinem letzten Brief, dass mein Aufenthalt sich hier unerwartet verlängert. Der Seraskier lässt mich jede Woche ein paarmal rufen; da die Türken aber jetzt den Ramadan feiern, wo alle Geschäfte des Tages über ruhen, so finden die Besuche des Nachts statt. Das zehnrudrige Kaik des Seraskiers erwartet mich zu Galata und am jenseitigen Ufer des Hafens finde ich seine Pferde. Ebenso geht es zurück. Voraus schreitet ein Kawass oder Polizeisoldat, der mit seinem langen Stock unbarmherzig auf alles losschlägt, was nicht aus dem Wege geht. Dann folgt der Imrohor oder Stallmeister des Paschas und zwei Fackelträger zu Fuß; dann ich auf einem schönen türkischen Hengst mit Tigerdecken und goldenen Zügeln, begleitet vom Dolmetscher.

Was die Lebensweise hier anbetrifft, so ist sie außerordentlich einförmig. Nach dem Frühstück mache ich bei gutem wie bei schlechtem Wetter eine Promenade, gewöhnlich durch die Hauptstraße von Pera zu dem großen Begräbnisplatz. Die hohen hundertjährigen Zypressen beugen unter der Last des Schnees ihre grünen Zweige zur Erde und die zahllosen aufrecht stehenden Leichensteine sind mit einer Eisrinde wunderbar überzogen. Da, wo der Weg aus dem Zypressenwald tritt, öffnet sich eine herrliche Aussicht auf den Bosporus. Unten liegt Beschik-tasch, ein Schloss des Großherrn, denn das alte Serai hat er für immer verlassen, weil daran zu fürchterlich blutige Erinnerungen kleben; auch ist ihm prophezeit, dass er dort sein Leben enden werde. Jenseits erheben sich die schneebedeckten Berge Asiens, Skutari, die Vorstadt mit 100 000 Einwohnern und mitten im Wasser der Leanderturm.

Begleite mich nun auf meiner Wanderung, die steile Höhe, welche der Begräbnisplatz krönt, hinab an das Ufer des Bosporus. Wir bleiben ein Weilchen stehen und sehen den Wellen zu, die sich mit Macht an den steinernen Kais brechen und schäumend weit über die vergoldeten Gitter bis an den Kiosk des Großherrn spritzen. Griechen sammeln die Austern, welche die bewegte See ans Ufer wirft, und ganze Herden von Hunden verzehren die Reste eines gefallenen Pferdes. Wir wenden uns nun rechts an einem prachtvollen Marmorbrunnen vorüber und treten in eine lange Reihe von Kaufläden, deren Dächer oben fast zusammenstoßen. Dort sind es vor allem die Esswaren und Früchte, die meine Aufmerksamkeit erregen; wüsste ich nur ein Schiff, so würde ich euch einen schönen Korb füllen. Da gibt es Datteln, Feigen, Pistazien, Kokosnüsse, Manna, Orangen, Rosinen, Nüsse, Granatäpfel, Limonen und viele andere gute Sachen, von denen ich die Namen nicht einmal weiß. Da gibt es Honigbrei, Reisspeisen, Ziegenrahm und Traubengelee, alles aufs Reinlichste und Beste bereitet; dann kommt der Gemüsemarkt mit Blumen, Kohl, Artischocken, ungeheuren Melonen, Kürbissen, Karden und Pasteken. Gleich daneben liegen die Erzeugnisse des Meeres: ungeheure Fische wie der riesenhafte Thon, die silbernen Palamiden, der Goldfisch, die Steinbutte und alle die Meeresungeheuer, die doch so gut schmecken, die Austern, Hummer, Krebse und Krabben.

Zwischen mehr als hundert Läden, in denen Tschibuks oder Pfeifenrohre, Köpfe aus rotem Ton und lange Spitzen aus Bernstein gefertigt werden, kommt man endlich nach Tophane, dem Viertel der Artilleristen. Die von dem jetzigen Großherrn erbaute Moschee Nusrethieh (die Siegreiche) zeichnet sich aus durch ihre beiden Minaretts, die hundert Fuß hoch sind und deren unterer Durchmesser doch nicht über neun Fuß misst. Wie gut müssen solche schlanken Türme gebaut sein, um Stürmen, oft auch Erdbeben widerstehen zu können. Im Vorhof, der mit schönen Säulen umgeben ist, waschen, trotz der kalten Witterung, in langen Reihen von Wasserbecken die andächtigen Moslems Gesicht, Hände und Füße, denn sonst wird das Gebet nicht akzeptiert. Nach dieser etwas frischen Prozedur kniet der Gläubige, das Gesicht gegen Mekka gewendet, nieder, sagt seinen Spruch, zieht seine Stiefel an und geht davon.

Nahebei ist die große Moschee Kilidsch-Aly. In dem schönen Vorhof befinden sich Kaufläden mit anmutigen Sachen. Unter einem Bogen sitzt ein türkischer Briefschreiber, ein Stück

Pergament auf dem Knie und eine Rohrfeder in der Hand. Frauen in weiten Mänteln und gelben Pantoffeln, das Gesicht bis auf die Augen verhüllt, erzählen ihm mit lebhaften Gebärden ihr Anliegen und mit regungslosen Zügen schreibt der Türke das Geheimnis des Harems, eine Prozessangelegenheit, eine Bittschrift an den Sultan oder eine Trauerpost, faltet das Blatt zusammen, wickelt es in ein Stück Musselin, drückt ein Siegel von rotem Wachs darauf und empfängt 20 Para für eine Freudenpost wie für eine Todesnachricht.

Die zahllosen Cafés gewähren jetzt einen eigenartigen Anblick, alles drängt sich um die Feuerbecken, aber der liebliche Dampf des Kaffees und der Pfeife fehlt; es ist das Fest des Ramadan und vor Einbruch der Nacht darf kein Rechtgläubiger essen, trinken, Tabak rauchen oder sich nur den Geruch einer Blume erlauben. Die Türken schleichen langsam in den Straßen herum und schneiden grimmige Gesichter vor Hunger und ungewohnter Kälte. Sobald aber die Sonne hinter der Moschee Suleimans des Prachtvollen untergeht, rufen die Imams von allen Minaretts: »Es gibt keinen Gott als Gott«, und nun ist es sogar die Pflicht des Moslems, die Fasten zu brechen.

Wir sind nun bis an die Mauern von Galata gekommen und steigen zu jenem großen weißen Turm empor, von dem man wieder einen prachtvollen Anblick auf die Stadt jenseits des Hafens, auf Skutari, jenseits des Bosporus, und auf das Marmarameer, die Prinzeninseln und den asiatischen Olymp hat. Rechts breitet sich die mächtige Stadt von einer halben Million Einwohner aus.

Die äußerste Spitze mit den hohen Mauern, den vielen Kuppeln und dunkelgrünen Zypressen ist das Seraj, eine Stadt für sich mit 7000 Einwohnern, mit ihren eigenen Mauern und Toren. Dicht daneben wölbt sich die mächtige Kuppel der Sophienkirche, jetzt eine Moschee, welche das Vorbild zu so vielen anderen Kirchen, selbst zu St. Peter in Rom, geworden ist. Weiter rechts ragen die sechs prächtigen Minaretts der Moschee Sultan Achmeds hervor. Wegen ihrer schlanken Form sehen diese Minaretts ungleich höher aus als die höchsten Türme unserer christlichen Kirchen. Den höchsten Punkt aber bildet der schöne Turm des Seraskiers. So weit das Auge reicht, nichts als flache Dächer, rote Häuser und hohe Kuppeln, überragt von der Wasserleitung Kaiser Valens, welche mitten durch die Stadt geht und noch heute, nach sechzehn Jahrhunderten, das Wasser für hunderttausende von Menschen herbeileitet. Durch die weiten Bogen flimmert jenseits der Hellespont, und die asiatischen Berge schließen dies Bild.

7. Chosref Pascha

Konstantinopel, den 20. Januar 1836

Mehmed Chosref Pascha ist nächst dem Großherrn der mächtigste Mann im Reich. In seiner Erscheinung hat er wohl kaum seinesgleichen in der Welt. Stelle dir einen Greis von nahezu achtzig Jahren vor, der die ganze Lebendigkeit, Rührigkeit und Laune eines Jünglings bewahrt hat. Das stark rote Gesicht mit schneeweißem Bart, eine große gebogene Nase und auffallend kleine, aber blitzende Augen bilden eine markante Physiognomie, die durch die rote, über die Ohren herabgezogene Mütze nicht verschönert wird. Der große Kopf sitzt auf einem kleinen, breiten Körper mit kurzen, krummen Beinen. Der Anzug dieses Generals besteht aus einer blauen Bluse ohne alle Abzeichen, weiten Pantalons und ledernen Strümpfen (Terlik).

Chosref Pascha hat sich während fünfunddreißig Jahren in den höchsten Staatsämtern zu erhalten gewusst, was seiner Gewandtheit alle Ehre macht.

Der Seraskier redet fast nur in scherzhaftem Ton, aber die Mächtigen zittern bei seinem Lächeln. Er weiß alles, was in der Hauptstadt vorgeht, hat seine Kundschafter überall und kennt keine Schonung gegen solche, die sich der neuen Ordnung der Dinge widersetzen.

Chosref Pascha war der Erste, welcher dem Großherrn eine europäisch ausexerzierte Truppe vorstellte, und der Erste unter den Großen, welcher die schöne alttürkische Tracht gegen die geschmacklose und unbequeme Nachbildung europäischer Uniform vertauschte; er gilt daher für einen Hauptbeförderer der Reform.

Mir kommt es jedoch manchmal vor, als ob der Seraskier *Mehmed Chosref* die Reform in seinem geheimsten Innern mit der tiefsten Ironie behandle; aber sie ist ihm das Mittel zur Macht und Macht ist die einzige wahre, ungebändigte Leidenschaft dieses Greises. Wer ihm in dieser Beziehung entgegentritt, sei auf seiner Hut. Jemand, der eine hohe Stellung bekleidet, ohne sie durch ihn erlangt zu haben, gilt ihm schon für einen Feind.

8. Die Frauen und die Sklaven im Orient

Arnaut-Kjöi bei Konstantinopel, den 9. Februar 1836

Wenn von der Sklaverei im Orient die Rede ist, so war dabei fast immer der himmelweite Unterschied übersehen worden, welcher zwischen einem türkischen und einem Negersklaven in Westindien besteht. Schon der Name Sklave in dem Sinne, den wir mit jenem Wort verbinden, ist falsch. Abd heißt nicht *Sklave*, sondern vielmehr *Diener*. Abd-allah: der Diener Gottes; Abd-ul-medschid: der Diener der Andacht usw. Ein *gekaufter* türkischer Diener ist unendlich viel besser dran als ein *gemieteter*. Eben weil er das Eigentum seines Herrn und dazu ein *teures* Eigentum ist, schont er ihn; er pflegt ihn, wenn er krank ist, und hütet sich wohl ihn durch übertriebene Anstrengung zu Grunde zu richten. Bestimmt doch der Koran: »dass Sklaven und Sklavinnen mit nicht mehr als sechs Geißelhieben gezüchtigt werden sollen«.

Wenn irgendeine europäische Macht die Freilassung aller Sklaven im Orient bewirkte, so würden diese ihr wenig Dank dafür wissen. Als Kind in das Haus seines Brotherrn aufgenommen, bildet der Sklave ein Glied der Familie. Er teilt die Mahlzeit mit den Söhnen des Hauses, wie er die Arbeit in der Wirtschaft mit ihnen teilt; diese besteht meist darin, ein Pferd zu warten oder seinen Herrn zu begleiten, ihm die Kleider nachzutragen, wenn er ins Bad geht, oder die Pfeife, wenn er ausreitet. Tausende von Sklaven, die Khavedschi und Tütundschi, haben kein anderes Geschäft, als Kaffee zu kochen und die Pfeife in Stand zu halten. Fast immer endet die Sklaverei nicht bloß mit einer Freilassung, sondern auch mit einer Ausstattung fürs Leben. Gewöhnlich heiratet der Sklave die Tochter des Hauses und wenn keine Söhne vorhanden sind, setzt ihn der Herr zu seinem Erben ein. Sind doch die Schwiegersöhne des Großherrn gekaufte Sklaven und lässt sich doch von den meisten Würdenträgern des Reiches der Marktpreis nachweisen.

Viel härter als das Los der Sklaven im Orient scheint mir das Verhältnis der Frauen bei der Ausdehnung, in welcher der Türke die materielle Gewalt über das schwächere Geschlecht übt.

Die Ehe ist im Orient rein sinnlicher Natur und der Türke geht über das ganze »Brimborium« von Verliebtsein, Hofmachen, Schmachten und Überglücklichsein als ebenso viele *faux frais* hinweg zur Sache. Die Heiratsangelegenheit wird durch die Verwandten geregelt und der Vater der Braut bekommt viel öfter eine Entschädigung für den Verlust eines weiblichen Dienstboten aus seiner Wirtschaft, als dass er der Tochter eine Aussteuer mitgäbe. Der Tag, an dem die Neuvermählte verschleiert in die Wohnung ihres Gemahls tritt, ist der erste, wo dieser sie erblickt, und der letzte, an welchem ihre nächsten männlichen Verwandten, ihre Brüder selbst, sie sehen. Nur der Vater darf ihren Harem noch betreten und übt auch später immer eine gewisse Gewalt über sie. – »Harem« heißt wörtlich *Heiligtum* und die Vorhöfe der Moscheen tragen denselben Namen.

Diese Art, die Ehen zu schließen, bedingt schon an sich die Leichtigkeit sie wieder zu lösen; ein vorhergesehener Fall, für den die Rückzahlung des etwaigen Heiratsgutes und eine Geldentschädigung gleich bei der Hochzeit festgesetzt wird.

Obschon das Gesetz den Rechtgläubigen vier Frauen erlaubt, so gibt es doch nur sehr wenige Türken, die reich genug wären, um mehr als eine zu heiraten. So viele Frauen, so viele besondere Haushaltungen und Wirtschaften muss er haben, denn die Erfahrung hat gezeigt, dass zwei Frauen in einem Konak (Wohnhaus) sich durchaus nicht vertragen. Dagegen gestatten Gesetz und Sitte dem Moslem, so viele Sklavinnen zu haben, wie er will. Nicht der mindeste Makel haftet an der Geburt des Sohnes einer Sklavin; diese stehen unter dem Befehl der eigentlichen Kadyn oder Hanum, der Frau vom Hause. Welche reiche Quelle aber von Zwist und Hader, von Eifersucht und Ränken ein solches Verhältnis ergibt, ist leicht einzusehen.

Die Weiber sind streng bewacht und von allem Umgang, außer mit Frauen, geschieden. In diesem Punkt sind alle Muselmänner einverstanden und die Reformen werden gewiss zu allerletzt in die Harems dringen. Die Fenster sind mit Holzgittern und dahinter von oben bis unten mit dichtem Rohrgeflechte geschlossen, sodass niemand von außen das Mindeste vom Innern erblickt. Gewöhnlich gestattet ein kleines rundes Loch diesen Gefangenen einen Blick hinaus in die schöne freie Welt, oft aber siehst du auch 20 bis 30 Fuß hohe Bretterverschläge, welche den reizenden Anblick des Bosporus verstecken, damit die vorüberfahrenden Kaiks mit Männern nicht von den Frauen bemerkt werden. Es ist freilich bequemer, der einzige Mann zu sein, den die Frau sieht, als unter vielen der liebenswürdigste. Auf Promenaden, in den Kähnen oder im Wagen sitzen Frauen stets nur mit Frauen beisammen. Wenn der Mann seiner Gattin auf der Straße begegnet, so wäre es die größte Unschicklichkeit sie zu grüßen oder nur Miene zu machen, dass er sie erkenne; deshalb ist auch der Anzug der Frauen in ihrem Hause ebenso übertrieben frei, wie er außerhalb übertrieben verhüllt ist. Ein weißer Schleier bedeckt das Haar und die Stirn bis zu den Augenbrauen, ein anderer Kinn, Mund und Nase.

Die größte Reform in dem Schicksal der türkischen Frauen besteht darin, dass bei Begünstigten wie denen des Großherrn, die Nasenspitze und ein paar Locken an den Seiten sichtbar geworden sind. Den Rest des Körpers bedeckt ein weites Gewand aus einem leichten schwarzen, hellblauen oder braunen Stoff. Ebenso unschön ist die Fußbekleidung, aus ledernen Strümpfen und Pantoffeln bestehend, die bei den Türkinnen gelb, bei den Armenierinnen rot, bei den Griechinnen schwarz und bei den Jüdinnen blau sind. So schleichen sie langsam und schwankend wie Gespenster unerfreulichen Anblicks einher.

Gewiss sind die Gesichter der Türkinnen im Allgemeinen sehr schön. Fast alle Frauen im Orient haben den köstlichsten Teint, wundervolle Augen und breite gewölbte Augenbrauen. Wenn diese über der Nase zusammenstoßen, so ist das eine Schönheit, und türkische Frauen ersetzen den Mangel jenes Reizes, indem sie mit schwarzer Farbe einen Stern oder einen Halbmond zwischen die Brauen malen; auch wird der Schwärze der Wimpern nachgeholfen, indem sie einen gefärbten Zwirnsfaden zwischen den Augenlidern durchziehen, und die Nägel, selbst das Innere der Hand und oft auch die Fußsohlen werden mit Henna rot gemalt.

Die beständig sitzende Lebensweise hat aber den türkischen Frauen alle Anmut der Bewegung, die Einkerkerung jede Lebhaftigkeit des Geistes geraubt und sie stehen in Hinsicht auf Bildung noch eine Stufe unter den Männern.

Wer sich durch »Tausendundeine Nacht« verleiten lässt, das Land der Liebesabenteuer in der Türkei zu suchen, kennt die Verhältnisse wenig. Bei den Arabern mag es anders gewesen sein, aber bei den Türken herrscht in dieser Beziehung die trockenste Prosa. Ich glaube, dass aus dem, was ich oben beschrieben habe, hervorgeht, dass es zu Liebesintrigen den Frauen an Temperament, wenigstens an Geist, den Männern aber an Möglichkeit fehlt. Wird eine türkische Frau je des Treubruchs mit einem Moslem überführt, so verstößt sie ihr Gemahl mit Schimpf; hatte sie aber Verkehr mit einem Rajah, d. h. mit einem christlichen Untertanen der Pforte, so wird sie noch heute ohne Gnade ersäuft und der Rajah gehenkt. Ich bin selbst Zeuge dieser letzten Barbarei gewesen.

Auf einem Spaziergang auf der asiatischen Küste begegnete ich unlängst einer Schar schwarzer Sklavinnen, die, ich glaube, aus Oberägypten kamen, wo die Weiber ebenso garstig wie die in Nubien schön sind. Der ganze Anzug dieser Damen bestand aus einem Stück Sackleinwand, dennoch fehlte der Putz nicht, denn blaue Glasringe umgaben die Knöchel und Handgelenke und das Gesicht war durch tiefe Einschnitte in die Haut verschönert. Sie drängten sich um mich und riefen aus rauer Kehle mit großer Lebhaftigkeit unverständliche Worte. Ein alter Türke, ihr Führer, sagte mir, dass sie fragten, ob ich eine von ihnen kaufen wollte. Eine solche Sklavin kostet durchschnittlich 150 Gulden, etwas weniger als ein Maultier. Auf dem Sklavenmarkt in Konstantinopel habe ich die weißen Sklavinnen nicht sehen dürfen, von schwarzen saß eine große Zahl im Hof. Sie warfen sich mit Gier über das Backwerk, das wir unter sie verteilten, und alle wollten gekauft sein.

Arnaut-Kjöi, den 12. Februar 1836

Das Haus, in dem ich hier wohne, ist sehr groß und ausgedehnt, sein Fuß wird von den Wellen des Bosporus bespült, die Rückseite aber steigt an der hohen Bergwand empor, sodass man aus dem dritten Stock auf die Terrasse des Gartens hinausschreitet. So gut nun auch nach hiesiger Art mein Wirt eingerichtet ist, so befindet sich doch in der ganzen Wohnung nicht ein einziger Ofen. Man setzt höchstens Kohlenbecken (Mangall) ins Zimmer, die Leute sitzen auf ihren Beinen mit drei bis vier Pelzen übereinander und kümmern sich wenig, ob Türen und Fenster offen stehen. In meinem unglücklichen fränkischen Anzug komme ich dabei schlecht weg; mein Trost aber ist der Tandur im Versammlungssaal.

Der Tandur ist ein Tisch, über den eine sehr große gesteppte Decke gebreitet wird, sodass sie auf allen Seiten bis zur Erde herabhängt. Darunter steht ein Kohlenbecken und ein niedriger Diwan umgibt den Tandur. Wenn man die Beine unter diesen Tisch steckt und den Teppich bis an die Nase hinaufzieht, so kann man es schon aushalten. Die ganze Familie drängt sich hier zusammen, es wird geplaudert, Escarté, Domino oder Tricktrack gespielt, einige rauchen, andere schlafen, die meisten tun gar nichts und jeder macht, was ihm beliebt. So sitzen wir zuweilen bis 2 Uhr morgens beisammen. Bei dieser gänzlichen Ungezwungenheit herrscht doch unter den Armeniern eine strenge Etikette in der Familie selbst. Wenn der Vater eintritt, so erheben sich die Söhne, die oft selbst schon Männer von fünfzig Jahren sind. Ebenso vor der Mutter. Der jüngere Bruder raucht nicht eher, als bis der ältere ihn dazu einlädt. Die Frauen stehen aber vor jedem Mann auf.

So oft ein neuer Gast eintritt, wird Kaffee getrunken, und das geschieht wohl zwanzigmal an einem Tag. Zwischendurch wird Eingemachtes herumgereicht. Jeder nimmt einen Löffel voll und trinkt ein Glas Wasser nach. Dabei ist es Brauch, jedem, der getrunken hat, *afiet ler olsum* – »wohl bekomm es« – zu sagen und eine Bewegung mit der Hand an Brust und Stirn zu machen.

Jeden Tag werden regelmäßig zwei Mahlzeiten eingenommen; die erste um 9 oder 10 Uhr morgens, wo es im Sommer noch kühl ist, die zweite bei Sonnenuntergang, wo es wieder kühl wird. Die Küche ist ganz türkisch; Hammelfleisch und Reis bilden das Fundament der Mahlzeit und eine um die andere der zahlreichen Schüsseln ist ein süßes Gericht. Der Wein ist den Armeniern natürlich erlaubt. Was ich sehr rühmen muss, sind die kleinen kalten Schüsseln, von denen jeder zwischendurch nach Belieben zulangt: die Austern (Stridia), Muscheln (Midia) und Hummer (Astachos); der Kaviar (Ekea), Käse (Penir), Oliven (Seityn), Ziegenrahm (Kaimak), Zwiebeln (Soghan), türkischer Pfeffer, Ingwer, Salate, Sardellen, Krabben, Fischlaich, Krebse, Schnittlauch und Früchte aller Art.

Arnaut-Kjöi hat eine wunderschöne Lage an einer der engeren Stellen des Bosporus. Unter meinem Fenster ist, was man hier die Iskjele nennt, der Landeplatz des Dorfs. Dort herrscht reges Leben und lärmendes Gewühl, denn die Griechen, welche die Mehrzahl der Einwohner bilden, sind noch heute ein geschwätziges Volk. Eine Menge von Kaiks warten hier auf Gäste: *»Istambolah!«* – »Nach Stambul!« – rufen die Türken; *»Istanpoli!«* – »Zur Stadt!« – die Griechen. Die mächtigsten Schiffe ziehen hier so nahe am Ufer vorbei, dass bei stürmischem Wetter oft die Rahen der Masten Fenster einstoßen. Hin und wieder braust ein Dampfschiff vorüber, lange kämpft es mit dem Strom, der mit dunkeln, hüpfenden Wellen um die Spitze von Arnaut-Kjöi herumwirbelt. Die kleinen Nachen lassen sich dort etwa 200 Schritt hinaufziehen, und eine Menge armer Leute wartet auf dem Kai, um den Ankommenden ein Seil zuzuwerfen.

Ein köstlicher Spaziergang führt von hier längs des Ufers um die freundliche Bucht von Bebeck. Unter mächtigen Platanen erheben sich dort eine zierliche Moschee und ein Kiosk (türkisch Köschk) des Großherrn. Hier wohnen eine Menge vornehmer Türken, unter anderen mein Freund, der Hekim-baschi oder Protomedico. Obwohl er an der Spitze des ganzen Medizinalwesens des Reichs steht, so hat er doch nie Medizin studiert. Dagegen besitzt er einen prächtigen Garten mit einem seltenen Rosenflor, welcher in Terrassen die hohe Bergwand ersteigt. Dann geht es längs eines Begräbnisplatzes mit schönen Zypressen bis zu einem alten Schloss, dem gewöhnlichen Ziel meiner Promenade, denn hier tritt die Straße zwischen hohe hölzerne Häuser, die jede Aussicht versperren.

Niemand nimmt hier Anstand, sich mitten auf der Straße, oder wo es ihm gerade am besten gefällt, hinzusetzen, eine Pfeife zu rauchen oder Kaffee zu trinken. Für diesen Zweck gibt es aber auch am Bosporus reizende Plätzchen. Der Fuß der riesenhaften Platanen ist gewöhnlich mit einer niedrigen Terrasse umgeben. Daneben finden sich auch allemal eine Fontäne und ein kleines Kaffeehaus, aus dessen Dach oft mächtige Baumstämme hervorwachsen. Man breitet dir sogleich eine Bastmatte (Hassir) und einen Teppich (Kilim) aus, wenn du dich legen, oder stellt einen niedrigen Rohrschemel, wenn du sitzen willst. Das Rohr oder die Wasserpfeife ist schon bereit und der Kaffee versteht sich von selbst. Das jenseitige asiatische Ufer ist so nahe, dass man die Leute erkennt, die dort herumwandeln. Scharen von Delphinen tanzen um die großen Schiffe, welche auf- und abgleiten und dicht vorüberziehen in ununterbrochener Folge die Kaiks mit Frauen, mit vornehmen Effendis, mit Mullahs oder mit Fremden.

Gestern saß ich an einem solchen Ort, als das große Kaik des Padischahs schnell herangeschossen kam. Die lange, reich vergoldete Spitze, mit der Seemöwe als Wahrzeichen, schnitt wie ein Pfeil durch die Flut und vierzehn Paar Ruder bezeichneten durch einen schneeweißen Streif auf der dunkelblauen Fläche die Bahn des kaiserlichen Nachens. Auf dem Hinterteil desselben erhebt sich ein Baldachin, unter dem der Beherrscher der Gläubigen auf roten Samtpolstern sitzt. Vor ihm knien seine Pagen, hinter ihm steht der Reis oder Steuermann am Ruder. In einiger Entfernung folgt stets ein ebensolches Kaik leer; denn das Herkommen will, dass der Großherr die Rückfahrt nie in demselben Fahrzeug macht, in dem er gekommen ist.

Sobald man das Kaik des Hunkjar (wörtlich Erwürger, Henker, einer der Ehrentitel des Padischahs) erblickte, sprang alles auf, verbarg sich hinter der Fontäne und den Bäumen und man winkte mir zu dasselbe zu tun. Sultan *Mahmud* hat diese Art von Ehrenbezeigung bereits verboten, aber den Rajahs steckt der hundertjährige Schrecken noch tief in den Gliedern.

10. Die politisch-militärische Lage des Osmanischen Reiches im Jahre 1836

Pera, den 7. April 1836

Es ist lange die Aufgabe abendländischer Heere gewesen, der osmanischen Macht Schranken zu setzen; heute scheint es die Sorge der europäischen Politik zu sein, diesem Staat das Dasein zu fristen.

Die Zeit liegt nicht so fern, da man ernstlich fürchten durfte, der Islam könne in einem großen Teil des Abendlandes die Oberhand gewinnen, wie er im Orient gesiegt hat. Die Bekenner des Propheten hatten Länder erobert, in denen das Christentum seit Jahrhunderten Wurzel gefasst hatte. Der klassische Boden der Apostel, Korinth und Ephesus, Nicäa, die Stadt der Synoden und Kirchen, wie Antiochien, Nikomedien und Alexandrien waren ihrer Gewalt unterworfen. Selbst die Wiege des Christentums und das Grab des Erlösers, Palästina und Jerusalem, gehorchten den Ungläubigen, die ihren Besitz gegen die gesamte abendländische Ritterschaft behaupteten. Ihnen war es vorbehalten, die lange Dauer des Römischen Reiches zu beenden und die Sophienkirche, in welcher fast tausend Jahre Christus und die Heiligen verehrt worden waren, Allah und dem Propheten zu weihen. Zu der Zeit, als man in Konstanz über religiöse Sätze stritt, die Aussöhnung der griechischen mit der katholischen Kirche sich zerschlug und der Abfall von 40 Millionen Christen von der Herrschaft der Päpste sich vorbereitete, drangen die Moslems siegreich bis in die Steiermark und nach Salzburg vor. Der vornehmste Fürst des damaligen Europa, der römische König, floh vor ihnen aus seiner Hauptstadt und wenig fehlte, so wurde der Stephan zu Wien eine Moschee wie die Sophia zu Byzanz.

Damals gehorchten die Länder von der afrikanischen Wüste bis zum Kaspischen Meer und vom Indischen Ozean bis zum Atlantischen Meer dem Padischah. Venedig und die deutschen Kaiser standen im Tributregister der Pforte. Ihr gehorchten drei Vierteile der Küsten des Mittelländischen Meeres; der Nil, der Euphrat und fast auch die Donau waren türkische Flüsse, der Archipel und das Schwarze Meer türkische Binnenwasser geworden. Und kaum zweihundert Jahre später stellt dasselbe mächtige Reich uns ein Gemälde der Auflösung vor Augen, welches ein nahes Ende zu verkünden scheint.

Griechenland hat sich unabhängig gemacht, die Fürstentümer Moldau, Walachei und Serbien erkennen nur zum Schein die Oberherrschaft der Pforte an und die Türken sehen sich aus diesen ihren eigenen Provinzen verbannt. Ägypten ist mehr eine feindliche Macht als eine abhängige Provinz; das reiche Syrien und Adana, Kreta, dessen Eroberung 55 Stürme und das Leben von 70 000 Muslimen gekostet hat, sind ohne Schwertschlag verloren und der Lohn eines rebellischen Paschas geworden. Die Herrschaft, die man in Tripolis kaum erst wiedergewonnen hat, droht aufs Neue verloren zu gehen. Die übrigen afrikanischen Staaten am Mittelländischen Meer stehen beinahe in keiner Verbindung mehr mit der Pforte und wenn Frankreich noch schwankt, ob es das schönste dieser Länder für sich behalten soll, so blickt es dabei weit mehr zum Kabinett von St. James als zum Diwan von Konstantinopel. In Arabien und selbst in den heiligen Städten hat der Großherr keine wirkliche Gewalt mehr.

So ist die osmanische Monarchie heute in der Tat ein Aggregat von Königreichen, Fürstentümern und Republiken geworden, die nichts zusammenhält als lange Gewohnheit und die Gemeinschaft des Korans, und wenn man unter einem Despoten einen Herrscher versteht, dessen Wille alleiniges Gesetz ist, so ist der Sultan von Konstantinopel weit davon entfernt ein Despot zu sein.

Noch hatte das Land sich nicht von so vielen Wunden erholt, als der ägyptische Pascha durch Syrien heranzieht und dem letzten Enkel Osmans den Untergang androht.

Fremde Heere hatten das Reich an den Rand des Verderbens gebracht, fremde Heere es gerettet. Man wollte daher vor allen Dingen eine eigene Armee besitzen und mit großer Anstrengung ist man dahin gekommen, 70 000 Mann regulärer Truppen zu errichten. Wie wenig indessen diese Macht ausreicht, um den ausgedehnten Länderbesitz der Pforte zu schützen, zeigt ein Blick auf die Karte. Schon allein die Dimensionen verhindern, die an so viele Orte versplitterte

Macht auf einen bedrohten Punkt zu vereinen, und die Truppen von Bagdad sind von jenen zu Scroda in Albanien 350 Meilen entfernt.

Hieraus geht hervor, von welcher hohen Wichtigkeit die Einrichtung einer wohl eingerichteten Miliz im Osmanischen Reich sein würde. Indes setzt dieses natürlich voraus, dass die Interessen der Regierung und der Regierten nicht im Widerspruch stehen.

Die jetzige türkische Armee ist ein neuer Bau auf einer alten, gänzlich erschütterten Grundfeste. Die Pforte dürfte in diesem Augenblick ihre Sicherheit mehr in Verträgen als in Heeren finden und die Schlachten, die über die Fortdauer dieses Staates entscheiden sollen, können ebenso gut in den Ardennen oder dem Waldaigebirge als am Balkan ausgefochten werden.

Die osmanische Monarchie bedarf *vor allem* einer geregelten Administration, bei der jetzigen wird sie selbst das schwache Heer von 70 000 Mann auf die Dauer kaum ernähren können.

Die Verarmung des Landes hat sich in der verminderten Staatseinnahme nur zu sehr kundgegeben. Umsonst hat man eine Menge von indirekten Abgaben eingeführt. Eine Art von Schlacht- und Mahlsteuer wird auf eine freilich sehr willkürliche Weise an den Straßenecken der Hauptstadt erhoben. Die Fischer zahlen 20 Prozent von dem Fang ihrer Netze; Maß und Gewicht müssen alljährlich neu gestempelt werden und allen Erzeugnissen des Gewerbefleißes, vom Silberzeug und Schal bis zu Schuhen und Hemden, wird der großherrliche Stempel aufgedrückt. Aber das, was von diesen Steuern eingeht, bereichert nur die, welche sie erheben. Die Reichtümer verschwinden vor dem Blick einer habgierigen Verwaltung und der Beherrscher der schönsten Länder dreier Weltteile schöpft mit dem Fasse der Danaiden.

Die Geschenke sind wie im ganzen Orient so auch hier allgemein üblich. Ohne ein Geschenk darf der Geringere sich dem Höheren nicht nahen; wer Recht bei seinem Richter sucht, muss eine Gabe mitbringen. Beamte und Offiziere empfangen Trinkgelder; aber wer am meisten geschenkt nimmt, ist der Großherr selbst.

Wenn es eine der ersten Bedingungen jeder Regierung ist, Vertrauen zu erwecken, so lässt die türkische Verwaltung diese Aufgabe völlig ungelöst. Ihr Verfahren gegen die Griechen, die ungerechte und grausame Verfolgung der Armenier, dieser treuen und reichen Untertanen der Pforte, und so viele andere gewaltsame Maßregeln sind in zu frischer Erinnerung, als dass jemand sein Kapital dort anlegen sollte. In einem Lande, wo dem Gewerbefleiß das Element fehlt, in welchem er gedeiht, kann auch der Handel größtenteils nur ein Austausch fremder Fabrikate gegen einheimische Rohstoffe sein.

Die äußeren Glieder des einst so mächtigen Staatskörpers sind abgestorben, das ganze Leben hat sich auf das Herz zurückgezogen und ein Aufruhr in den Straßen der Hauptstadt kann das Leichengefolge der osmanischen Monarchie werden. Die Zukunft wird zeigen, ob ein Staat mitten in seinem Sturz einhalten und sich organisch erneuern kann oder ob dem mohammedanisch-byzantinischen Reich, wie dem christlich-byzantinischen, das Schicksal bestimmt ist, an einer fiskalischen Verwaltung zu Grunde zu gehen. Was aber die Ruhe Europas bedroht, scheint weniger die Eroberung der Türkei durch eine fremde Macht zu sein, als vielmehr die äußerste Schwäche dieses Reiches und der Zusammensturz in seinem eigenen Innern.

11. Die Dardanellen – Alexandra Troas

Pera, den 13. April 1836

Am 2. April abends verließ ich mit einem österreichischen Dampfschiff Konstantinopel und erblickte am folgenden Morgen die hohen schönen Gebirge der Insel Marmara. Rechts zeigten sich die Berge von Rodosto mit Weingärten und Dörfern. Bald traten die Küsten Europas und Asiens näher zusammen und Gallipoli erschien auf schroffen zerrissenen Klippen mit einem alten Kastell und zahllosen Windmühlen am Ufer. Hier war es, wo die Türken zuerst nach Europa übersetzten. Gegen Mittag tauchte das Fort Nagara mit seinen weißen Mauern aus der hellblauen klaren Flut des Hellesponts empor.

Diese Meerenge ist bei weitem nicht so schön wie der Bosporus, die Ufer sind kahl und beträchtlich weiter entfernt als dort, aber die geschichtlichen Erinnerungen machen sie anziehend. Von jenem seltsam aussehenden Hügel (vielleicht von Menschenhänden aufgetürmt) blickte Xerxes auf seine zahllosen Scharen, die er nach Griechenland führte; jene Steintrümmer, welche die ganze flache Landzunge überdecken, waren einst Abydos und hier schwamm Leander von Europa nach Asien, um Hero zu sehen.

Die gewaltige Strömung führte uns schnell bis an die engste Stelle der Meerenge, »wo die altersgrauen Schlösser sich entgegenschauen«. Hinter der europäischen Küste erhebt sich steil eine weiße Felswand, in welcher eine kleine Grotte als das Grab der Hekuba gilt. Die asiatische Küste hingegen ist flach und zeigt hinter dem Kastell, das einst die Genueser hier auftürmten, im Schatten mächtiger Platanen und umgeben von Gärten und Weinbergen, ein Städtchen, das die Türken Tschanak-Kalessi, das Scherbenschloss, nennen, wegen der vielen Töpfer, die dort arbeiten. Dort residiert in einer bescheidenen Wohnung der Boghar Pascha, zu dem ich mich begab, um die Briefe des Seraskiers zu übergeben und einige mündliche Aufträge auszurichten. Er ließ mir ein kleines hübsches Häuschen am Ufer einräumen und nachdem ich die Forts und Batterien besichtigt hatte, nahm ich den Plan der Dardanellenstraße und ihrer Ufer auf.

Zur Verteidigung der Dardanellen sind 580 Geschütze vorhanden. Es gibt Geschütze, die 5, und deren, die bis zu 32 Kaliber lang sind, und man findet türkische, englische, französische und österreichische, selbst Kanonen, die mit einem Kurhut bezeichnet sind. Aber die große Mehrzahl der Geschütze ist von mittlerem, dem Zweck entsprechenden Kaliber und fast alle sind aus Bronze.

Merkwürdig sind die großen Kemerliks, die Steinkugeln aus Granit oder Marmor schießen. Sie liegen ohne Lafetten unter gewölbten Torwegen in der Mauer des Forts auf losen Klötzen an der Erde. Die größeren wiegen bis zu 300 Zentner und werden mit 148 Pfund Pulver geladen. Der Durchmesser des Kalibers ist 2 Fuß 9 Zoll und man kann bis zur Kammer hineinkriechen. Man hat Mauern aus Quadersteinen hinter dem Bodenstück aufgeführt, um den Rücklauf zu verhindern; diese werden jedoch nach wenigen Schüssen zertrümmert.

Ich machte noch einen Ausflug nach Alexandra Troas, den Ruinen einer Stadt, welche *Antigonus*, einer der Feldherren *Alexanders* des Großen, seinem Herrn zur Ehre nahe der Stelle gegründet hat, wo die Reede zwischen Tenedos und der flachen asiatischen Küste noch heute den größten Flotten einen guten Ankerplatz gewährt. Wir ritten an dem Grab des Patroklus vorbei, von dem ich mir einen Ölzweig mitnahm. Die Gegend ist fast ohne Anbau, junge Kamele weiden in dem hohen dürren Gras und nur einzeln stehende Palamuts oder Färbeeichen schmücken die Flur.

Die Sonne senkte sich hinter einem schönen Gebirge herab, als wir unser Nachtquartier, ein großes türkisches Dorf, erreichten. Wir ritten zum Ältesten des Dorfes, der uns mit der üblichen Gastfreiheit empfing: *»Akscham scherif ler heïr olsun!«* – »Möge dein ›edler‹ Abend glücklich sein, Herr!« – *»Chosch bulduck sefa gjeldin!«* – »Wohl getroffen, willkommen!«, sagte er, räumte mir sein Zimmer, sein Lager, sein Haus ein und reichte mir die Pfeife, die er selbst rauchte.

Es fand an diesem Tag ein Erdbeben statt. Der erste Stoß war nachmittags gewesen, ich hatte aber zu Pferde nichts davon gemerkt, ebenso wenig von der zweiten Reprise abends, wo ich schon im festen Schlaf lag. Gegen Morgen aber fühlte ich mich auf meinem Lager geschüttelt und erwachte von dem Klappern aller Fenster und Türen. In den Dardanellen hatte man die drei Stöße sehr deutlich verspürt.

Am folgenden Morgen, nachdem wir durch ein schönes Tal mit Pappeln, Kastanien und Nussbäumen geritten waren, sahen wir das Fundament der alten Stadtmauer von Alexandra Troas vor uns. Es bestand aus 6-10 Fuß langen, 3, oft 6 Fuß mächtigen Steinblöcken und erstreckte sich, so weit das Auge durch das Gebüsch folgen konnte. Wir ritten wohl tausend Schritt auf diesem Wall entlang und fanden mächtige Steintrümmer, Granitsäulen, Gewölbe, die mit sechsseitigen Steinen zierlich bekleidet gewesen waren, Trümmer von Architraven und schönen Kapitellen auf der Ebene verstreut. Plötzlich standen wir vor einer mächtigen Ruine, aus riesenhaften Quadern aufgetürmt. Die großen Bogen des schönen Portals trotzen allen Erdbeben und Jahrhunderten und es macht einen eigenen, wehmütigen Eindruck, einen solchen Riesenbau in dieser völlig menschenleeren Einöde zu finden.

Die Türken nennen den Ort Eski-Stambul, das alte Konstantinopel. Sie benutzen die Sarkophage als Wasserkufen, ihre Deckel als Brücken über die Bäche und die Säulenschäfte als Kugeln für ihre Steinkanonen.

12. Vermählungsfeier der Großherrlichen Tochter – Der Metach oder öffentliche Erzähler

Konstantinopel, den 5. Mai 1836

Vorgestern gab der Sultan den Gesandten ein prachtvolles Diner zur Feier der Vermählung seiner zweiten Tochter Mihrimah, auf Deutsch Sonnenmond. Man versammelte sich in einem Kiosk, der von allen Seiten offen war und eine weite Aussicht über Konstantinopel, Pera und das Meer gewährte. Unter den Fenstern waren Seiltänzer, Kunstreiter, persische Mimiker und zahllose Zuschauer. Die Frauen in ihren weiten Mänteln und weißen Schleiern saßen eine neben der anderen an einer hohen Berglehne bis oben hinauf. Eine Stunde vor Sonnenuntergang führte man uns in ein sehr großes alttürkisches Zelt, in dem eine Tafel für hundert Personen gedeckt war. Die bronzenen Aufsätze, das Silber und Porzellan waren in der Tat prächtig. Mehr als 200 Kerzen beleuchteten die Gesellschaft, die außer dem diplomatischen Korps aus dem Schwiegersohn des Großherrn, den Wesiren und den ersten Würdenträgern des Reiches bestand. Nach Tisch ging es wieder in den Kiosk, von wo aus man ein Feuerwerk abbrennen sah. Beim Nachhausefahren aber nahm der erleuchtete Bosporus sich sehr schön aus.

Gestern wurde die Aussteuer der Prinzessin in ihre neue Wohnung gebracht. Unter Bedeckung von Kavallerie und unter Vortritt einiger Paschas erschienen 40 Maultiere mit großen Ballen kostbarer Stoffe, dann einige 20 Wagen mit Schals, Teppichen, Seidenzeug usw., schließlich 160 Träger mit großen silbernen Schüsseln auf dem Haupt. In der ersten lag ein prachtvoll mit Gold und Perlen eingebundener Koran, dann folgten große silberne Sessel, Feuerbecken, Kisten und Kasten mit Geschmeide, goldene Vogelbauer und wer weiß was sonst noch für Gerät. Manche von diesen Stücken mögen aber wohl im Stillen in den Schatz zurückkehren und das nächste Mal, wenn eine Prinzessin verheiratet wird, defilieren sie wieder.

Heute wurde die Prinzessin ihrem Gemahl, der sie bis jetzt noch nicht gesehen hat, übergeben. Voraus ritt Kavallerie, dann die sämtlichen Beamten des Palais, die sämtlichen Paschas, darauf der Mufti und mein Gönner, der Seraskier; hiernach folgten die beiden Söhne des Großherrn in einem offenen Wagen, dann der Kislaw Aya und dreißig Verschnittene, endlich in einer prachtvollen, ganz verschlossenen Kutsche die Braut. Die Kutsche mit sechs braunen Hengsten ist ein Geschenk des russischen Kaisers. Ihr folgten einige 40 Wagen mit Sklavinnen. Der Zug bewegte sich wohl eine Meile weit zwischen lauter Menschen fort. Man sah sehr viel schöne Pferde.

Das schönste Fest feiert jetzt jedoch der Frühling. Seit sechs Wochen haben wir ununterbrochen das schönste Wetter, alle Bäume stehen in Blüte; die riesenhaften Platanen, die man hier findet, breiten schon ihr Laub aus und die Mandelbäume haben mit roten Blüten die Erde rings überstreut. Ich benutze die Zeit, die mir übrig bleibt, zu Pferde und zu Fuß in der Umgegend umherzustreifen. Vorgestern trat ich in ein türkisches Kaffeehaus; in einem kleinen Garten, über dessen Mauern hinweg man eine prachtvolle Aussicht auf den Bosporus und die asiatische Küste hat, saßen mehr als hundert Männer auf niedrigen Rohrschemeln und rauchten das Nargileh oder die Wasserpfeife. Alle hatten der schönen Gegend den Rücken zugewendet und horchten aufmerksam auf einen stattlichen Mann, der in der Mitte des Gartens stand und mit ausdrucksvollen Gebärden einen Vortrag hielt. Es war ein berühmter Metach oder öffentlicher Erzähler, der Geschichten, wie die in »Tausendundeiner Nacht«, von dummen Herren, verschmitzten Dienern und wunderbaren Ereignissen erzählt, oft aber auch die politischen Verhältnisse des Augenblicks mit in sein Märchen hineinzieht und manchmal großen Einfluss auf die Menge übt. Obwohl ich keine Silbe verstand, so hörte und sah ich dem Mann doch mit Vergnügen eine Weile zu. Bald sprach er wie ein vornehmer Effendi, bald als Badewärter; dann ahmte er die keifende Stimme einer Matrone, den Dialekt eines Armeniers, eines Franken, eines Juden nach. Sein Publikum, das dankbarste, das man haben kann, folgte mit der größten Aufmerksamkeit rauchend und lachend dem Vortrag. Als der Metach an die interessanteste Stelle gekommen war, hielt er inne und ging mit einer steinernen Tasse umher, in welche jedermann einen Para warf, um sich das Ende der Geschichte zu erkaufen.

13. Der Frühling am Bosporus – Türkisches diplomatisches Mittagessen

Pera, den 20. Mai 1836

Seit einigen Tagen ist es plötzlich so kalt geworden, dass wir heizen müssen, und erst mit der Sonnenfinsternis am 15. Mai hat sich der Frühling aufs Neue eingestellt. Die Nähe des Schwarzen Meeres macht es, dass jeder Nordwind bis zum Juni Kälte mit sich bringt. Die Obstbäume haben zwei Monate geblüht, jetzt sind wir bei den Jasminen und den zahllosen Rosen, die alle Gärten füllen, auch fängt man schon an Erdbeeren und Kirschen anzubieten. Im Ganzen muss ich doch gestehen, dass ich den Frühling nicht so schön wie bei uns finde; es ist nicht dieser schnelle, zauberische Übergang und es fehlt die Hauptzierde, der Laubwald. Zur Zeit der griechischen Kaiser waren noch beide Ufer des Bosporus mit Wald bedeckt, jetzt sind sie kahle und unangebaute Höhen.

Viel Vergnügen macht es mir immer, den Bosporus hinauf zu wandern, bald zu Fuß, bald im Kahn, bald auf der europäischen, bald auf der asiatischen Seite. Um den Rückweg braucht man sich nicht zu kümmern; man setzt oder legt sich in eins der zierlichen leichten Kaiks, die alle Gewässer hier bedecken. Der Bosporus, welcher mit großer Schnelligkeit stets nach Konstantinopel zu fließt, führt uns, selbst wenn die Ruderer nicht wären, in kurzer Zeit wieder heim.

Vor einigen Tagen waren wir wieder die Gäste des Sultans oder vielmehr seines Defterdars oder Schatzmeisters. Man feierte auf einer großen Wiese ein Volksfest, wegen Beschneidung der jungen Prinzen, zu welchem man auch das diplomatische Korps eingeladen hatte. Da diese Feier echt türkisch ist, so gab man uns auch ein echt türkisches Diner, natürlich ohne Messer und Gabeln und ohne Wein. Den Anfang der Schüsseln machte ein gebratenes Lamm, mit Reis und Rosinen gefüllt. Jeder riss sich ein Stück ab und langte mit den Fingern hinein; dann folgte Helwa, eine süße Mehlspeise aus Honig, dann wieder Braten und wieder ein süßes Gericht, bald warm, bald kalt, bald sauer, bald süß. Jede einzelne Schüssel war vortrefflich, die ganze Kombination aber für einen europäischen Magen schwer verdaulich, und das alles ohne Wein. Das Eis wurde in der Mitte der Mahlzeit gereicht; endlich forderten wir dringend den Pillaw, welcher stets den Beschluss der Mahlzeit bildet. Dann wurde noch eine Schüssel Wuschaff oder ein Aufguss auf Obst auf die große runde Scheibe gestellt, an der wir aßen, und mit Löffeln geleert.

Vor und nach der Mahlzeit wäscht man sich. Es sah sehr possierlich aus, die Diplomaten in gestickten europäischen Uniformen an einer solchen Tafel zu sehen. Man band jedem ein langes, gesticktes Tuch um den Hals, als ob er rasiert werden sollte, und überließ ihn dann seinem Schicksal. Vor den Zelten waren Seiltänzer, arabische Gaukler, armenische Sänger, griechische Tänzer und walachische Musik. Abends wurde ein Feuerwerk abgebrannt, wie man es auf dem Kreuzberg bei Berlin ebenso gut sieht. Zwei Ballons, die aufsteigen sollten, rissen, ehe sie gefüllt waren.

Vor acht Tagen schrieb ich, dass ich am 10. des Monats zurückreisen würde, heute aber muss ich dir melden, dass dies alles sich wieder geändert hat. Der Großherr befahl dem Seraskier mich zu veranlassen einstweilen noch zu bleiben. Ich werde mit *Halil Pascha* (Schwiegersohn des Sultans und Großmeister der Artillerie) nach Varna gehen, das gegenwärtig befestigt wird. Wir reisen übermorgen ab und später werde ich dann die Dardanellen wieder besuchen. Was die Ankunft der preußischen Offiziere betrifft, so ist die Angelegenheit auf die lange Bank geschoben und wird vielleicht so bald noch gar nicht stattfinden. Ich hoffe daher gewiss den Winter in Berlin zu sein.

14. Reise nach Brussa

Pera, den 16. Juni 1836

Gestern bin ich von einem kleinen Ausflug nach Asien zurückgekehrt, den ich dir eigentlich in Versen beschreiben müsste, da ich dabei den asiatischen Olymp bestiegen habe. Weil ich aber nicht weit hinaufgekommen bin, sondern nur den Fuß oder eigentlich nur die kleine Zehe des Riesen erkletterte, so kommst du mit der Prosa davon. Am 11. nachmittags schiffte ich mich auf einem türkischen Fahrzeug ein und ein frischer Nordwind führte uns in vier Stunden zu dem acht Meilen entfernten Felsvorgebirge Posidoni. Hier ging die See so hoch, dass unser Reïs oder Steuermann, der auf dem hohen, zierlich geschnitzten Hinterteil des Schiffes kauerte, schon anfing, sein *Allah ekber* – »Gott ist barmherzig« – zu rufen, als mit der Dunkelheit der Wind sich so gänzlich legte, dass wir erst am nächsten Morgen um 8 Uhr das nahe Mudania erreichen konnten. Bald waren die Pferde bereit und ich durchstreifte nun bis Brussa eine Gegend, die, wenn man seit Monaten nichts als die Einöden Rumeliens gesehen hat, doppelt reizend erscheint. Alles ist hier bebaut, weniger mit Korn als mit Reben und Maulbeerbäumen.

So lieblich wie der Vordergrund des Gemäldes, so prächtig ist die Fernsicht. Auf der einen Seite erblickt man das Marmarameer mit den Prinzen-Inseln und auf der anderen den prachtvollen Olymp, dessen schneebedecktes Haupt über einem breiten Gürtel mit Wolken hervorragte. Die Weinblüte erfüllte die Luft mit einem starken Resedageruch, wobei ihr das üppig wuchernde Caprifolium und eine gelbe Blume, deren Namen ich nicht kenne, halfen. Nachdem wir eine niedrige Hügelreihe überschritten hatten, erblickten wir in einer großen grünen Ebene am Fuß des Olymps in weiter Ausdehnung Brussa hingestreckt.

An den dunkel bewaldeten steilen Abhängen des Olymps zeichnen sich mehr als hundert weiße Minaretts und gewölbte Kuppeln ab. Der sich fast zur beständigen Schneeregion erhebende Berg liefert den Einwohnern von Brussa im Winter Holz, sich zu erwärmen, und im Sommer Eis zu ihrem Scherbett. Ein Fluss, der den Namen Lotos führt, schlängelt sich durch reiche Wiesen und Maulbeerfelder, in denen riesenhafte Nussbäume mit dunklem Laub, hellgrüne Platanen, weiße Moscheen und schwarze Zypressen sich erheben. Nirgends habe ich eine weite, so grüne Landschaft gesehen, außer von dem Lübbenauer Turm, der den Spreewald überblickt. Aber hier kommen nun noch die reichere Vegetation und die prächtigen Gebirge hinzu, die diese Ebene einschließen. Überraschend ist der Wasserreichtum; überall rauscht ein Bach; mächtige Quellen stürzen sich aus dem Gestein, eiskalte neben dampfenden, und in der ganzen Stadt, in den Moscheen selbst, sprudelt das Wasser aus zahllosen Springbrunnen hervor.

Wie bei allen türkischen Städten, so auch hier, verschwindet das prächtige Bild, sobald man in die Stadt hineintritt. Der kleinste deutsche Marktflecken übertrifft Konstantinopel, Adrianopel und Brussa an Zierlichkeit der Wohnungen und noch mehr an Bequemlichkeit. Großartig sind nur die Moscheen und die Hanns oder Karavanserais, die Fontänen und öffentlichen Bäder.

Unser Mittagsmahl nahmen wir ganz türkisch beim Kiebabtschi ein; nachdem wir die Hände gewaschen hatten, setzten wir uns nicht an, sondern auf den Tisch, wobei mir meine Beine schrecklich im Wege waren. Dann erschien auf einer hölzernen Scheibe der Kiebab oder kleine Stückchen Hammelfleisch, am Spieß gebraten und in Brotteig eingewickelt, ein sehr gutes, schmackhaftes Gericht; darauf eine Schüssel mit gesalzenen Oliven, die ganz vortrefflich sind, der Helwa oder die beliebte süße Schüssel und eine Schale mit Scherbett (ein Aufguss von Wasser auf Trauben mit einem Stückchen Eis darin), zusammen ein Diner, das für zwei herzhafte Esser 120 Para oder 5 Silbergroschen kostete.

Von der Annehmlichkeit der türkischen Bäder habe ich dir schon früher geschrieben. Die von Brussa zeichnen sich dadurch aus, dass sie nicht durch Kunst, sondern von Natur dergestalt geheizt sind, dass man es anfänglich für unmöglich hält, in das große klare Bassin zu steigen, ohne gesotten wieder herauszukommen. Von der Terrasse unseres Bades hatte man eine wunderschöne Aussicht und es war so behaglich da, dass man gar nicht fortmochte.

Am 13. abends ritten wir nach Kemlik am Ende der Bucht von Mudania, wo sich eine Schiffswerft befindet. Dieser Punkt ist einer der schönsten, die ich gesehen habe; der klare Meeresspiegel endet hier zwischen hohen und steilen Gebirgen, die nur gerade Platz für das Städtchen und die Olivenwälder lassen. Die Dämmerung ist in diesem Lande außerordentlich kurz und es war Nacht, ehe wir das Tor des Städtchens erreichten, aber was für eine Nacht!

Obwohl es gerade Neumond war, so unterschied man doch die Gegenstände aus großer Ferne und der Abendstern leuchtet hier so hell, dass sein Licht die Objekte Schatten werfen lässt.

Schon um 3 Uhr morgens saßen wir wieder im Sattel und ritten durch eine Talsenke nach Osten zwischen hohen Bergen. Diese waren mit Olivenbäumen besetzt und die blühenden Büsche ganz mit Nachtigallen angefüllt. Bei Sonnenuntergang erreichten wir einen ausgedehnten See. Die riesenhaften Mauern und Türme am entgegengesetzten Ende schützten einst eine mächtige Stadt, um die man sich in den Kreuzzügen gestritten hat. Heute umschließen sie nur ein paar elende Hütten und Schutthaufen, die vor Jahrhunderten Nicäa waren. Dort war es, wo eine Versammlung von hundert gelehrten Bischöfen das Mysterium der Dreieinigkeit erklärte.

Die Moslems, welche alle Bilder verabscheuen, haben überall die Malerei der griechischen Kirchen weiß übertüncht. In der Kathedrale von Nicäa, wo das berühmte Konzil gehalten wurde, schimmert an der Stelle des Hochaltars noch heute durch den weißen Anstrich die stolze Verheißung I. H. S. (*in hoc signo*), aber quer darüber steht die Grundlehre des Islam geschrieben: »Es ist kein Gott, als Gott.« Es liegt eine Lehre der Duldung in diesen vermischten Zügen, und es scheint, als wenn der Himmel das *Credo* so gut als das *Allah il Allah* anhören wollte.

15 Zweite Reise zu den Dardanellen – Die Steinkugel und der ionische Fischerkahn

Pera, den 19. Juli 1836

Am 11. reiste ich mit einem österreichischen Dampfschiff zu den Dardanellen ab, wohin *Halil Pascha* zu Lande über Adrianopel gegangen war. Es wurden einige Probeschüsse mit den großen Steinkanonen aus Sultani-Hissar abgefeuert. Am jenseitigen europäischen Ufer lag ein kleines Kaik, das man nicht bemerkt hatte; nachdem die Ladung von mehr als einem Zentner sich entzündet hatte, schlug die vom Pulver geschwärzte ungeheure Kugel etwa in der Mitte der Meerenge auf, und eine hohe, weiß schäumende Wassergarbe türmte sich bei jedem neuen Abprall auf dem Wasser empor, der gewaltige Marmorklotz tanzte nun gerade auf das kleine Fahrzeug zu, zerschmetterte es in tausend Stücke und taumelte dann langsam das Ufer hinauf. Dicht neben dem Kahn hatte der Eigentümer auf dem Strand schlafend gelegen; er erwachte von dem fürchterlichen Knall und fand kaum die Splitter seines Nachens wieder. Der Pascha schickte sogleich hinüber, um den Wert des Fahrzeuges bezahlen zu lassen; das gefiel dem Eigentümer sehr gut und er erinnerte sich nachträglich, einen Beutel mit 50 000 Piastern im Kahn gehabt zu haben, die ebenfalls fortgeschossen seien.

Die türkischen Soldaten, die von dieser Unterhandlung nichts erfuhren, fanden es ganz einfach und angemessen, dass ihr Pascha den Nachen des Giaur zur Zielscheibe gewählt habe. Sie frohlockten, dass nicht das kleinste Fahrzeug selbst am entgegengesetzten Ufer durch den Boghas, den Engpass, schleichen könne, ohne von einer Kugel ereilt zu werden, und wir ließen sie gern bei dieser Ansicht.

Ich reiste mit *Halil Pascha* auf einem Dampfschiff zurück, das früher auf dem Clyde gefahren war, dann nach Konstantinopel verkauft worden und mit türkischen Soldaten besetzt war, aber von einem Engländer geführt wurde. Das Wetter begünstigte die Fahrt und um der Strömung zu entgehen, hielt man sich in der Nähe der europäischen Küste. Gegen Abend fuhren wir an St. Stefano vorüber und hatten den schönen Anblick Konstantinopels vor uns.

16. Smyrna und seine Umgebung – Das türkische Dampfschiff

An Bord im Hafen von Smyrna, den 4. August 1836

Als ich mein letztes Schreiben auf die Post gab, traf ich in Konstantinopel das Dampfschiff der Regierung, eben im Begriff die Anker zu lichten, um nach Smyrna abzugehen. Da ich den Kapitän gut kannte, so stieg ich an Bord, wie ich war, um diesen interessanten Punkt des Orients kennen zu lernen. Wind, Strömung und Dampfkraft vereinigten sich uns schnell durchs Marmarameer und den Hellespont dem Archipel zuzuführen, den die Türken das weiße Meer nennen *(ak denis*, auf Arabisch *bahr-sefid)*.

Wir eilten an den alten Dardanellen-Schlössern vorüber, die ich erst vor acht Tagen verlassen hatte, und nachdem wir auch die neuen Schlösser mit ihren Riesenkanonen passiert hatten, breitete sich das Ägäische Meer mit seinen schönen Felsinseln Imbros, Lemnos und dem hohen Gipfel von Samothraki vor uns aus. Das Wasser ist von himmelblauer Farbe und so klar, dass man die mächtigen Delphine, die weite Strecken neben dem Schiff pfeilschnell dahinschießen, deutlich sieht. Von Zeit zu Zeit sprangen sie schnaubend aus ihrem Element heraus hoch in die Luft. Jetzt wandten wir uns links um das Vorgebirge Sigeum und steuerten zwischen der Troade und Tenedos auf Mytilene zu. Die mächtigen Ruinen von Alexandra Troas schimmerten aus den Oliven- und Nussbäumen hervor und seltsame genuesische Schlösser, mit Mauern und Türmen umgeben, ragten auf den Inseln und Vorgebirgen empor. Am frühen Morgen liefen wir in das von hohen Gebirgsgruppen umgebene weite Becken von Smyrna ein. Der Vollmond leuchtete noch, als schon der östliche Himmel sich dunkelrot färbte, wie wenn der asiatische Boden von der gestrigen Hitze noch glühte. Die Berge sind ganz kahl, von der Sonne verbrannt, aber von äußerst schönen Formen. Am Fuß derselben, längs des Meeres, zieht sich ein grüner Streifen von bebautem Land mit Weinbergen, Oliven, Maulbeerbäumen und dunklen Zypressen hin. Die Dörfer und Häuser sind aus Stein mit flachem Dach erbaut. Am Ende der Bucht zeigt sich nun Smyrna, das amphitheatralisch an den dahinter liegenden Bergen emporsteigt. Unten am Meer hinter den Schiffen erkennt man zuerst eine große Kaserne, eine Batterie, ein schönes Karavanseraj mit vielen Kuppeln, mehreren Moscheen und links die Frankenstadt mit steinernen Gebäuden. In zweiter Region zeigt sich die eigentlich türkische Stadt. Wenn eine Hand voll kleiner roter Häuser, einige Moscheen und Fontänen vom Himmel auf die Erde herabfielen, so könnte der Bauplan nicht bunter ausfallen als der dieser Stadt. Man staunt, dass man noch Wege und Fußsteige durch die Häusermasse findet. Hoch über das Ganze ragt das alte Schloss oder die Festung von Smyrna, die in der fernsten Vorzeit erbaut, von den Genuesern mit Türmen versehen ist und welche die Türken jetzt verfallen lassen.

Da die Hitze hier sehr groß ist, so eilte ich, mich ganz auf smyrniotische Art zu kleiden, d. h. mit einem weißen Strohhut, weißleinener Jacke und Pantalons, Schuhen und Strümpfen. Die Leute sind hier so gescheit diesen Anzug während des Sommers selbst in Gesellschaften nicht zu ändern. Wenn ich dir aber in meinem leichten Kostüm auf einem Eselpassgänger, mit dem Halfterstrick in der einen und dem Sonnenschirm in der anderen Hand, begegnen könnte, würdest du mich wohl kaum erkennen.

Am 3. August, am Geburtstag unseres Königs, machte ich einen sehr interessanten Ritt auf guten mutigen Pferden in das Innere des Landes. Wir erreichten zuerst und noch in der Morgenkühle das Dorf Kukludscha am Abhang eines Berges, von wo man eine unbeschreiblich schöne Aussicht hat. Links die Stadt und die Festung Smyrna, der Hafen und das Meer bis zum Felsvorgebirge Karaburun, rechts eins der schönsten und bebautesten Täler, die es gibt.

Die Vegetation ist hier überaus reich, die Orangen und Zitronen bilden große Stämme, doch hatten sie im letzten strengen Winter sehr gelitten. Ich fand hier die Aloe in Blüte, deren Stängel wenigstens 20 Fuß hoch und armdick ist. Besonders aber gedeiht der Granatbaum; das Dörfchen Narlyköi, welches seinen Namen von ihm hat, liegt in einem förmlichen Wald von Granatbäumen; das überaus frische Grün, die dunkelroten großen Blüten und die Unzahl von Äpfeln, die die Zweige herabbogen, überraschten mich sehr. Große Melonen, essbare Kürbisse und riesenhafte Rohrpflanzen umgaben die Ufer der Bäche; Maulbeeren und Weintrauben von vortrefflichem Geschmack gibt es so viele, dass jeder, ohne zu fragen, davon nimmt, was ihm gefällt. Die Zypressen erreichen eine erstaunliche Höhe und Mächtigkeit; der Ölbaum aber, unserer Weide ähnlich, mit seltsam geflochtenen knorrigen Stämmen und blassgrünem Laub, Blüten und Früchten, verleiht erst der Gegend ihren eigentümlichen Charakter. Die von Saft überfüllte Wassermelone wuchert als Unkraut in diesem heißen, durstigen Land und bildet ein wahres Labsal, wo man oft keinen Trunk Wasser haben kann. Die Ortschaften sind indessen äußerst selten und es fehlt daher an Leben; nur wenige steinige Pfade ziehen sich durch die Ebene und an den Bergen hinauf und durch die tiefe Einsamkeit hört man nur das Geläut der schwer beladenen Kamele, die in langen Reihen eins hinter dem anderen wandeln, mit schwankendem langsamem Schritt ihrem Führer folgend, der auf einem kleinen Esel an der Spitze reitet.

In dem Dorf Bunarbaschi fand ich unter einer mächtigen Platane an einem kleinen Wasserbehälter eine solche Karawane in Ruhe. Die Kamele schliefen auf den Knien liegend, die Perser mit ihren weißen Turbanen und schwarzen Bärten labten sich aus dem frischen Quell und aßen Gurken, Oliven und Käse. Weiter im Tal fanden wir bei einer turkmenischen Nomadenhorde gastliche Aufnahme; man bot uns Käse und Eier an und war sehr betrübt, dass wir nicht verweilen wollten.

Gegen Abend ritten wir zur Stadt zurück. Der Sonnenuntergang ist in dieser Gegend außerordentlich schön, die Dämmerung aber sehr kurz; fast senkrecht gleitet die helle Scheibe an dem gelben, leuchtenden Himmel hinter das Felsvorgebirge von Karaburun hinab, und dann tritt ein seltsamer Zustand der Blendung der Augen ein, sodass man fast gar nicht sieht. Eine Stunde später erhebt sich der Imbad oder Landwind, der des Nachts oft sehr heftig weht; am Tage sendet die See frische, kühle Luft. Das Meeresleuchten ist hier eine gewöhnliche Erscheinung; helle Funken klebten an den Rudern und wirbelten an dem Steuer, als ich an Bord zurückkehrte. Ganz eigen ist es, wenn man beim Meeresleuchten badet; man ist wie in Licht und Feuer eingewickelt.

Nach achttägigem Aufenthalt lichteten wir die Anker, um zurückzureisen. Die Abenteuer, die wir auf der Heimfahrt erlebten, werden dir einen Begriff von der türkischen Nautik geben. Kaum waren wir eine Stunde vom Hafen entfernt, als wir abends wieder einmal strandeten. Wir warfen die Anker hinter dem Schiff aus und arbeiteten, um loszukommen, aber umsonst. Es musste das Wasser aus dem Kessel gelassen werden, wodurch das Schiff sehr erleichtert wird, und bald nach Mitternacht wurden wir wieder flott. Nun mussten die Anker gefischt, der Kessel gefüllt und der Herd geheizt werden. Gegen Morgen war alles so weit fertig und die Maschine sollte in Gang gesetzt werden. Der Kessel dachte darüber anders; schon auf der Hinreise hatte er zwei Löcher bekommen; jedermann versprach sich wenig Gutes und war auf seiner Hut. Als wir uns nun eben in Bewegung setzen sollten, platzte der Kessel; man hatte ihm auf seine alten Tage nie mehr als höchstens die Hälfte des Drucks zugemutet, auf welchen er ursprünglich berechnet gewesen war, die Explosion war daher lange nicht so groß, wie ich erwartete. Ohnehin war der Sprung auf der unteren Seite, das Feuer erlosch sogleich und augenblicklich war der Raum, in dem die Maschine arbeitet, mit Dampf und siedendem Wasser angefüllt. Die Leute sprangen auf das Gestell der Maschine und zum sehr großen Glück kam kein Mensch dabei zu Schaden als der Kapitän, dem die Füße verbrüht wurden.

Wir kehrten nach Smyrna zurück und ich schiffte mich auf einem österreichischen Dampfschiff ein, das denselben Abend noch abging.

17. Der Thrakische Chersones

Bujukdere, den 5. September 1836

Der Aufenthalt hier in Bujukdere, wo ich mich jetzt eingerichtet habe, ist sehr angenehm; der beständige Nordwind hält die Temperatur niedrig und es ist kaum wärmer als in Berlin, dabei fortwährend schönes Wetter und blauer Himmel. Seit drei oder vier Monaten hat es nicht geregnet und in Pera fängt der Wassermangel an sehr fühlbar zu werden. Das gute Trinkwasser ist dort halb so teuer wie der schlechte Wein. Um Konstantinopel ist alles verdorrt, nur hier am Bosporus bewirkt die feuchte Seeluft des Schwarzen Meeres, dass die Bäume und der Zwerglorbeer, der die Bergwände bekränzt, noch immer mit frischem Grün prangen.

In einer Schaluppe machen wir oft Ausflüge, die uns bald ins Marmarameer, bald ins Schwarze Meer führen. Aber auch zu Pferde sind die Promenaden sehr unterhaltend. Die gerade Straße von Pera hierher führt über die Höhe und zieht sich zwei Meilen weit durch eine fortwährende Einöde. Der Weg am Ufer des Bosporus dagegen ist länger und beschwerlich wegen des Steinpflasters, aber sehr unterhaltend. Diese ganze drei Meilen weite Strecke bildet eine einzige fortlaufende Stadt aus Wohnungen und Lusthäusern, Kiosken, Moscheen, Springbrunnen, Bädern und Kaffeehäusern. Die Gärten steigen auf Terrassen empor und die mächtigen Zypressenhaine der Begräbnisplätze krönen die Gipfel.

Oft nimmt der Weg plötzlich eine Wendung, du stehst vor einer Moschee, neben einem Springbrunnen und unter mächtigen Platanen am klaren plätschernden Strom des Bosporus; Knaben in weißen oder blauen Kleidern und farbigen Turbanen springen herbei das Pferd zu halten; der Kaffeewirt hält schon die lange Pfeife bereit und gießt den unausbleiblichen Kaffee in die kleine Tasse, schiebt einen niedrigen Rohrsessel auf die Terrasse seines Hauses und ein Schwarm von Kaikführern streitet sich um den Vorzug dich für einige Para zwischen den paradiesischen Ufern zweier Weltteile hinzurudern.

Und zehn Minuten von dieser Szene des Lebens und des Überflusses entfernt kannst du in eine menschenleere Einöde treten. Du darfst nur auf die nächste Höhe hinaufsteigen, so liegt der Thrakische Chersones, ein Hügelland, vor dir, auf dem du kein Dorf, keinen Baum, kaum einen Weinberg, sondern nur einen steinigen Saumweg erblickst. In dem Maße, wie man sich dem Schwarzen Meer nähert, zeigen sich die Hügel mehr und mehr mit Sträuchern bedeckt. Bald kommt man in einen Wald von Ahorn- und Kastanienbäumen, wo tiefe Stille herrscht; da findet man mächtige Stämme liegen, die der Sturm hingestreckt hat und die, von Efeu überdeckt, aufs Neue begrünt sind; der wilde Wein steigt bis an die Gipfel der Bäume empor, an welche nie eine Axt gelegt werden darf, denn an diesem Wald setzen die Wolken das Trinkwasser für Konstantinopel ab. Die Rosen- und Brombeersträucher beschränken den Wanderer auf einen schmalen Pfad in den Tälern; nur hin und wieder streift ein Schakal durch die Büsche oder ein Adler oder Mahommedsvogel stürzt erschrocken und krächzend von seinem Lager empor. Plötzlich öffnen sich die Zweige und du stehst vor einem riesenhaften Gemäuer, einem Palast ohne Fenster und Türen; aber mit seltsamen Türmen, Zinnen und Spitzen, ganz mit Marmor bekleidet. Die Flügel jener Waldschlösser lehnen sich an die Talwände und wenn du diese bis zum obersten Rand des Gemäuers auf breiten Marmorstufen ersteigst, so erblickst du jenseits den klaren Spiegel eines künstlichen Sees, der zwischen den bewaldeten Höhen durch den mächtigen Steinwall zurückgehalten wird. Es ist eines der großen Reservoirs, welche eine halbe Million Menschen in einer Entfernung von vier bis fünf Meilen mit frischem Wasser versehen. Hier fangen die Wasserleitungen an, die auf ihrem Zug die Täler auf mächtigen Bogen überschreiten, die seit Valens', Justinians, Severus' und Suleimans des Großen Zeiten noch heute unerschüttert dastehen.

Das Neueste aus Konstantinopel ist, dass *Achmed*, der Capudan-Pascha, der bisher Muschir der Garden war, eine Brücke über den Hafen hat bauen lassen, die erste, die seit dem strengen Winter zu Kaiser Theodosius' Zeiten Galata mit Konstantinopel vereinte. Die Aufgabe war leicht, denn Läden, Gartenmauern, Häuser und Cafés, die im Wege standen, wurden ohne weiteres niedergerissen und Sultan *Mahmud* war der Erste, der vorgestern in einem Wagen von Galata zur Moschee Bajasids fuhr. Die Brücke wurde vorher mit einer religiösen Weihe eröffnet; der Padischah vollzog den Kurban oder das Opfer, indem er das Messer berührte, mit dem dreizehn Widder an der Landschwelle der Brücke geschlachtet wurden.

18. Der Boghas oder der nördliche Teil des Bosporus

Bujukdere, den 20. September 1836

Ich habe dir schon früher von der Schönheit des südlichen Teils des Bosporus geschrieben. Er bildet eine breite, prachtvolle Straße mitten durch eine drei Meilen lange Stadt, deren eine Hälfte in Europa, die andere in Asien liegt. Auch der nördliche Teil ist schön; aber er ist es in einer ganz anderen Art. Statt des reichen Anbaus, des lebhaften Gewühls zeigt er eine wilde, einsame Natur und das Geräusch der Hauptstadt verhallt an den öden Bergen, welche die Meerenge einschließen.

Zwischen Therapia und Bujukdere erhebt sich in einer kleinen Schlucht eine Gruppe köstlicher Bäume. Eine silberhelle Quelle sprudelt unter ihrem Schatten, und ein kleines Kaffeehaus, aus dessen Dach mächtige Stämme hervorwachsen, enthält die unentbehrlichen Pfeifen, die kleinen Tassen, niedrigen Rohrschemel und Bastmatten, auf welche man sich gemächlich hinstreckt. Von dort blickt man zwischen steilen Felswänden gerade hinaus in den nur anderthalb Meilen entfernten *pontus inhospitalis*, der doch ein so lachendes, einladendes Aussehen hat. Den ganzen Sommer hindurch erhebt sich gegen Mittag der Seewind und je heißer die Sonnenglut draußen, je kühler rauscht es hier durch die Zweige, je lieblicher sprudelt der Quell. Der Ort heißt Kiretsch burun, die Kalkspitze: Er ist mein Lieblingsplätzchen, zu dem ich zu Wasser im bequemen Kaik oder zu Pferde über die Berge oder zu Fuß auf einem schmalen, vom Meer bespülten Pfad längs der steilen Bergwand wallfahrte. Dort habe ich manches Stündchen verträumt.

Wohin du deinen Blick richtest, fällt er auf klassische Gegenstände. An diesen Gestaden pflückte Medea ihre Zauberkräuter; in jenem weiten Tal, an dessen oberem Ende eine türkische Wasserleitung schimmert, lagerten die Ritter des ersten Kreuzzuges, und eine Gruppe von neun riesenhaften Stämmen trägt noch heute den Namen: die Platanen *Gottfrieds von Bouillon.*

Auf den Höhen zu beiden Seiten ragen die Trümmer zweier genuesischen Kastelle. Sie standen durch lange Mauern mit den Ufern des Bosporus und den dortigen Batterien in Verbindung, denn das mächtige Handelsvolk legte dem byzantinischen Reich seine Fesseln auf, bis es mit Byzanz zugleich von den Türken verschlungen wurde. Das Schloss auf der europäischen Seite ist beinahe schon verschwunden, aber das asiatische ragt noch mit hohen Türmen, Mauern und Zinnen, zwischen denen eine köstliche Vegetation von Feigen- und Lorbeerbäumen sich hervordrängt. Ungeheure Efeustämme steigen empor und scheinen mit tausend Armen das alte Gemäuer zusammenhalten zu wollen.

Nördlich von dem Schloss Karibsche bildet das schwarze Gestein eine Kluft, die sich rückwärts trichterförmig zu einer Röhre gestaltet, die am Ende eine Öffnung nach oben hat. Bei hoher See wälzen sich die Wogen in diesen Spalt hinein; sie schießen mit Ungestüm in den stets schmaler werdenden Raum vorwärts und spritzen mit lautem Getöse in einer wohl 20 Fuß hohen Dampfsäule aus der engen Öffnung hervor.

19. Die Bastonade

Bujukdere, den 27. September 1836

Ich bin diesen Augenblick sehr beschäftigt mit einer Arbeit, die mir zugleich viel Vergnügen macht, nämlich mit der Aufnahme des Terrains zu beiden Seiten des Bosporus; es gibt dabei viele Berge zu erklettern, aber die Mühe wird durch die wunderschönen Aussichten belohnt, auch ist es wohl das erste Mal, dass ein Franke seinen Messtisch in den Höfen des Serajs aufstellt. Wir haben einen herrlichen Herbst und die feuchte Seeluft hält alle Bäume und Pflanzen grün, obwohl es seit vier Monaten nicht mehr geregnet hat. Frühmorgens stehe ich auf und lasse mich gleich ins Meer hinabgleiten; nach dem köstlichen Bad trinke ich meinen Kaffee und trete mein Tagewerk an, entweder in einer Schaluppe mit Segeln oder im schnellen Ruderfahrzeug oder landwärts zu Pferde. Die tägliche Arbeit dauert neun bis zehn Stunden und abends finde ich mein Diner vortrefflich. Ich habe eine offene Order in türkischer Sprache, welche mich ermächtigt in alle Festungen und Batterien einzutreten und so viel Soldaten, wie ich will, zur Begleitung mitzunehmen.

Heute habe ich zum ersten Mal an der Pforte des Seraskiers die Bastonade austeilen sehen. Es waren fünf Griechen, die jeder mit 500 Hieben, in Summa 2500 Streichen, auf die Fußsohlen bedacht werden sollten. Ein Kawass oder Polizeioffiziant kniete dem Beschuldigten auf der Brust und hielt ihm die Hände, zwei trugen eine Stange auf den Schultern, an welche die Füße gebunden werden, und zwei andere führten die Stöcke. Aus besonderer Aufmerksamkeit für mich erbot der Pascha sich 200 Stück pro Kopf oder vielmehr pro Fußsohle herabzulassen. Ich fand den Rest noch recht beträchtlich und schlug ihm 25 Hiebe vor, worauf er sich dann auf 50 herabhandeln ließ. Diese Huld wurde den Patienten mit der besonderen Bemerkung mitgeteilt, dass es dem preußischen Beysadeh (wörtlich Fürstensohn) zu Gefallen geschähe.

20. Die Wasserleitungen von Konstantinopel

Bujukdere, den 20. Oktober 1836

Gerade so wie bei uns ein Weinschmecker das Gewächs und den Jahrgang herauskostet, so schmeckt dir ein Türke, ob ein Trunk Wasser von dieser oder jener besonders geschätzten Quelle kommt, ob er in Tschamlidje, der Fichtenquelle, auf Bulgurlu in Asien oder aus Kestenes-suj, dem Kastanienborn bei Bujukdere, oder aus der Sultanquelle in Beykos geschöpft ist.

Konstantinopel ist auf einer felsigen, vom Meer umspülten Höhe erbaut; die Brunnen, die man dort gegraben hat, geben sämtlich nur wenig und bitteren Zufluss. Das Trinkwasser für mehr als eine halbe Million Menschen, die nichts als Wasser trinken, der ungeheure Bedarf für die vielen Bäder, für die Moscheen und für die fünf täglichen Waschungen, welche die Religion jedem Moslem vorschreibt, musste daher von außerhalb herbeigeführt werden.

Man benutzte für diesen Zweck das drei Meilen nördlich gelegene Waldgebirge von Belgrad, an welches die Wolken im Winter und Frühjahr eine ungeheure Wassermenge in Gestalt von Schnee und Regen absetzen. Dieses Wasser wird in großen künstlichen Behältern gesammelt, indem man eine starke Mauer quer durch ein Tal führt und so hinter derselben eine Anstauung bewirkt. Ein solches Reservoir heißt »Bend«, ein persisches Wort, das sich eigentlich auf die Mauer oder das Wehr bezieht und gleichbedeutend ist mit dem deutschen »Band«.

Die bedeutendste und älteste der Wasserleitungen von Konstantinopel ist diejenige, welche schon Kaiser Konstantin anfing und die später Kaiser und Sultane erweiterten. Sie wird aus fünf großen Teichen gespeist, die sich rings um das Dorf Belgrad gruppieren; der größte unter diesen, der »Bujuk-Bend«, liegt zunächst unterhalb jenes von Bulgaren bewohnten Ortes, deren Voreltern einst als Kriegsgefangene aus Belgrad an der Donau hierher verpflanzt wurden und den Namen ihrer Vaterstadt auf die neue Heimat übertrugen. Jener Bend hat, wenn er gefüllt ist, eine Länge von mehr als 1000 Schritt, er fasst allein 8 bis 10 Millionen Kubikfuß Wasser und ersetzt seinen Vorrat aus dem Inhalt eines zweiten Reservoirs dicht oberhalb Belgrads.

Auch aus dem quellenreichen Hügelland, westlich von Konstantinopel, schöpft die ungeheure Bevölkerung einen Teil ihres Wasserbedarfs durch kürzere, minder mächtige Leitungen.

Endlich muss ich noch die große Wasserleitung erwähnen, die Pera und Galata, das Arsenal, Kassim-Pascha, kurz, alle die Vorstädte auf der nördlichen Seite des Goldenen Horns ernährt. Die Behälter dieser Leitung, der »Valideh« und »Jeni Mahmud-Bend«, liegen ebenfalls in dem oben erwähnten Waldgebirge, unweit Bagtsche kjoi, dem »Gartendorf.«

21. Die Kaiks

Bujukdere, den 30. November 1836

Ihr werdet jetzt wohl schon tief im Winter sitzen, während wir hier noch den herrlichsten Herbst genießen; freilich, wenn der Nordwind (Poiras) weht, sieht es zuweilen verdrießlich aus; sowie aber der Südwind (Lodoss) die Oberhand gewinnt, bietet die Aussicht von meinem freundlichen Zimmer den herrlichsten Anblick auf den Bosporus, Therapia und die asiatische Küste. Tagsüber flimmert die Sonne auf den kleinen Wellen und das Leben auf einem Dutzend großer Schiffe, die hart unter meinem Fenster ankern, gewährt Unterhaltung, wenn man sonst nichts zu tun hat. Dann kommen die Fischer in großen Kähnen, unter deren Ruderschlägen das Meer ächzt; mit lautem Geschrei verfolgen sie Scharen von Fischen, die man bei der Klarheit des Wassers deutlich ziehen sieht; sie umstellen sie mit ihren Kähnen und treiben sie so mit Geräusch in die Netze. Da gibt es denn eine bunt geschuppte Gesellschaft: den wohlschmeckenden Thun, den silbernen Palamyd, den seltsamen Steinbutt, den Goldfisch, den Skorpionfisch, welcher jeden, der ihn anfasst, lebensgefährlich verwundet; da gibt es Schwertfische mit ellenlanger Nase, Makrelen, Antipalamyden und viele andere Gattungen. Der Delphin allein hat das Recht ungestört zu bleiben, weil das Vorurteil ihn schützt, wie bei uns die Schwalben und Störche; er tanzt in der Strömung, folgt den Schiffen, springt schnaubend in die Luft und schießt pfeilschnell nieder.

Ununterbrochen ziehen Kaiks vor meinem Fenster vorbei, es sind die Fiaker des Bosporus. Wirklich kann man nichts Zierlicheres und Zweckmäßigeres sehen als ein Kaik.

Das leicht gezimmerte Gerippe ist mit dünnen Brettern umgeben, die mit Pech von innen und außen ganz überzogen werden. Das Innere des Fahrzeugs ist mit einer dünnen Verkleidung aus weißem Holz versehen und wird aufs Sauberste rein gehalten und gewaschen. Die Ruder haben an den oberen Enden dicke Klötze, die den unteren Enden das Gleichgewicht halten und so die Arbeit erleichtern; sie bewegen sich an ledernen, fettigen Riemen um hölzerne Pflöcke, welche, um die Friktion so gering wie möglich zu machen, aus dem härtesten Buchsbaum, kaum fingerdick, gemacht sind. Das Fahrzeug ist hinten breiter, läuft nach vorn immer schmaler zu und endet mit einer scharfen eisernen Spitze. Wenn der Passagier auf dem Boden des Fahrzeugs sitzt (denn nur die unwissenden Franken setzen sich hinten auf den Sitz), ist es völlig im Gleichgewicht. Der Ruderer befindet sich im Schwerpunkt des Bootes und der Nachen folgt nun dem leisesten Druck der Hand; selbst bei schlechtestem Wetter scheut man sich nicht die aufgeregten Fluten in diesen leichten Fahrzeugen zu durchschneiden. Die Wellen spielen mit dem Kaik wie mit einer Feder und stoßen es vor sich her; bald schwebt es auf der Spitze einer Woge, bald entschwindet es dem Auge ganz zwischen den Wasserbergen und die scharfe Spitze wirft, indem sie die Flut durchschneidet, den schneeweißen Schaum zu beiden Seiten hoch in die Luft.

Der wohlhabende Effendi fährt in einem dreirudrigen Kaik, er sitzt auf einem Teppich, in zwei oder drei Pelze gehüllt, einen persischen Schal um den Leib gewickelt; vor ihm kauern die Pfeifenstopfer und der Kaffeeschenker hinter ihm; ein oder zwei Diener von geringerem Rang halten ihrem Herrn einen großen Regenschirm gegen die Sonne über den Kopf. Der Schirm darf jedoch nicht rot sein (das steht nur dem Großherrn selbst zu) und wird zusammengefaltet, sobald ein Pascha vorüberfährt oder das Kaik an einem der Schlösser des Padischahs vorbeikommt. Die Kaikschi oder Ruderer, große prächtige Leute, sind gleichmäßig gekleidet: ein weites baumwollenes Beinkleid, ein halbseidenes Hemd und ein kleines rotes Käppchen auf dem kahl geschorenen Kopf bilden die ganze Toilette, selbst im Winter.

Bei ruhigem Wetter sieht man wegen der großen Klarheit des Wassers den Grund des Meeres mit überraschender Deutlichkeit und das Fahrzeug scheint über einem Abgrund zu schweben. Ein völlig glatter Spiegel ist auf dem Bosporus selten, zuweilen aber ist die Fläche scheinbar eben, dennoch ziehen sehr große breite Wellen, die aus dem Schwarzen Meer kommen, hinein. Auf der Wasserfläche bemerkt man sie kaum, aber am Ufer verursachen sie eine starke Brandung; dann ist es überraschend, bei ganz stiller Luft und spiegelblanker Oberfläche des blauen Wassers den schneeweißen Saum am Ufer zu sehen und das Ächzen des Meeres zu hören, das sich an dem dunklen Gestein des Ufers schäumend bricht.

Heute früh zog eine Gesellschaft griechischer Fischer ihr Netz mit lautem Geschrei an Land. Das Netz enthielt wohl eine halbe Million Makrelen im Wert von etwa tausend Gulden; ich habe mir so etwas nie vorgestellt. Nachdem das Netz nahe genug ans Ufer herangezogen war, langte man mit kleineren Netzen an Stielen wie mit großen Löffeln hinein und schöpfte so zu tausenden die silberhellen zappelnden Tierchen an das Licht der Sonne. Zuweilen gesellt sich auch wohl ein Delphin dieser zahlreichen Versammlung bei, das ist aber ein übler Gast; so wie er sich umstellt sieht, springt er gewaltig herum, zerreißt die Fäden und befreit nicht allein sich, sondern auch alle übrigen Gefangenen.

22. Feuersbrünste – Bauart der Häuser

Bujukdere, den 23. Dezember 1836

Wir haben uns gegen den Winter gerüstet, was hier nicht leicht ist. Die Häuser in diesem Land sind überall aus Holz, selbst die großen Palais des Sultans sind eigentlich nur weitläufige Bretterbuden. Man errichtet auf einem steinernen Unterbau ein schwaches, oft sehr hohes Gerüst aus dünnen Balken, bekleidet es mit Brettern, die innen mit Mörtel überzogen werden, bedeckt das Dach mit Ziegeln und in wenigen Tagen steht ein großes Haus da.

Aber man begreift auch die ganze Wut der Feuersbrünste, wo tausende, man möchte sagen aus Schwefelhölzern erbaute Häuser dicht und unregelmäßig aneinander gedrängt, einen Flächenraum von einer Quadratmeile bedecken. In Pera hat man angefangen größere Häuser aus Stein und mit eisernen Läden vor allen Fenstern zu erbauen; aber auch sie sind oft ein Raub des Feuers geworden, denn die bloße Hitze, welche ein solches Feuermeer verursacht, reicht hin, um das Innere zu entzünden. Es ist fast unbegreiflich, wie die schönen massiven Palais der englischen und französischen Botschaft, die isoliert mitten in Gärten standen, dennoch von den Flammen erfasst werden konnten. An Löschen ist hier fast gar nicht zu denken, nur schnelles Niederreißen von Häusern auf weite Entfernung setzt dem verheerenden Element eine schwache Schranke, indem es ihm seine Nahrung entzieht.

Ein starker Wind aber vereitelt alle diese Anstrengungen; selten gelingt es den Bewohnern, auch nur einen Teil ihrer Habe in die nächsten Moscheen zu bringen; oft ist es kaum möglich, das Leben zu retten. Die Häuser sind schmal und hoch, die Treppen eng. Mitten in der Nacht schreckt der Ruf »*Gjangen-var!*« – »Es ist Feuer!« – die Einwohner aus dem Schlaf; kaum raffen sie das Notwendigste zusammen, so finden sie schon ihre Straßen brennend; sie eilen zu einem anderen Ausgang, die Menge verstopft die Gassen, in wenigen Minuten finden sie sich von der schrecklichen Glut umstellt. Ebenso furchtbar, wie die Feuersbrünste hier sind, so leicht werden sie verursacht, besonders im Winter. Öfen gibt es nur in einigen Wohnungen der Franken; die Türken, Armenier und Griechen bedienen sich der Kohlenbecken (Mangall), die auf den Fußteppich, oft unter die mit Decken belegten Tische (Tandur) gestellt werden. Nun begreift man, dass die geringste Nachlässigkeit eine Feuersbrunst erzeugen kann.

Eine Hauptbedingung für ein angenehmes Haus ist hier, dass es zu drei Vierteln aus Fenstern besteht, und das kann nur ein hölzernes Haus leisten. Damit recht viele Zimmer auf drei Seiten Fenster an Fenster haben können, sind die Häuser mit lauter vorspringenden und eingehenden Winkeln erbaut. Unter den Fenstern laufen die breiten niedrigen Diwane hin; die vierte Wand aber enthält eine Nische, in deren Mitte die Tür, zu beiden Seiten derselben aber große Wandschränke sich befinden, worin die Matratzen und Decken tagsüber aufbewahrt sind, die des Nachts auf die zierliche Strohmatte am Fußboden zu Betten bereitet werden. Die Fenster sind unten mit dichten Gittern aus Rohr geschlossen; in den Gemächern der Frauen steigt dies Gitter bis ganz oder bis fast ganz oben hinauf. Da gibt es weder Tische noch Stühle, weder Spiegel noch Kronleuchter; abends werden zwei oder vier große Kerzen mitten ins Zimmer auf den Boden gestellt. Zum Essen stellt man einen kleinen niedrigen Schemel auf den Fußboden und setzt darauf eine große runde Holzscheibe (bei den Wohlhabenden eine Art Messingschild, sauber blank gehalten), auf der die Speisen sich bereits befinden. Jeder langt mit den Fingern zu, nachdem zuvor das Waschbecken und zierlich gestickte Handtücher gereicht wurden; Messer, Gabel und Teller sind nicht nötig, dagegen bedient man sich der Löffel aus Holz oder Horn, oft mit Stielen von Korallen, aber nie aus Silber, weil der Koran ausdrücklich sagt: dass, wer hier von Silbergeschirr isst, im Paradies keines haben wird.

23. Mehmed Chosref Pascha in Verbannung

Bujukdere, den 28. Dezember 1836

Noch immer sind hier die Wiesen mit frischem Grün bedeckt und zahllose Rosen blühen in den Gärten; der Bosporus ist spiegelglatt, ein wolkenloser Himmel wölbt sich über uns und die Sonne scheint so hell und heiß, dass man sich gar nicht darein finden kann, dass in wenigen Tagen Neujahr ist.

Ich weiß nicht, ob ich dir schon geschrieben habe, dass mein alter Gönner *Mehmed Chosref Pascha* seines Postens als Seraskier entsetzt ist. Man traute in Konstantinopel seinen Ohren nicht bei dieser Nachricht. An der Spitze der Partei, die ihn stürzte, stand sein vormaliger Sklave *Halil*, den er zum »Damat-Pascha« oder Schwiegersohn des Sultans gemacht hatte, und *Sayd Pascha*, dessen Hochzeit mit der jüngeren Tochter des Großherrn er eben erst ausgerichtet und die ihm eine halbe Million Taler gekostet hatte. Dass der Großherr wagen durfte einen Mann wie *Mehmed Chosref*, der zweiunddreißig seiner Sklaven zu Paschas und Gouverneuren von Provinzen erhoben hat, abzusetzen, ohne ihm zugleich den Kopf »unter den Arm« legen zu lassen, zeugt für einen vorgeschrittenen Zustand in der Türkei, denn das wäre früher nicht möglich gewesen.

Seit vier Wochen hat der Exseraskier sich in Emirgjan, einem reizenden Landsitz am Bosporus, eingeschlossen. Er sieht keinen Menschen, teils, um nicht Argwohn zu erregen, teils, weil niemand zu ihm kommt, denn wer hier verabschiedet ist – ist in Ungnade, und wer in Ungnade ist – hat keinen Freund mehr. Mir war es gleichgültig, ob die neuen Machthaber es gern sahen oder nicht, und so bin ich auch nach seinem Sturz schon mehrmals zu ihm gefahren.

Als ich das erste Mal nach Emirgjan kam, schien die Dienerschaft über diesen Besuch befremdet, indes meldete man mich sogleich, und der alte Herr empfing mich mit unverhohlener Freude. Als ob der Exseraskier jetzt weiter keine Verpflichtung gegen die Reform habe, war *Mehmed Chosref* in seiner ganzen Lebensweise zu den alttürkischen Gewohnheiten zurückgekehrt. Ich fand ihn in einem Gewand aus dem feinsten Lahoreschal; die weiten Beinkleider aus weißem Atlas waren mit Spitzen besetzt, die den sehr kleinen Fuß ganz bedeckten. Ein Amulett hing an goldener Kette um seinen Hals, ein anderes war um den Arm gebunden und ein prachtvoller Zobelpelz mit himmelblauem schwerem Seidenstoff und mit breiten goldenen Tressen besetzt, vervollständigte den Anzug.

Das Zimmer, in dem ich den Verbannten fand, war echt orientalisch und schöner, als ich je eines in den Schlössern des Großherrn gesehen hatte. Die eine Front des sehr geräumigen Gemachs blickte auf den Bosporus, dessen tiefblaue Wogen dicht unter den Fenstern gegen einen schönen Kai rauschten; die gegenüberliegende Seite war ganz offen und zeigte einen Garten mit Rosenhecken, Orangenbüschen und mächtigen Lorbeerstämmen. Der blühende Oleander spiegelte sich in Marmorbecken mit kristallhellem Wasser und ein Springbrunnen plätscherte im Vordergrund, in dessen Bassin purpurne Goldfische spielten. Eine breite seidene Markise bildete die Fortsetzung des mit reichen Arabesken geschmückten Plafonds und der prachtvolle Fußteppich ging in die künstlichen Muster von Blumenparterres und in das Dessin der Gänge über, die mit Seemuscheln beschüttet oder mit farbigen Kieseln mosaikartig ausgelegt waren. Man wusste nicht recht, wo das Gemach aufhörte und wo der Garten anfing, ob der Springbrunnen im Zimmer rauschte oder ob man auf dem breiten Diwan im Freien säße. Eine köstliche Kühle drang durch die Rohrgitter der offenen Fenster vom Bosporus herein und mischte sich mit dem balsamischen Duft des von der Sonne hell erleuchteten Gärtchens, und aus dem daneben liegenden Harem erklangen die Akkorde einer Romaika und einer Flöte, welche die Sklavinnen spielten.

Niemanden mochte indes der Zauber dieser Umgebung kälter lassen als *Mehmed Chosref*, den rastlos tätigen Greis, der sich auf einmal von aller Wirksamkeit ausgeschlossen sah, verdrängt durch die, die er aus dem Staub emporgehoben, bemitleidet von denen, die vor ihm gezittert hatten. Der gewohnte scherzende Ton verhehlte nicht ganz seinen inneren Verdruss, als er von seiner jetzigen Einsamkeit und Verlassenheit sprach; ich bezog dies absichtlich auf seine noch immer aus mehr als hundert Personen bestehende Dienerschaft.

Um seinen Feinden zu zeigen, dass er noch nicht so ganz von Kräften sei, lässt *Mehmed Chosref* neben seinem jetzigen Palast eine Schule gründen und eine prächtige Moschee bauen. Ich glaube, der alte Pascha hat sich dabei nicht über den Weg geirrt, der in die Gnade seines Herrn und in den Besitz der Gewalt zurückführt.

24. Die Tauben in der Moschee Bajasids – Die Hunde in Konstantinopel – Die Begräbnisplätze

Bujukdere, den 18. Januar 1837

Der Wohltätigkeitssinn der Türken dehnt sich bis auf die Tiere aus. In Skutari findest du ein Katzenhospital, und in dem Vorhof der Moschee Bajasids gibt es eine Versorgungsanstalt für Tauben.

In den Häusern trifft man niemals Hunde, aber in den Straßen leben viele tausende dieser herrenlosen Tiere von den Spenden der Bäcker, der Fleischer und freilich auch von ihrer Arbeit, denn die Hunde haben hier fast ganz allein das Geschäft der Straßenreinigung übernommen. Fällt ein Pferd oder ein Esel, so wird das Tier höchstens bis an den nächsten Winkel geschleppt und dort von Hunden verzehrt. Sehr auffallend ist es mir gewesen, wenn ich durch die Straßen von Stambul ritt, die Hunde stets mitten in den Straßen schlafend zu finden. Nie geht ein Hund einem Menschen oder Pferde aus dem Wege und Pferde und Menschen, die dies einmal wissen, weichen den Hunden, wenn es irgend möglich ist, aus. Täglich kommen indes die schrecklichsten Verletzungen vor, überall hört man die Wehklagen der armen Tiere und doch sieht man sie überall regungslos mitten im dichtesten Gedränge auf dem Steinpflaster schlafen. Allerdings wäre es ganz unmöglich für diese vierbeinige Polizei, sich zu flüchten; alle Häuser sind verschlossen und die Mitte der Straße ist immer noch der sicherste Platz für sie, weil es viel mehr Fußgänger als Reiter gibt.

Aber du hast von den türkischen Begräbnisplätzen hören wollen, deren Schönheit man mit Recht gerühmt hat. In der Gegend von Konstantinopel krönen sie die Vorgebirge am Bosporus, von welchen man die reichste Aussicht genießt.

Die regungslose Zypresse mit ihrem an Schwarz grenzenden Grün ist sehr passend zum Baum der Toten gewählt; der Stamm, die Zweige und das Laub streben nach oben, nur die schlanke Spitze ist zur Erde gebeugt, der Wind dringt durch ihre Äste, aber er bewegt sie nicht. Die Türken fühlen, dass sie in Europa nicht zu Hause sind, ihre Prophezeiungen und Ahnungen sagen ihnen, dass das Römische Reich ihnen nicht immer gehören werde, und wer die Mittel dazu hat, lässt seine Asche auf die asiatische Seite des Bosporus nach Skutari bringen. Das Antlitz des Rechtgläubigen ist zur heiligen Stadt Mekka gewendet und zu seinem Haupte erhebt sich ein Marmorpfeiler von zierlicher Form mit Versen aus dem Koran und den Namen des Hingeschiedenen, oft reich vergoldet und vom Turban überragt.

Die Grabsteine der Frauen sind mit Blumen geschmückt, die der Unverheirateten durch eine Rosenknospe bezeichnet. Das Grab eines Moslems darf nie gestört werden und man würde es für eine Ruchlosigkeit halten, den Friedhof nach einer Reihe von Jahren umzugraben, wie bei uns. Die Grabsteine der Rajahs liegen an der Erde, die der Türken aber stehen aufrecht. Die Türbehs oder Mausoleen der Großen sind oft sehr prachtvoll, aus dem schönsten Marmor und Jaspis erbaut, mit einer Kuppel überwölbt, von hohen Lorbeeren oder Platanen überschattet und von Rosenhecken umgeben. Der Sarkophag in der Mitte dieses Gewölbes ist mit einem kostbaren Kaschmirschal bedeckt.

Die Begräbnisplätze, wie ich sie dir hier geschildert habe, sind die einzigen Promenaden der Türken. Die Frauen fahren in einem Arabah, einem Fuhrwerk, das den schlesischen Planwagen sehr ähnlich sieht, aber ohne Federn und bunt angemalt. Die schwere Deichsel endet mit einem Drachenkopf, die Achsen und Buchsen sind unbeschlagen, denn der Prophet sagt: »Nur die Gottlosen schleichen im Finstern umher, ein guter Moslem aber fährt mit schreienden Rädern.«

Vor solche Equipage werden zwei Büffel oder Ochsen gespannt, denen mit gelbem Ocker prachtvolle Sonnen auf die graue Haut gemalt sind. Die Schweife werden an hölzerne Bügel mit bunten Bändern und Quasten aufgebunden, so geht es im langsamen Zuge einher. Vornehme Frauen sitzen in einer Art von Kutsche, hinter Gittern und Gardinen versteckt; die angesehenen Männer reiten, aber es wäre gegen allen Anstand, schnell zu reiten. Der Seïs oder Pferdeknecht geht daneben, die Hand auf der Kruppe des Pferdes, und so wie der Weg steigt oder fällt, unterstützt er seinen Herrn, indem er ihm die Hand um den Rücken legt. Vornehme Türken haben ein halbes Dutzend solcher Leute zu Fuß vor oder hinter sich und so geht es im langsamen Schritt vorwärts.

25. Audienz beim Großherrn

Pera, den 21. Januar 1837

Vorgestern erhielt ich den Befehl zu einer Privataudienz beim Großherrn zu erscheinen. Es ist bekannt, wie früher die Repräsentanten der mächtigsten Monarchen stundenlang im Vorhof des Serajs warten mussten. Dort befindet sich ein Portal mit zwei Türen hintereinander. Da die äußere hinter dem Eintretenden eher geschlossen, als die innere wieder geöffnet wird, so war dies der Ort, wo den Wesiren und den Großen überhaupt gelegentlich die Köpfe abgeschlagen wurden. Diese freundliche Lokalität hatte man benutzt, um die zur Audienz gelassenen Fremden in der Tugend der Geduld zu üben. Erst nachdem sie so eine Vorstellung von der Gerechtigkeit und Milde, von dem Reichtum und der Macht, hauptsächlich wohl von dem Hochmut des Padischahs erhalten hatten, wurden sie durch das Tor der Glückseligkeit, »Bab seadet«, in einen halbdunklen Kiosk vor das Antlitz des Großtürken gelassen. Der Beglückte wurde von zwei Kapitschi-Baschi oder Obertürstehern geführt, die ihm die Arme festhielten und zu tiefen Verbeugungen zwangen. Die Gesandten richteten ihre Reden an den Großherrn, dem jedoch nur einige wenige Worte übersetzt wurden, und sodann durften sie ihre Geschenke überreichen. Se. Hoheit gaben dem Wesir einen Wink, irgendetwas zu sagen, und damit war die Sache zu Ende. So, oder doch mit wenig geänderten Formen, bestanden die Audienzen bis vor zehn Jahren. Nach der Vernichtung der Janitscharen oder vielmehr seit die Russen den Türken etwas näher gelegt hatten, dass sie nicht mehr unüberwindlich sind, hat dies nun zwar aufgehört, aber noch immer ist der Großherr der am wenigsten zugängliche aller europäischen Fürsten; ich will dir daher meine Audienz beschreiben.

Um 10 Uhr morgens begab ich mich mit dem Dragoman der Gesandtschaft, der mich auf allen meinen Zügen begleitet hat, ins Mabeïn oder den Versammlungsort der Großwürdenträger des Reiches. Dieses Gebäude liegt unmittelbar neben dem Winterpalais des Großherrn, ist aber durch eine hohe Mauer von demselben getrennt. Wassaf-Effendi, der Geheimschreiber und mächtige Vertraute des Sultans, nimmt hier die Fremden an, welche oft mehrere Stunden zubringen müssen, um alles mit ihm gehörig durchzusprechen, was man dem Großherrn mitteilen will. Dieser Effendi begibt sich sodann zu seinem Gebieter, mit welchem die Antworten beraten werden und der dann genügend vorbereitet ist. Das war mit mir nun nicht nötig, da ich nichts Politisches vorzubringen hatte. Der Kapudan-Pascha, ein äußerst freundlicher Herr, kam bald hinzu; es wurden zahlreiche Pfeifen geraucht, Kaffee getrunken und um 11 Uhr erhielten wir den Befehl vor Sr. Hoheit zu erscheinen.

Durch eine kleine Nebentür traten wir in den von hohen Mauern umringten Hof, der nach dem Bosporus zu durch dichte Drahtgitter geschlossen ist, welche die Aussicht nach Skutari und dem Propontis offen lassen. Einige Blumenparterres mit Buchsbaum eingefasst, Rosenhecken und zwei Bassins mit Springbrunnen füllten den inneren Raum aus. Am Ende des Hofes erhebt sich ein dreistöckiges Wohnhaus aus Brettern, in dem der Sultan den Winter zubringt. Dahinter fangen die weitläufigen Gebäude des Harems an.

Man führte mich in einen schönen, sehr geräumigen Kiosk, der über dem Meer erbaut, eine prächtige Aussicht gewährt. Dort fanden wir einen Schwarm von Kammerherren, Pagen, Sekretären, Militärs und anderen Beamten des Hofes. Ein ältlicher Gentleman sagte mir besonders viel Verbindliches, er hatte entdeckt, dass ich mir ein großes Verdienst um das Land erworben hatte, und ich erfuhr nachher, dass dies Se. Exzellenz der Hofnarr des Großherrn sei. Nach kurzer Frist traten wir in das Wohnhaus; da etwas Antichambrieren aber unerlässlich ist, stellte man Stühle für uns auf die mit schönen Teppichen belegte, aber niedrige Treppe. Nach einigen Minuten wurden wir aufgerufen, worauf Wassaf-Effendi sogleich seinen Degen ablegte; ich war in Zivilkleidern. Die Zimmer, die wir durchschritten, sind weder groß noch sehr prachtvoll; sie sind nach europäischer Art möbliert, man sieht da Stühle, Tische, Spiegel, Kronleuchter, sogar Öfen; alles, wie man es bei einem wohlhabenden Privatmann in unseren Städten auch findet.

Nachdem der Teppich von einer Seitentür weggezogen worden war, erblickten wir den Großherrn in einem Lehnsessel. Nach üblicher Weise machte ich ihm drei tiefe Verbeugungen und trat dann bis an die Tür zurück. Se. Kaiserliche Majestät trug die rote Mütze (Fes) und einen weiten violetten Tuchmantel oder vielmehr einen Mantelkragen, der seine ganze Gestalt versteckte und der durch eine Diamantagraffe zusammengehalten wurde. Der Sultan rauchte eine lange Pfeife aus Jasminrohr, die Bernsteinspitze mit schönen Juwelen besetzt. Sein Stuhl stand neben dem langen Diwan, der sich hier immer unter den Fenstern befindet. Mit einem Blick nach links konnte Se. Hoheit den schönsten Teil seines Reiches, die Hauptstadt, die Flotte, das Meer und die asiatischen Berge überschauen. Rechts vom Großherrn bis zur Tür, durch die ich eingetreten war, standen sechs oder sieben seiner Hofbeamten in tiefem Schweigen und in ehrfurchtsvoller Stellung, die Hände vorn über den Leib gekreuzt. Ein schöner französischer Teppich bedeckte den Fußboden und in der Mitte des Zimmers glimmte ein Kohlenfeuer in einem prachtvollen Bronzemangall.

Der Großherr äußerte sich zuerst anerkennend und dankbar über die vielen Beweise von Freundschaft, die er von unserem König empfangen habe, und sprach sich sehr günstig über preußisches Militär im Allgemeinen aus. Sobald Se. Majestät geendet hatte, blickten alle Anwesenden sich mit dem Ausdruck der Bewunderung und Beistimmung an und der Inhalt wurde mir von meinem Dragoman wiedergegeben. Da ich hierauf nichts zu sagen hatte, so begnügte ich mich mit einer Verbeugung. Se. Hoheit geruhte hierauf, mit mir von meinen Arbeiten zu sprechen, ging auf mehrere Details ein und setzte hinzu, dass ich ihm *inschallah*, »so Gott will«, noch fernere Dienste leisten solle. Indem er seine Zufriedenheit äußerte, ließ er mir durch Wassaf-Effendi seinen Orden überreichen. Nachdem ich diesen auf übliche Weise, ohne das Etui zu öffnen, an Brust und Stirn erhoben hatte, rief der Großherr: »Zeigt ihn ihm und fragt ihn, ob er ihm gefällt!«, worauf denn der Nischan mir feierlichst um den Hals gebunden wurde. Sodann erhielt mein Dragoman ebenfalls eine Dekoration geringerer Art mit dem Vermerk: »weil er mir bei meinen Arbeiten beigestanden«, und wir waren entlassen.

Der lebhafteste Eindruck, der mir an dieser ganzen Szene geblieben ist, ist der Ausdruck von Wohlwollen und Güte, welcher alle Worte des Großherrn bezeichnete.

26. Die Pest

Konstantinopel, den 22. Februar 1837

Ich habe soeben meine Aufnahme von Konstantinopel beendet; gewiss in keiner anderen Hauptstadt hätte ich so unbelästigt wie hier in den Straßen arbeiten können. »Harta«, meinten die Türken, »eine Karte«, und gingen ruhig weiter, als ob sie sagen wollten: »Wir verstehen doch nichts davon.« Zuweilen wurde ich auch mit meiner Messtischplatte für einen »Moallbidschi«, einen Mann, der Süßigkeiten auf einer weißen Scheibe in den Straßen zum Verkauf herumträgt, gehalten und als solchen suchten die Kinder Freundschaft mit mir zu machen. Am neugierigsten sind die Frauen, diese wollten durchaus wissen, was auf dem Papier stände, wozu der Padischah das brauchte, da er ja schon hier gewesen sei, ob ich nicht Türkisch spräche oder wenigstens Römisch (nämlich Griechisch). Da meine Bedeckungstruppe dies verneinte, so betrachteten sie mich wie eine Art Halbwilden, mit dem man sich nur durch Zeichen verständigen könne. Großes Vergnügen machte es ihnen, vielleicht nur, weil es verboten ist, wenn man sie abzeichnete; nun ist nichts leichter als das: ein großer weißer Schleier, aus dem zwei schwarze Augen, ein Endchen Nase und breite zusammenstoßende Augenbrauen herausschauen, hätte ich eine Lithographie davon gehabt, so hätte ich es jeder Einzelnen als ihr Porträt überreichen können und alle würden es sehr ähnlich gefunden haben. Etwas zudringlicher als die Türken waren die Griechen und Juden, aber ein bloßes *»Jassak dir«* – »es ist verboten« – von meinem Tschausch (Sergeanten) war genug, um sie wie einen Schwarm von Sperlingen zu verscheuchen.

Jetzt brechen die Frühlingsstürme über uns herein, der Weißdorn, der Kirsch- und Mandelbaum stehen in Blüte, die Krokusse und Primeln drängen sich aus der Erde hervor und ich würde dir gern ein konstantinopolitanisches Veilchen schicken, wenn selbiges nicht an der Grenze von Kaiserlich Königlichen Sanitätsbehörden als pestfangender Gegenstand inhaftiert werden würde. Da gegenwärtig die Pest beinahe erloschen ist oder die Gefahr doch nicht größer ist als die, in welcher jeder Mensch jeden Tag schwebt, muss ich dir doch ganz aufrichtig über diesen Gegenstand ein paar Worte schreiben, damit du dir keine unnötige Sorge machst, denn man fürchtet am meisten die Gefahr, die man nicht kennt, weil man sie überschätzt.

Ob die Pest aus Ägypten oder aus Trapezunt kommt oder wie sie und wo sie sonst entsteht, darüber will ich dir nichts sagen, weil ich und weil kein Mensch das weiß. Die Pest ist ein noch unerklärtes Geheimnis; sie ist das Rätsel der Sphinx, welches dem das Leben kostet, der sich an die Lösung wagt, ohne sie zu finden. So ging es mit den französischen Ärzten bei der Armee Napoleons in Ägypten, so ging es unlängst einem jungen deutschen Arzt, der sich hier dreißig Tage lang den erdenklichsten Proben aussetzte, endlich in ein türkisches Dampfbad ging, sich zu einem Pestkranken legte und binnen vierundzwanzig Stunden tot war.

Während der diesjährigen Pest, der heftigsten, die seit einem Vierteljahrhundert hier gewütet hat, bin ich ganze Tage in den engsten Winkeln der Stadt und der Vorstädte umhergegangen, bin in die Spitäler selbst eingetreten, gewöhnlich umgeben von Neugierigen, bin Toten und Sterbenden begegnet und lebe der Überzeugung, mich einer sehr geringen Gefahr ausgesetzt zu haben. Das Wichtigste ist Reinlichkeit; sobald ich nach Hause kam, wechselte ich von Kopf bis Fuß Wäsche und Kleider und Letztere blieben die Nacht durch im offenen Fenster aufgehängt. Wie sehr überhaupt die einfachste Vorsicht schützt, dies beweist die geringe Zahl von Opfern, welche die Pest unter der fränkischen Bevölkerung dahinrafft, indes die Türken und die Rajahs zu tausenden sterben.

In diesem Brief ist so viel von der Pest die Rede gewesen, dass ich denke, man wird ihn an der Grenze ganz besonders durchräuchern müssen.

27. Über Quarantänen in der Türkei

Konstantinopel, den 27. Februar 1837

Die furchtbare Pest, welche in diesem Augenblick Konstantinopel verheert, hat den Wunsch der Regierung erzeugt einem so großen Unglück abzuhelfen.

Man hat vorgeschlagen die Stadt mit Quarantänelinien zu umgeben, wie die, die Europa gegen jene Seuche schützen. Je mehr man indes über den Gegenstand nachdenkt, je weniger kann man sich der Überzeugung entschlagen, dass bloße Quarantänen durchaus unanwendbar und dass das Heilmittel schlimmer als das Übel selbst sein würde.

Das Mittel der Quarantäne ist nicht *ausreichend*, es ist *nachteilig* und zugleich *unausführbar*. Man kann das Interesse des Landes nicht dem Interesse der Stadt opfern, ohne das lebhafteste Missvergnügen zu wecken, und in keinem Staat kann man weniger als in diesem, die Hauptstadt von der Provinz trennen. Die Quarantäne ist nirgends ein Heilmittel, sondern nur eine Vorkehr gegen die Pest und diese Vorkehr ist auf die Türkei nicht anwendbar. Hier muss man bis zu dem Ursprung des Übels hinaufsteigen, um seine Quelle zu verstopfen.

Nach meiner Überzeugung kann das Ziel nur durch eine wohl eingerichtete und streng gehandhabte Gesundheitspolizei erreicht werden. Indem ich diese Maßregel vorschlage, verkenne ich keineswegs die großen Schwierigkeiten, die ihrer Ausführung da entgegenstehen, wo Religion und Sitte jeder Neuerung und jeder Einmischung in häusliche Angelegenheiten so sehr widerstreben. Auch kann man da nur mit großer Vorsicht und allmählich zu Werke gehen. Ein erster Versuch müsste in Konstantinopel selbst, unter den Augen der Regierung, zu einer Zeit gemacht werden, wo man von der Pest sagt, dass sie aufgehört habe, obwohl sie eigentlich nur im Verborgenen fortbesteht.

Man müsste damit anfangen, Spitäler für die Kranken und Wohnungen für die Familien einzurichten, deren einzelne Glieder angesteckt und wo deshalb weitere Erkrankungen wahrscheinlich geworden sind.

Es ist höchst wichtig der Bevölkerung die Wohltaten der neuen Institutionen recht anschaulich zu machen. Zu Anfang kann man es jedem freistellen, ob er den Beistand benutzen will, welchen die Regierung ihm bietet. Aber die Familie, die der Behörde einen Pestfall anzeigt, muss sogleich aufgenommen, verpflegt und ernährt, ihre Wohnung und ihre Kleider gereinigt werden, ohne dass ihr Kosten daraus erwachsen. Die Unbemittelten müssten, nachdem die gesetzlich festzustellende Reinigungszeit beendet ist, mit einer kleinen Unterstützung entlassen werden. Solche Vorteile werden bald, wenigstens einem Teil, der Bevölkerung die Augen öffnen und nun kann man befehlen, dass jeder Hausvater bei Strafe einen Pestfall in seiner Familie oder in seiner Nachbarschaft der Behörde anzeigen muss. Gegen Widerspenstige kann dann mit Gewalt verfahren werden.

Dass die Durchführung dieser Maßregel bedeutende Auslagen der Regierung erfordert, ist unbezweifelt, aber würden die Quarantänen weniger kosten? Und wie reichlich müssen jene Auslagen sich ersetzen! Wenn die Pest im Osmanischen Reich erlischt, werden die Quarantänen in Europa verschwinden.

Die Beherrscher dieses Reiches haben Schlachten gewonnen und Länder erobert, sie haben Wasserleitungen und Moscheen erbaut, Schulen und Spitäler gegründet, welche ihre Namen der Nachwelt überlieferten; aber der, der sein Volk von der Geißel der Pest befreite, würde den Dank der ganzen Menschheit erwerben und sein Andenken würde den Ruhm seiner Vorfahren überstrahlen.

28. Reise des Großherrn

Varna, 2. Mai 1837

Ich schrieb dir im vorigen Monat, dass ich vom Großherrn den Befehl erhalten habe ihn auf einer Reise durch Bulgarien und Rumelien zu begleiten. Heute benutze ich die erste freie Stunde, um dir eine Nachricht über diese Reise zu geben, und obgleich ich meinen Brief vorerst nicht absenden kann, so will ich doch wenigstens fertig sein, um die erste Gelegenheit zu benutzen, mit der es geschehen kann.

Am 24. April, 10¼ Uhr vormittags, hatte die glückliche Stunde für den Antritt der Reise Seiner Hoheit des Großherrn geschlagen; die Gelehrten hatten diese Stunde richtig genug bestimmt, denn das regnerische Wetter der letzten Tage war durch den heitersten Himmel ersetzt und der Südwind, den wir für unsere Fregatte nötig hatten, blies frisch von den asiatischen Bergen herunter. Ich hatte mich schon abends zuvor an Bord der »Nusrethieh« oder »Siegreichen« begeben, welche den Kanal bis Bujukdere hinaufgegangen war. Um nicht als Franke in der Umgebung des Sultans anstößig aufzufallen, hatte ich die rote Mütze und einen türkischen Anzug angelegt, den der Großherr mir zugeschickt hatte.

Um Mittag sahen wir das grüne Kaik des Sultans mit seinen vierzehn Paar Ruderern schnell wie einen Delphin heranschießen; die Marinesoldaten traten unters Gewehr; die Musik spielte. Die Anker waren fast gelichtet, die Segel halb entfaltet. Se. Hoheit trugen eine scharlachrote Husarenuniform mit goldenen Schnüren, den roten Fes, weiße Beinkleider mit Goldtressen und schwarze Samtstiefel. Sein Gefolge trug blaue Husarenuniform. Man hatte mir meinen Platz in der Parade zwischen den Paschas und den Obersten angewiesen, wo ich mit den Übrigen mein Taminah oder den Gruß mit der Hand zur Erde, auf die Brust und Stirn machte. Se. Hoheit schickte den Kapudan-Pascha ab, um mir sagen zu lassen, »dass das Wetter gut sei«, und dieser brachte glücklich *»parfaitement bon le temps«* heraus. Dies war eine besondere Gnade und Auszeichnung, welche später noch erhöht wurde, als der Sultan die Bemerkung machte, dass mein roter Fes sehr kleidsam sei, eine Behauptung, mit der ich bisher durchaus nicht einverstanden war.

Jetzt hallten die steilen Bergwände des Bosporus von dem Donner der Geschütze unserer Fregatte und der Batterien am Ufer wider. Die mächtigen Segel entfalteten sich, und mit zunehmender Schnelligkeit ging's hinaus in den gefürchteten Euxin. Die Nusrethieh führt 68 Geschütze und ist vielleicht die schönste und größte Fregatte. Bald ließen wir nicht nur die Leuchttürme an der gefahrvollen Mündung des Bosporus, sondern auch die beiden vortrefflichen österreichischen Dampfschiffe, die uns begleiten sollten, hinter uns, und gegen Abend sah man in der Ferne nur noch ihre Rauchstreifen aufsteigen. Die Reise mit einem großen Kriegsschiff bietet schon an sich Abwechslung genug, an Bord eines *türkischen* Fahrzeugs kommt der Reiz des orientalischen Gepräges noch dazu. Um die zweite Stunde rief der Imam vom Mastkorb herunter die Gläubigen zum Gebet.

Einen Türken beten zu sehen ist mir immer ein Vergnügen gewesen. Die Sammlung des Mannes ist wenigstens anscheinend so groß, dass man hinter ihm eine Kanone lösen möchte, um zu sehen, ob er um sich blicken würde. Nachdem der Gläubige Hände und Füße gewaschen, seine Richtung nach Mekka genommen, wozu einige einen kleinen Kompass an dem Knopf ihres Dolches führen, schließt er einen Augenblick seine Ohren mit den Händen und spricht dann mit bewegten Lippen, aber lautlos seinen Vers aus dem Koran; darauf verbeugt er sich, fällt auf beide Knie und berührt die Erde mehrmals mit der Stirn. Hierauf erhebt sich der Moslem, hält beide Hände vor sich, wie wenn er ein großes Buch trüge, wirft sich abermals nieder, erhebt sich und fährt endlich mit beiden Händen über das Gesicht, als ob er es in die alten Falten bringen und jeden Schein von frommer Schaulegung verwischen wollte. Er macht eine kleine Verbeugung zu beiden Seiten gegen die zwei Engel, die neben jedem Betenden stehen, und ist fertig.

Schon gegen Abend hatten wir fast den halben Weg zurückgelegt, als plötzlich eine kleine Buraska, ein Sturm, aus Norden kam. Da ich gar nichts vom Seewesen verstehe, so erlaube ich mir auch kein Urteil über das Getümmel von schreienden Menschen und flatternden Segeln, doch habe ich einen starken Verdacht, dass unsere Manöver nicht durchaus schulgerecht waren. Alle Matrosen waren junges Volk und hatten zum Teil noch nie eine Reise gemacht und selbst der Großadmiral, ein trefflicher, braver Mann, hat nur insofern seine Karriere in der Marine gemacht, als er, bevor er Pascha wurde, ein Kaik im Hafen von Konstantinopel ruderte.

Bald eilten indes die Dampfschiffe herbei, nahmen uns unter beide Arme und brachten uns glücklich in den Hafen von Varna. Der Moment des Ausschiffens gewährte einen schönen Anblick. Sobald der Großherr sich in sein Kaik begeben hatte, feuerten die Batterien der Festung und der Fregatte, bunte Wimpel wehten von allen Masten und die Schiffsmannschaft in ihrer roten Uniform parodierte auf den Rahen des Schiffs bis zur schwindelnden Höhe des Mastes.

Ich bin im erzbischöflichen Palast einquartiert, worunter du dir eine sehr bescheidene Bretterbude vorzustellen hast. Mein Wirt führt auf Griechisch den etwas seltsamen Titel: *Despot*, ein Prädikat, das sich schlecht mit der tief gebeugten Stellung und dem Küssen des Rockzipfels eines türkischen Paschas verträgt. Der Despot hat aber einen trefflichen Wein, das Essen ist schmackhaft und alles reinlich und gut.

Am Morgen nach unserer Ankunft ritt der Großherr mit starkem Gefolge herum, um die Festung in Augenschein zu nehmen. Ich war schon abends zuvor und in der Frühe überall gewesen, um Sr. Hoheit Rede und Antwort stehen zu können. Er zeigte sich sehr wohlwollend und gnädig, gab mir aber so viele kleine Aufträge, dass ich kaum weiß, wie ich fertig werden soll.

Schumla, den 5. Mai 1837

Der Großherr verließ Varna am 3., blieb die Nacht in einem Dorf, wo man binnen zwölf Tagen einen Kiosk für ihn erbaut und vollständig möbliert hatte. Er frühstückte am 4. in einem anderen Dorf, wo ebenfalls ein Haus für diesen viertelstündigen Aufenthalt aufgeführt und eingerichtet war, und traf mittags hier ein. Ich war schon am 2. in der Nacht vorausgereist, um mich vorher zu orientieren.

Die Empfangsfeierlichkeiten scheinen überall dieselben zu sein. Se. Kaiserliche Majestät steigen eine Viertelstunde vor der Stadt in ein Zelt ab, um den blauen Überrock mit der bewussten roten Uniform zu vertauschen. Für wen er eigentlich diese Toilette macht, weiß ich nicht; bei uns ist man gewöhnt, die Pracht des Monarchen durch den Glanz der Großen und Mächtigen, die ihn umgeben, gehoben zu sehen. Hier ist nur *ein* Herr, die Übrigen sind Knechte. Sobald Se. Hoheit zu Pferde stiegen, ließ man eine Menge Minen in den Steinbrüchen auf den Bergen rings umher auffliegen. Zu beiden Seiten des Weges paradierten die Notabilitäten der Stadt, rechts die Muslime, links die Rajahs. Obenan stehen die Mullahs oder Geistlichen, welche noch immer den schönen weißen Turban tragen, dann folgen die weltlichen hoch stehenden Personen. Links paradierten erst die Griechen mit Lorbeerzweigen, dann die Armenier mit Wachskerzen und endlich die armen verhöhnten und misshandelten Juden. Die Moslems standen aufrecht mit über den Leib verschränkten Armen, die Rajahs aber, und selbst Bischof und Priester mit den geweihten Kirchengeräten, warfen sich nieder und blieben mit der Stirn an der Erde, bis der Sultan vorüber war; sie durften das Antlitz des Padischahs nicht schauen. An mehreren Stellen wurde beim Vorüberreiten des Großherrn der Kurban oder das Opfer an sieben Hammeln vollzogen, denen man die Hälse abschnitt.

Heute, am Freitag (dem türkischen Sonntag), ging der Großherr mit zahlreichem Gefolge in die Moschee: Ich habe dagegen tüchtig mit meiner Aufnahme zu tun.

Schumla ist in landschaftlicher Hinsicht ebenso schön, als es in militärischer interessant ist. Erst wenn man die berühmten Verschanzungen passiert, erblickt man die Stadt in einem Tal ohne Ausgang zwischen steilen bewaldeten Bergen; die Kuppeln der Moscheen und Bäder, die schlanken weißen Minaretts, die vielen Bäume zwischen den flachen Dächern, die reiche Kultur der Gegend gewähren ein herrliches Gemälde; überall sprudeln Fontänen, die üppigsten Kornfelder schmücken die weite Ebene und selbst die steilen Berge sind bis zu ihrer halben Höhe mit Gärten und Weinbergen bedeckt.

Ich glaube, dass ich nach dem Padischah die beste Wohnung in der Stadt habe; unsere Speisen sind vortrefflich und wenn wir sie auch auf gut Türkisch mit den Fingern zu uns nehmen, so versäumen wir doch nicht einen trefflichen Cyper-Commandaria-Wein dazu zu trinken. Dies *wir* bezieht sich auf meine Begleiter, nämlich einen Dragoman der Gesandtschaft und einen Obersten von den Ingenieuren, welcher mir mit drei jungen Türken von der polytechnischen Schule beigegeben ist. Da wir drei Diener haben, so nehme ich allein zwei vierspännige Wagen und sieben Handpferde, zwei Maultiere, vier Kutscher und einige Pferdejungen für die Reise in Anspruch.

Die Wege sind eigens für diese Reise gebahnt worden, und das ist wenigstens ein Vorteil, der dem Lande bleiben wird. Das Gefolge des Großherrn ist natürlich sehr zahlreich. Außer seinen Sekretären und Pagen hat er einen besonderen Beamten, der seine Pfeife, einen anderen, der seinen Schirm trägt; der Wedel aus Straußfedern, der Feldstuhl, das goldene Wasserbecken, das Schreibzeug, jedes hat seinen besonderen Träger zu Pferde; diese Pferde aber machen wieder einen Seïs oder Reitknecht nötig. So reisen wir mit 800 Pferden.

Am 7. machte der Großherr seinen Ritt durch die Festungswerke und wohnte zugleich dem Exerzieren eines Rediff- oder Landwehr-Bataillons bei. Andere Länder, andere Sitten; in Schumla sieht ein Manöver anders aus als in Potsdam. Wir sehen dem kriegerischen Schauspiel aus einer angemessenen Ferne von wohl tausend Schritt zu; Se. Hoheit saßen im Zelt und rauchten, wir anderen kauerten an der Erde. Hierauf fand die feierliche Einkleidung von sechzig Notabeln von Schumla statt; der Großherr setzte sich unter einem prachtvollen Baldachin auf einen Diwan, wir Großen des Reiches standen zu beiden Seiten. Nun wurden zuerst die Mullahs, einige Ayans aus der Umgegend, dann die bedeutenden Moslemin und Rajahs der Stadt, Erstere mit dem Zusatz Duwardschinis, »der Gebete für dich macht«, einzeln vorgerufen; Der Zeremonienmeister hing ihnen weite Mäntel von verschiedener Farbe um, der Beglückte küsste das Kleid, berührte dann mit der Hand die Erde, Brust und Stirn und verfügte sich hierauf, stets das Antlitz gegen den Padischah, zurück, eine Retirade, die nicht ohne etwas Stolpern ablief. Der Großherr hielt nun durch seinen ersten Sekretär, Wassaf-Effendi, eine Rede, in der er den Versammelten sagte, dass er selbst gekommen sei, um sich von ihrem Zustand zu überzeugen, dass er ihre Stadt und Festung wieder aufzubauen und Ordnung und Wohlstand im Lande selbst zu befestigen gewillt sei, dass Gesetz und Recht nicht nur in der Hauptstadt, sondern im ganzen Reich gehandhabt werden sollen. »Ihr Griechen«, sagte er, »ihr Armenier, ihr Juden seid alle Diener Gottes und meine Untertanen so gut wie die Moslems; ihr seid verschieden im Glauben, aber euch alle schützen das Gesetz und mein kaiserlicher Wille. Zahlt die Steuer, die ich euch auferlege; die Zwecke, zu denen sie verwendet werden, sind eure Sicherheit und euer Wohl.« Zum Schluss fragte der Sultan, ob jemand unter den Rajahs Beschwerden habe und ob ihre Kirchen der Ausbesserung bedürfen.

In diesem Land, wo der einfache Mann gewöhnt ist, alles umsonst, als Frondienst für den Mächtigen zu tun, bezahlt der Großherr die Kosten seiner Reise bar. Wie ich höre, führt er an Geld 2½ Millionen Gulden, außerdem eine Menge von Pretiosen mit sich; an keinem Armen oder Krüppel reiten wir vorüber, dem der Großherr nicht durch einen seiner Leute ein Goldstück schickt. Bei seiner Abreise hat er für die Armen in Schumla 10 000 Gulden hinterlassen und dabei ausdrücklich dafür gesorgt, dass das Geld wirklich an die ihm besonders namhaft gemachten Notleidenden kommt, und nicht allzu viel zwischen den Fingern der Austeiler kleben bleibt. Die Imame müssen darüber berichten. Sooft wir zurückkehren, sehe ich Gruppen von Weibern, welche Bittschriften über ihre Köpfe emporhalten. Ein Offizier reitet dann heran, rafft die Zettel zusammen, steckt die ganze Korrespondenz in seine Satteltaschen, um sie dem Almosenier zu überreichen.

Silistria, den 11. Mai 1837

Heute erst finde ich Muße, meinen Bericht wieder aufzunehmen. Am 9. ritt ich vor Sonnenaufgang zu einem Dorf auf der anderen Seite des Gebirges; mittags war ich zurück, fand frische Pferde und begleitete den Großherrn bis 5 Uhr; dann wurde ein treffliches Mittagsmahl eingenommen. Wir setzten uns in den Wagen und fuhren die Nacht durch; ich traf um 1 Uhr nachmittags hier ein und konnte noch am Abend und am folgenden Morgen vor Ankunft des Großherrn den Plan der Festung aufnehmen. Der Großherr hat in seinem Benehmen gegen seine Umgebung so viel gemütliche Geradheit und Gutmütigkeit, dass bei aller Strenge und Etikette ein jeder es bequem hat. Wenn man den Herrn so sieht, sollte man nicht denken, dass es derselbe Mann ist, der 20 000 Janitscharen köpfen ließ.

Die Fürsten *Ghika* und *Stourdza* sind aus der Moldau und Walachei hier, um ihren Herrn zu begrüßen. Ich war neugierig ihren Empfang zu sehen: Er war eben nicht sehr schmeichelhaft; wohl zwei Stunden warteten diese Halbsouveräne im Sonnenschein, bis der Großherr eintraf, vor seinem Zelt abstieg und Toilette machte. Der Sultan empfing die beiden Vasallen unter einem Baldachin auf Samtpolstern sitzend; die Fürsten, gefolgt von ihren Bojaren, schritten mit über den Leib verschränkten Armen heran, warfen sich auf beide Knie und küssten den Zipfel des Gewandes Sr. Hoheit, welcher die Gnade hatte, ihnen zu gestatten, zehntausend Dukaten zu überreichen; dagegen erhielten sie heute ihre Ehrenpelze, Tabatieren und Schals.

Fürst *Ghika* hat mich heute Abend zu sich geladen, und da die türkische Uhr 12 schlägt, das heißt da die Sonne untergeht, so schließe ich für heute, um womöglich in Rustschuk fortzufahren.

Rustschuk, den 14. Mai 1837

Nie habe ich ärger gefroren wie gestern Nacht auf der Reise hierher; meine türkischen Begleiter waren ganz erstarrt und der Araber, der die Handpferde führte, rief ein Aman – »Erbarmen« – über das andere und sehnte sich nach dem milderen Himmel des Sennars.

Seit langer Zeit sah ich jenseits in Gjurgewo zum ersten Mal wieder einen Kirchturm und der befreundete Schall der Glocken tönte durch die klare Abendluft zu uns herüber.

Rustschuk liegt auf einer Höhe, die an 50 bis 60 Fuß senkrecht zur Donau abstürzt; der Rand dieses Abhanges war mit zahllosen Frauen bedeckt, und da alle den weißen Schleier um Kopf und Schultern trugen, so sah es aus, als ob die Höhen beschneit wären. Unten am Gestade paradierten wie gewöhnlich die Landwehr, dann die Geistlichkeit der verschiedenen Nationen, die Notabeln des Orts und endlich das Volk.

Tirnowa, den 19. Mai 1837

Was für ein wunderschönes Land ist doch dieses Bulgarien! Alles ist grün; die Wände der tiefen Täler sind mit Linden und wilden Birnbäumen bestanden, breite Wiesen fassen die Bäche ein, üppige Kornfelder bedecken die Ebene und selbst die weiten Strecken unangebauten Landes sind mit reichem Graswuchs geschmückt. Die vielen einzeln stehenden Bäume geben der Gegend einen besonderen Reiz und zeichnen ihren dunklen Schatten auf den lichtgrünen Flächen ab.

In der Nähe der Donau habe ich fast nur türkische Dörfer gefunden; wahrscheinlich sind die christlichen Bewohner jenseits des Stromes in die Fürstentümer gezogen, von wo die Glocken herüberschallen und wo ihre Kirchtürme die Häupter in die blaue Luft zu erheben wagen.

Gestern Mittag kamen wir hier in Tirnowa an. Da ich keine Sonderaufgaben mehr habe, folge ich jetzt mit den Übrigen Sr. Hoheit zu Pferde.

Schon weit vor Tirnowa bildeten die Einwohner ein Spalier, die Landwehr paradierte und die griechischen Frauen standen auf den flachen Dächern und Terrassen, um den Basileus eintreffen zu sehen. Ich habe nie eine romantischere Lage als die dieser Stadt gefunden; denke dir ein enges Gebirgstal, in dem die Iantra sich ihr tiefes Felsbett zwischen senkrechten Sandsteinwänden gewühlt hat und wie eine Schlange in den seltsamsten Windungen fortfließt. Die eine Wand des Tals ist ganz mit Wald, die andere ganz mit Stadt bedeckt. Mitten im Tal erhebt sich ein kegelförmiger Berg, dessen senkrechte Felswände ihn zu einer natürlichen Festung machen; der Fluss schließt ihn ein wie eine Insel, und er hängt mit der übrigen Stadt nur durch einen 200 Fuß langen und 40 Fuß hohen natürlichen Felsdamm zusammen, der aber nur breit genug für den Weg und die Wasserleitung ist. Ich habe eine so abenteuerliche Felsbildung nie gesehen.

Kasanlik, den 21. Mai 1837

Heute haben wir den Balkan überschritten. Auf der Höhe des scharfen Kamms hat man eine weite Aussicht über das Hügelland von Bulgarien und eine noch schönere auf der rumelischen Seite in das reizende Tal von Kasanlik. Wie eine Landkarte liegen die Felder, Wiesen und Dörfer da, die weißen Wege und die Bäche, deren Lauf an prächtigen Bäumen kenntlich ist; jenseits erhebt sich eine andere, aber niedrigere Bergkette, und das Ganze erinnerte mich lebhaft an das schöne Hirschberger Tal, vom Kynast aus gesehen.

Der südliche Abhang des Balkans fällt jäh gegen die Ebene hinab; in weniger als einer Stunde erreichten wir auf der für den Großherrn neu erbauten Straße Schibka, am Fuße der Bergkette.

Schon von fern entdeckten wir ein Wäldchen von riesenhaften Nussbäumen und in dem Wäldchen das Städtchen Kasanlik. Selbst die Minaretts vermögen nicht über die Berge von Laub und Zweigen hinauszuschauen, unter welchen sie begraben liegen. Von dem Wasserreichtum dieser Gegend kann man sich kaum eine Vorstellung machen. Ich fand eine Quelle am Wege, die 9 Zoll stark senkrecht aus dem Kiesgrund emporsprudelte und dann als kleiner Bach davoneilte. Wie in der Lombardei werden alle Gärten und Felder täglich aus dem Wasservorrat getränkt, der in Gräben und Rinnen dahinrauscht. Das ganze Tal ist ein Bild des gesegnetsten Wohlstandes und der reichsten Fruchtbarkeit, ein wahres gelobtes Land; die weiten Felder sind mit mannshohen, wogenden Halmen, die Wiesen mit zahllosen Schaf- und Büffelherden bedeckt.

Kasanlik ist das Kaschmir Europas, das türkische Güllistan, das Land der Rosen; diese Blume wird hier nicht wie bei uns in Töpfen und Gärten, sondern auf den Feldern und in Furchen wie die Kartoffel angebaut. Nun lässt sich wirklich nichts Anmutigeres denken als solch ein Rosenacker; wenn ein Dekorationsmaler dergleichen malen wollte, so würde man ihn der Übertreibung anklagen.

Die Rose (Güll) würde mich jetzt auf die Nachtigall (Büll-Büll) leiten, wenn ich nicht fürchtete, mich gar zu sehr ins Poetische zu verlieren. Ich will daher nur noch bemerken, dass man hier die Rosen nicht nur sieht und riecht, sondern auch isst; eingemachte Rosenblätter sind in der Türkei eine sehr beliebte Konfitüre und werden mit einem Glas frischen Wassers morgens vor dem Kaffee genossen, was ich zur Nachahmung empfehlen kann.

Hier in Kasanlik wird denn auch das Rosenöl gewonnen, auf das man so hohen Wert legt. Es ist selbst in Konstantinopel äußerst schwer, sich dieses Öl unversetzt zu verschaffen. Ich hatte mir einen Vorrat Rosenöl mitgenommen und da ich genötigt war, einen Tag mit der Flasche in der Tasche zu reiten, so dufte ich auch acht Tage wie ein Rosenstock.

Der Großherr findet immer eine Gelegenheit irgendein freundliches Wort an mich zu richten, was hier eine nicht geringe Auszeichnung ist. Bei aller Untertänigkeit der Formen herrscht doch keineswegs der strenge Ernst und die Abgemessenheit der Etikette wie bei uns und es hat etwas Gemütliches, wenn der Padischah seine lange Pfeife im Phaeton »trinkt«, auf dessen Rücksitz zwei Pagen sitzen, von denen jeder einen kleinen weißen Bologneserhund auf dem Schoß hält.

Die Bewohner der zunächst gelegenen Ortschaften stehen an der Straße aufgestellt, um ihren Herrn zu begrüßen. Hinter dem Zuge fährt der Münzdirektor und Schatzmeister des Großherrn, der Armenier *Duhs Oglu*, mit einem schwer beladenen Wagen; er hält bei jeder neuen Volksgruppe an und teilt weiße Geldsäcke von beträchtlichem Gewicht unter die Landleute aus. Es heißt, dass die Kopfsteuer heruntergesetzt und besonders dass die Frondienste beschränkt werden sollen; im Allgemeinen kann es nicht fehlen, dass die Reise des Großherrn einen sehr günstigen Eindruck auf die Bevölkerung des Landes macht, welche bisher von ihrem Beherrscher nichts sahen als die Peiniger, die Steuern eintrieben oder Frondienste forderten. Außer dem offiziellen »Chosch gjeldin!« – »Willkommen!« – und »Amin!«, welches beim Vorüberfahren des Sultans erschallt und das die kleinen pausbäckigen Kinder aus voller Kehle schreien, höre ich doch auch, wenn ich manchmal hinterdreinreite, so manches »Maschallah!« – »Gott behüte dich!« –, welches weder gefordert noch bemerkt wird und der wahre Ausdruck der Gesinnung ist. Besonders gut scheinen Se. Hoheit bei den Frauen angeschrieben zu sein, und das ist eine gute Sache in diesem Land, wo die ganze Erziehung der Kinder in den Händen der Mütter liegt.

Adrianopel, den 1. Juni 1837

Wir sind jetzt in der Stadt Kaiser *Hadrians* angekommen, des Römers, der seinen Namen an der Donau und dem Tiber, am Euphrat und an der Maritza verewigte. Bereits sechs Tage ruhen wir aus und werden übermorgen nach Konstantinopel zurückkehren, wo der Großherr seinen feierlichen Einzug halten will.

Die Lage Adrianopels erhält einen eigentümlichen Charakter durch den Zusammenfluss von vier beträchtlichen Strömen: Maritza, Arda, Tundscha und Usundscha; daher die weite, mit Maulbeerbäumen bedeckte Niederung, welche die Stadt einschließt. Adrianopel ist auf einem Hügel erbaut, dessen Gipfel von der prachtvollen Moschee Sultan Selims gekrönt ist. Zahlreiche große Steinbrücken von schöner Arbeit überqueren die vielen Wasserarme in allen Richtungen und der Anblick dieser Stadt von außerhalb ist höchst prachtvoll.

Adrianopel war, nachdem die osmanischen Herrscher den europäischen Boden betraten, der Sitz ihrer Regierung, wie Brussa es zuvor gewesen und wie Konstantinopel es später wurde.

Hoch über alle die vielen Moscheen erhebt sich die Kuppel Sultan *Selims* mit den vier schlanken Minaretts. Ich fand den Durchmesser der Wölbung hundert Fuß, also fast so groß wie irgendeine in Konstantinopel, selbst die Aya-Sophia nicht ausgenommen. Zweihundertundfünfundvierzig Stufen führten mich auf den obersten der drei Umgänge oder kranzförmigen Balkone eines der Minaretts. Die Höhe beträgt über 200 Fuß, bei einem Durchmesser von unten 11, oben nur 8 Fuß, am Schatten gemessen. Die Minaretts gleichen daher in der Tat eher Säulen als Türmen, und doch, so künstlich sind sie erbaut, winden sich in ihrem Innern drei vollkommen bequeme Treppen ineinander, sodass drei Menschen zugleich hinaufsteigen können. Ohne im Geringsten zum Schwindel zu neigen, schien mir der erste Blick von oben herunter schauerlich. Die breite Kuppel, der steinerne Vorhof mit der schönen Fontäne in der Mitte, die ausgedehnten Imarete oder Armenküchen, Medresseen oder Schulen und viele andere mit Bleikuppeln gedeckte Gebäude, welche zur Moschee gehören, das alles liegt tief und unmittelbar unter den Füßen des Beschauers. Man glaubt, die entsetzlich schlanke Steinsäule könne umschlagen, wenn man sich dem Rand der Galerie nähert. Die Kuppel erhebt sich bis beträchtlich über die halbe Höhe des Minaretts und mag im Innern 120 Fuß hoch sein.

Konstantinopel, den 6. Juni 1837

Heute früh um 9 Uhr kamen wir vor Konstantinopel an und zogen durch das Tor Topkapu, das Tor der Kanone, vormals des heiligen Romanus', in die Hauptstadt ein. Es ist dasselbe Tor, durch welches Mohammed der Zweite in die Stadt der griechischen Kaiser drang und vor welchem der letzte Konstantin unter einer nahe stehenden Zypresse fiel. Die Enkel der Eroberer (die, beiläufig gesagt, von dem allen nicht viel wissen), waren zu tausenden gekommen, um den Großherrn zu empfangen, der sich zum alten Seraj begab, um im Gemach, wo das Kleid des Propheten aufbewahrt wird, seine Andacht zu verrichten.

29. Stillleben von Bujukdere – Der Tschibuk

Bujukdere, den 13. Juni 1837

Da bin ich denn wieder in den ruhigen Hafen von Bujukdere eingelaufen. Ich bewohne für ein paar Wochen ein Kiosk am Bosporus; die Kaiks gleiten geräuschlos unter meinem Fenster vorüber und die Berge rings umher sind mit Grün bedeckt, während um Konstantinopel schon alles von der Sonne versengt ist. Aus welchem meiner zahlreichen Fenster ich auch hinausschaue, überall sehe ich in die Pracht eines weiten Seegemäldes, einer Gebirgslandschaft oder in ein enges ummauertes Gärtchen voll blühender Rosen und Oleander. Der duftende Jasmin drängt sich durch die Gitter der Fenster und Geißblatt und wilder Wein überranken die Mauern. Auf dem Meer aber fängt der Tag sich zu regen an; die Sonne ist schon über die asiatischen Berge emporgestiegen, der Nordwind, der den ganzen Sommer hindurch weht und den Aufenthalt hier so kühl und angenehm macht, streift über die blanke Spiegelfläche des Wassers; die großen, ganz dicht am Ufer liegenden Schiffe lichten die Anker und das Klappern der Spille und der einförmige Gesang der Matrosen verhallen, wie ein Segel um das andere sich entfaltet und das Fahrzeug langsam den breiten Strom des Bosporus hinabgleitet. Wenn ich das Plätschern der Wellen höre, von denen ich mit dem gemächlichen Diwan nur durch die Fensterscheiben in der hölzernen Wand getrennt bin, so ist mir, als ob ich mich in der Kajüte eines großen Schiffs befände, und wenn ich mich umdrehe, so glaube ich in ein Klostergärtchen zu schauen, nur dass statt eines Franziskaners ein breiter Türke am Torweg sitzt und sein Nargileh, die Wasserpfeife, raucht.

Man begreift nicht, wie die Türken haben leben können, ehe die große Erfindung der Pfeife gemacht wurde. Wirklich waren die Gefährten Osmans, Bajasids und Mehmeds ein turbulentes Volk, das beständig im Sattel lag und Länder und Städte eroberte. Seit Suleimans Zeiten haben sie ihre Nachbarn auch wohl noch manchmal heimgesucht, sind aber doch ein wesentlich sitzendes und heute ein wesentlich rauchendes Volk geworden, denn selbst die Frauen »trinken« den Tschibuk.

Ich war kürzlich zum Kjat-hane oder dem Tal der süßen Wasser geritten und hatte mich dort auf einen kleinen niedrigen Rohrschemel, hinter dicken Platanen, so nahe an eine Gruppe Frauen herangesetzt, wie die türkische Etikette es erlaubt. Diese Damen erregten sich sehr über eine Gruppe Jüdinnen, die ebenfalls in einem Kaik von Konstantinopel herübergekommen waren und auf dem grünen Samtteppich der Wiese saßen; denn einmal waren sie so schrecklich entschleiert, dass man das ganze Gesicht von den Augenbrauen bis zur Oberlippe zu sehen bekam, und dann tranken diese Ungläubigen Branntwein oder wohl gar Wein. »Schickt sich das?«, fragte eine breite »Kokonnah«, eine türkische Frau. »Was ziemt sich für eine anständige Frau? Eine Tasse Kaffee, eine Pfeife Tabak *et voilà tout!*«

Zwei Dinge sind in Konstantinopel zur Vollkommenheit gebracht: die Kaiks, von denen ich dir schon schrieb, und die Pfeifen. Ein gewisser Grad von Unübertrefflichkeit führt zur Uniformität; ein Kaik ist genau wie das andere, so ist es mit den Pfeifen auch, und ich brauche dir nur eine zu beschreiben, so kennst du die ganze Kategorie von 28 Millionen (denn in diesem Land hat jeder seine Pfeife).

Das Weichselkirschrohr ist 2 bis 6 Fuß und darüber lang, je länger und je dicker, umso kostbarer. Wenn der unwissende Franke (die Türken sagen Jabandschi – »der Wilde«) einen Tschibuk kauft, so erhält er in der Regel ein aus Ahornholz gedrechseltes und mit Kirschbaumrinde plattiertes Rohr. Die Türken erkennen den Europäer auf den ersten Blick, besonders wenn er den Fes aufsetzt und mit Sommersprossen, rotem Bart und blauen Augen, mit Handschuhen und Brille auf der Nase den Anspruch erhebt für einen echten Gläubigen zu gelten.

Das zweite Requisit ist der Kopf (Luleh); der rote Ton wird in bleierne Formen gepresst, getrocknet und gebrannt. Du findest ganze Straßen von Läden, wo nur solche roten Köpfe, andere, in denen nur die Röhren feilgeboten werden; dieser Umstand bewirkt, dass man nie überteuert werden kann.

Das letzte und kostbarste Stück der Pfeife ist die Bernsteinspitze (Takkim). Am geschätztesten ist der milchweiße Bernstein ohne Adern oder Flecken, und wenn eine solche Spitze aus großen Stücken besteht, so kostet sie vierzig, fünfzig, selbst hundert Taler. Ich glaube, dass der größte Teil alles seit Jahrhunderten gefundenen Bernsteins in die Türkei gewandert ist, denn auch der geringste Türke sucht dabei ein Stückchen für seine Pfeife an sich zu bringen. Wahr ist es, dass keine andere Substanz so angenehm für die Lippen ist wie der Bernstein, von dem man sich noch überdies überzeugt hält, dass er keinen ansteckenden Stoff annimmt; dies ist zur Zeit der Pest beruhigend, denn wenn ein besonders geschätzter Gast eintritt, so gibt der Türke ihm sogleich seine eigene Pfeife zu rauchen.

Der Tabak (Tütün) ist vortrefflich und besonders der syrische von Ladik geschätzt; er wird sehr dünn geschnitten, brennt leicht und knistert wie Salpeter.

Ein eigener Diener hat nichts anderes zu tun, als seinem Herrn, der selbst nichts zu tun hat, die Pfeife rein zu halten, sie zierlich zu stopfen, eine glühende Kohle genau mitten auf den Tabak zu legen, den Tschibuk anzurauchen und mit einer gewissen Zeremonie zu überreichen; er fasst dabei das Rohr oben mit der rechten Hand, die linke aus Ehrfurcht vorn über den Leib gelegt, so schreitet er schnell auf dich zu und setzt den Kopf genau so an die Erde, dass, wenn er die Spitze herumschwenkt, sie dir an die Lippen reicht; dann schiebt er eine kleine Messingschale unter den Kopf, um den kostbaren Teppich vor der Kohle zu bewahren, und zieht sich rückwärts an die Tür zurück, wo er stehen bleibt und wartet, bis er wieder stopfen kann.

Die Türken sagen, die Pfeife »trinken« *(tschibuk itschmek),* und wirklich schlürfen sie sie wie wir ein Glas Rheinwein; sie ziehen den Rauch ganz in die Lungen ein, lehnen den Kopf zurück, schließen die Augen und lassen den berauschenden Dampf langsam und mit Wohlbehagen durch Nase und Mund ausströmen.

Ich habe früher nie rauchen können und als ich beim Seraskier die ersten Tschibuks zu genießen nicht vermeiden konnte, dachte ich mit Schrecken an eine wahrscheinlich bevorstehende Seekrankheit. Indes habe ich mich an die hiesige Art zu rauchen schnell gewöhnt und finde sogar ein Vergnügen daran, unter einer schattigen Platane den Blick über Meer und Berge schweifen zu lassen und halb träumend, halb wachend den expansiblen Trank aus der Pfeife zu leeren.

Um das Kapitel des Rauchens vollständig abzuhandeln, muss ich noch die Wasserpfeife (Nargileh) erwähnen. Der Rauch eines sehr schweren, etwas angefeuchteten Tabaks (Tümbeki) wird durch Wasser geleitet und gelangt kalt durch einen viele Ellen langen dünnen Schlauch in den Mund des Rauchers. Das Wasser befindet sich in einer gläsernen Urne; der Türke tut eine Rose oder eine Kirsche hinein und hat seine harmlose Freude daran, wie diese bei jedem Zuge auf der bewegten Oberfläche tanzt. Ein solcher Nargileh, ein schattiger Baum, eine plätschernde Fontäne und eine Tasse Kaffee sind alles, was der Türke bedarf, um sich zehn bis zwölf Stunden des Tages köstlich zu unterhalten. Der »Kjef« oder die gute Laune des Orientalen besteht in einer gleichmütigen Seelenstimmung mit gänzlicher Vermeidung aller Emotionen. Eine lebhafte Unterhaltung oder nur eine weite Aussicht sind schon Störungen; dagegen erhöht es sehr die Laune, wenn zur Romaika oder Zither der Armenier eine der einförmigen, durch das ganze weite Reich gleich tönenden Weisen singt, deren Refrain stets »Amann, Amann« – »Erbarmen« – ist, oder wenn griechische Knaben ihre nach unseren Begriffen höchst anstößigen und ungraziösen Tänze ausführen. Aber selbst zu singen oder selbst zu tanzen kommt keinem Moslem in den Sinn; man könnte ihm ebenso gut zumuten sich zu geißeln oder spazieren zu gehen.

30. Zweite Audienz beim Großherrn

Bujukdere, den 26. Juli 1837

Am Tage, nachdem ich dir das letzte Mal geschrieben hatte, wurde ich ins Mabeïn befohlen. Dieses Gebäude ist durch eine hohe Mauer von dem eigentlichen Serai oder Schloss geschieden, in welchem dann der Harem wieder besonders abgeteilt ist, der nur von Frauen, Verschnittenen und dem Großherrn selbst bewohnt wird. Wassaf-Effendi, der bisherige erste Sekretär und Günstling des Großherrn, von dem ich dir geschrieben hatte, war abgesetzt und seine Stelle durch *Sayd-Bey* eingenommen worden, den ich auf der Reise näher kennen gelernt hatte. Das Gespräch drehte sich um gleichgültige Gegenstände und unvermeidliche Komplimente. Eine Pfeife wurde nach der anderen geraucht, und Zeit und Weile fingen mir an lang zu werden, als *Sayd-Bey* mich aufforderte ihm zum Großherrn zu folgen; da dergleichen Audienzen hier selten und ungewöhnlich sind, so kam mir dieser Vorschlag sehr unvermutet. Ich war in meinem Überrock und Strohhut, also nichts weniger als feierlich gekleidet.

Das Palais Beglerbey, wo der Sultan im Sommer residiert, erhebt sich an der asiatischen Seite des Bosporus in einer sehr schönen Lage. Rechts sieht man die weißen Türme der Hissar oder alten Schlösser und den Bosporus hinauf bis fast nach Bujukdere, links Skutari, Pera und Galata, Konstantinopel und die Serajspitze mit ihren weißen Minaretts und schwarzen Zypressen. Beglerbey selbst ist ein ausgedehntes Gebäude, hellgelb angemalt, wie alle übrigen Wohnungen aus Brettern zusammengenagelt und mit zahllosen Fenstern, eins über dem anderen. Ich trat durch ein vergoldetes Tor in einen echt türkischen Garten mit kleinen, von Buchsbäumen eingefassten Blumenparterres, die Gänge mit Muscheln ausgestreut; die Bassins mit Goldfischen und Springbrunnen waren umstanden von Pyramiden aus Zypressen- und Orangenbäumen.

Ich sah mir eben diese Herrlichkeiten an, als der Großherr über eine Art Galerie aus dem Harem ging und uns aus dem Fenster rief heraufzukommen. Unten auf dem Flur, der mit schönen Marmorplatten ausgelegt ist, begegneten wir dem dritten Prinzen Sr. Majestät auf den Armen eines schwarzen Sklaven; ein sehr schöner Knabe von zwei Jahren, lustig und gesund aussehend. *Sayd-Bey* hatte die Ehre den Rockzipfel des Kindes zu küssen. Wir stiegen eine recht schöne breite Treppe hinauf, durchschritten einige Säle, in denen eigentlich nichts war, was man nicht in jedem gut eingerichteten Privathaus bei uns auch findet, und standen vor Sr. Hoheit, der in einem Kabinett, ganz nahe an der Tür, in einem Lehnsessel saß und seine Pfeife rauchte. Vor ihm stand *Mehmed Aly Bey*, neben ihm *Rissa Bey*, seine beiden Pagen oder Vertrauten, die Arme vorn verschränkt, in ehrfurchtsvollem Schweigen. Das Zimmer war von einer angenehmen Dunkelheit; ein starker Zugwind, den hier niemand fürchtet und ohne den man nicht leben kann, unterhielt trotz der Hitze des Tages die angenehmste Kühle; die Fenster sahen auf den Bosporus, dessen Strömung sich hier mit Geräusch gegen den Kai bricht. Nachdem *Sayd-Bey* mit der Hand den Fußboden berührt hatte, meldete er einige Dienstangelegenheiten und brachte dann eine Entschuldigung wegen meiner Toilette vor; der Großherr erwiderte, dass das ganz einerlei sei, und drückte in wohlwollender Weise seine Zufriedenheit aus mich zu sehen. Se. Majestät erwähnten die gemachte Reise, äußerten sich beifällig über mehrere Gegenstände und erkundigten sich, ob meine Kameraden schon unterwegs seien. Zum Abschied ließ der Großherr mir durch *Rissa Bey* eine sehr schöne Tabatiere überreichen mit der Bemerkung, ich möge sie als Andenken in meiner Familie aufbewahren.

31. Der Turm von Galata

Bujukdere, den 14. September 1837

Zu meiner großen Freude trafen am 28. August drei meiner Kameraden, die Hauptleute Baron von Vincke und Fischer vom Generalstab und von Mühlbuch vom Ingenieurkorps in Konstantinopel ein. Das Dampfschiff wurde aus Triest erwartet und ich bestieg einmal über das andere den gewaltigen runden Turm von Galata, von dem ich über das Gewimmel des Hafens, über Konstantinopel und die Bogen des Valens fort in den flimmernden Propontis hinausspähte. Die Prinkipos-Inseln und der raue Fels von Prot tauchen in blauen Umrissen aus der lichten Fläche empor, welche von dem Felsgebirge von Mudania begrenzt wird; dahinter erhebt wie eine weiße Wolke der zackige Olymp sein beschneites Haupt über die warme Seelandschaft und in kaum erkennbarer Nebelgestalt zeigen sich am fernsten Horizont noch Katolymnia und die Berge von Cyzikus. Warten ist an sich ein fatales Ding, aber der Turm von Galata ist der Punkt, von wo man es noch am ehesten eine Weile aushält; vierzig Schritte führen dich rings um die Balustrade des Turms, aber welche Mannigfaltigkeit von Gegenständen erblickt das Auge während dieser vierzig Schritte! Von dem östlichen Rand des Umgangs schweift der Blick über die mächtige Vorstadt Skutari, das alte Chrysopolis, welche mit zahllosen Häusern, prächtigen Moscheen, Bädern und Fontänen amphitheatralisch an einer Höhe emporsteigt, deren Gipfel durch einen schwarzen Zypressenwald gekrönt ist.

Ich führe dich jetzt an den nördlichen Rand des Turms, von wo aus der staunende Blick die Ufer des Bosporus bis zum »Riesenberg« (Juscha-Dag) verfolgt; wie ein mächtiger Strom windet die Meerenge sich zwischen lauter zusammenhängenden Ortschaften, zwischen Palästen, Moscheen, Kiosken und Schlössern hindurch, zwei Meere verbindend und zwei Weltteile trennend. Sie bildet eigentlich die Hauptstraße von Konstantinopel, wenn man unter dieser Benennung das ganze Aggregat von Städten, Vorstädten und Ortschaften versteht, in welchen 800 000 Menschen dicht beisammen wohnen. Dort ziehen die mächtigen Schiffe hinauf. Ihre stolzen Maste tragen die rote Flagge mit dem Halbmond hoch in die blaue Luft. Tausende, ja viele tausende von leichten Nachen durchkreuzen schnell und geschäftig in allen Richtungen diese majestätische Hauptstraße.

Dicht unter dir hast du das Getümmel im Goldenen Horn, im Arsenal auf den Schiffswerften, auf der neuen Brücke und in Galata. Die Mannigfaltigkeit dieser Aussicht ist so groß, dass man tausende von Gegenständen achtlos übersieht, vor denen man an einem anderen Ort staunend stehen bleiben würde.

Mich interessiert diesmal nichts so sehr wie eine kleine schwarze Rauchwolke am blendenden Horizont des Propontis, die immer näher rückt und sich bald in ein breites Dampfschiff verwandelt; die Wellen stiegen schäumend an seiner schwarzen Brust empor und flossen schneeweiß zu beiden Seiten hinab, weithin einen Silberstreif auf die blaue Fläche zeichnend. Jetzt kämpfte das Dampfschiff mit der starken Strömung an der Spitze des Serajs, aber siegreich schoss es hinter den alten Mauern hervor, wendete in dem Hafen und mit lange anhaltendem Gerassel sank der Anker auf den tiefen Grund herab.

Ich brachte meine Kameraden sogleich nach Bujukdere, wo freundliche Wohnungen für sie bereitstanden, und es war ein großes Vergnügen, zu Pferd und im Nachen ihr Führer durch diese schönen Umgebungen zu sein, die ich durch meine Aufnahme schon gründlich studiert hatte.

Varna, den 2. November 1837

Nach kurzem Aufenthalt in Bujukdere wurden meine Kameraden und ich dem Großherrn vorgestellt, der uns zu Beglerbey sehr gnädig empfing; bald darauf erhielten wir den Befehl zu einer Reise zur Donau. Bei uns würde man sich auf die Schnellpost setzen und wäre in zwei bis drei Tagen da; hier macht das etwas mehr Umstände; unser Gefolge bildet eine kleine Karawane von einigen vierzig Pferden und als wir über die Brücke von Konstantinopel ritten, sah der Zug ganz stattlich aus: Voraus eilte ein Tatar in seinem roten Anzug mit Pistolen und Handschar, der die Quartiere macht und die Pferde auf den nächsten Posten zusammentreibt; zwei andere Tataren schließen den Zug, um alles zu überblicken und die Nachzügler vorwärts zu treiben. Die militärische Bedeckung bilden drei Kawassen oder Gendarmen; außer ihnen folgen zwei armenische Dolmetscher, zwei griechische Bediente, ein Koch, drei türkische Offiziere, vierzehn Packpferde, vier oder fünf Surudschi oder Pferdejungen und ein paar Reservepferde.

Auf der großen Straße nach Adrianopel bewegte sich dieser Zug schnell vorwärts; bald aber fingen die Bedienten an zu klagen; der eine hatte Kopfschmerzen, der andere Fieber und alle hatten sich durchgeritten. Von Tschatall-Burgas bogen wir aus nach Kirklisse. Die Berge wurden immer höher, die Wege schlechter und der Regen strömte reichlich herab. Die Quartiere in den Dörfern waren unbeschreiblich elend; am vierten Tag kamen wir nach Umur-Faki, das auf der Karte mit großen Lettern geschrieben, aber in der Tat nur ein ganz elendes Dorf ist. Zwei Drittel der Häuser standen leer, weil die Bewohner an der Pest gestorben oder vor ihr geflohen waren. Als wir in die Wohnung des Tschorbadschi, des Dorfältesten, einzogen, musste die Familie zum Hause hinausgetrieben werden; wir zündeten ein mächtiges Feuer an und breiteten unsere Decken von Ziegenhaar aus; einer eben vorübergehenden Gans wurde ohne weitere Umstände der Hals abgeschnitten und kaum gerupft, spazierte sie in den Kessel, wo sie sich mit einigen Hühnern und einer reichlichen Portion Gerstengrütze zusammenfand und uns Hungrigen ein recht nahrhaftes Mahl gab. An dieser ganzen Prozedur war nichts Ungewöhnliches, außer dass wir am nächsten Morgen die Leute bezahlten und beschenkten.

Unser Zug teilte sich nun in mehrere Kolonnen; Baron von Vincke und ich begaben uns nach Burgas am Schwarzen Meer, schifften uns nach Sizepolis und von da nach Achiolu ein, überschritten bei fortwährendem Regenwetter den Balkan und ruhen uns jetzt in Varna aus, wo uns der Pascha aufs Zuvorkommendste aufgenommen hat und wo man für uns so gut gesorgt hat, wie es die Umstände erlauben.

Ich kann der ovidischen Klage von den eisigen Ufern der Donau nur beistimmen. Ungewöhnlich früh trat dieses Jahr die raue Jahreszeit ein, und schon Anfang Oktober waren kleine Wasser des Morgens zugefroren. Am schlimmsten aber war der Regen und noch schlimmer die Entbehrungen, zu welchen die Vorsichtsmaßregeln zwingen, die wir gegen eine furchtbare Pest zu nehmen hatten, die diesen Herbst ganz Rumelien und die Ostküste Bulgariens heimsuchte. Wenn man nach einem langen Ritt abends durchnässt ins Nachtquartier kam, so hatte man eigentlich nur die Wahl zwischen einer möglichen Pest und einer gewissen Erkältung; die erste Frage war: Wie steht es hier mit der Krankheit? Die Türken zuckten mit den Achseln, die Rajahs jammerten, alle Häuser waren verdächtig und es blieb nichts übrig, als ein von seinen Einwohnern verlassenes Konak zu erbrechen, alle Gegenstände daraus zu entfernen, in Ermangelung von Fensterscheiben die Läden zu schließen und ein mächtiges Feuer anzuzünden, an dem gekocht und getrocknet wurde.

Jeder von uns führte große Säcke aus Haartuch mit sich, welche der Ansteckung nicht ausgesetzt sein sollen, diese wurden ausgebreitet, unsere eigenen Betten darauf gelegt und so ging's alle Tage weiter. Unsere griechischen Bedienten hielten das aber nicht lange aus, einer wurde nach dem anderen krank, und den meinigen musste ich schon von Varna aus zurückschicken; einer meiner Kameraden bekam Fieber und hatte die ganze Reise krank mitmachen müssen;

am besten waren unsere Türken dran, die lachten über alle unsere Vorsicht, legten sich auf die weichen Kissen zur Ruhe und blieben eben auch gesund.

Das Land hat fürchterlich gelitten; gewiss ein Drittel der Häuser stand leer. An vielen Orten, namentlich in Bulgarien, hatten alle Einwohner die Flucht in die Berge genommen. Das schöne Tirnowa, das ich dies Frühjahr so heiter gefunden, gewährte den finstersten Anblick; Kasanlik war fast verödet; in einigen Dörfern sah man kaum einen Menschen. Nördlich des Balkans war es besser, die Krankheit war fast erloschen, hier aber hatte der Krieg fast ebenso schreckliche Spuren hinterlassen wie die Pest; dass zwei Geißeln, Pest und Krieg, ein Land grausam verheeren, ist begreiflich, dass aber nach acht Friedensjahren solche Spuren übrig sind, klagt die Verwaltung des Landes laut an. Man glaubt, die Russen seien gestern erst abgezogen: Die Städte sind buchstäblich Steinhaufen, nur in einzelnen Hütten, aus den Trümmern zusammengebaut, hausen die Einwohner und an den überall gründlich geschleiften Werken liegt noch ein Minentrichter neben dem anderen, als ob sie eben gesprengt.

In Schumla hatte ich ein zierliches Haus, in welchem Fürst *Milosch* früher gewohnt hatte. Hier empfing uns *Sayd-Pascha,* der Kommandant von Silistria, Pascha von drei Rossschweifen und Wesir, mit der ausgezeichnetsten Artigkeit.

Von Schumla fuhren wir mit unserem Pascha die Donau schnell hinab, verweilten in Silistria und begaben uns mit dem Wesir auf einen Pachthof bei Rassova, der ihm dort gehört. Unterwegs machte der Pascha die Honneurs; jeden Abend waren wir zum Diner bei ihm geladen. Der Champagner fehlte nicht; an Essen war eine entsetzliche Fülle, die Zahl der Schüsseln endlos und wohl die Hälfte davon süß. Dabei saß ein Arnaut in einen Winkel gekauert, der die Romaika, eine Art Gitarre mit sehr langem, dünnem Hals, spielte und dabei eine Liebesgeschichte sang oder vielmehr aus allen Kräften seiner Lunge schrie, die zu Sultan *Urchans* Zeiten vor der Eroberung von Konstantinopel sehr anziehend gewesen sein mochte. Während der Mann mit angeschwollenen Stirnadern musizierte, tanzten Zigeunerinnen mit Kastagnetten in seltsamen, bettelhaften Anzügen und mit abenteuerlichen Verdrehungen ihrer Glieder.

Ein für mich neuer und interessanter Terrainabschnitt war die Dobrudscha, das Land zwischen dem Schwarzen Meer und der Donaumündung.

Dieses ganze wohl 200 Quadratmeilen große Land zwischen dem Meer und einem schiffbaren Strom ist eine so trostlose Einöde, wie man sie sich nur vorstellen kann, und ich glaube nicht, dass es 20 000 Einwohner zählt. So weit das Auge reicht, siehst du nirgends einen Baum oder Strauch; die stark gewölbten Hügelrücken sind mit einem hohen, von der Sonne gelb gebrannten Gras bedeckt, das sich unter dem Wind wellenförmig schaukelt, und ganze Stunden lang reitest du über diese einförmige Wüste, bevor du ein elendes Dorf ohne Bäume oder Gärten in irgendeinem wasserlosen Tal entdeckst.

Niemals habe ich so viele und mächtige Adler gesehen wie hier; sie waren so dreist, dass wir sie fast mit unseren Hetzpeitschen erreichen konnten, und nur unwillig schwangen sie sich von ihrem Sitz auf alten Hünenhügeln einen Augenblick empor. Zahllose Völker von Rebhühnern stürzten laut schwirrend fast unter den Hufen unserer Pferde aus dem dürren Gras empor, wo gewöhnlich ein Habicht sie beobachtend umkreiste. Große Herden von Trappen erhoben sich schwerfällig vom Boden, wenn wir uns näherten, während lange Züge von Kranichen und wilden Gänsen die Luft durchschnitten. Wir ritten an einer Donauinsel vorüber, auf der Mutterstuten weideten; als sie unseren Zug nahen sahen, fingen sie an zu wiehern, einige der Füllen stürzten sich ins Wasser, um hinüberzuschwimmen. Die Enten schreckten auf aus dem Schilf, und eine Schar wilder Schwäne, mit schwerem Flug sich erhebend, schlug Reihen von Kreisen auf dem glatten Spiegel des Wassers.

Unten an der Donau wird die Gegend anziehender, die Inseln sind mit dichtem Weidengesträuch bewachsen; die Nebenarme des Stromes gleichen Seen und endlich erweitert sich die Niederung zu einem zehn Meilen breiten Schilfmeer, in dem man große Seeschiffe einherziehen sieht. Kaum erblickt man noch jenseits das steile weiße Ufer von Bessarabien.

In diese öde Gegenwart ragen die Trümmer einer fast zweitausendjährigen Vergangenheit hinein. Auch hier sind es die Römer, die ihren Namen mit unverlöschlichen Zügen dem Erdboden eingegraben haben. Der doppelte, an einigen Stellen dreifache Wall, den Kaiser *Trajan* von Czernawoda an der Donau hinter der Seereihe von Karasu weg, nach Küstendsche, dem alten Constantiana, am Schwarzen Meer zog, ist überall noch 8 bis 10 Fuß hoch erhalten.

Während der ganzen Reise ist uns übrigens alle mögliche Unterstützung zuteil geworden, besonders so weit *Sayd Paschas* Befehle reichten. Schon eine Stunde vor den Städten kamen berittene Seymen uns entgegen, die vor und neben uns herjagten und ihre Stäbe wie Dscherids schwenkten; dann erschienen die Tschorbadschi oder Häupter der Rajahs. In den Wohnungen war alles aufs Beste für unserem Empfang bereit und der Ayan oder moslemische Vorstand des Orts ermangelte nicht, sogleich seine Aufwartung zu machen. Speisen, Wein und besonders Komplimente waren in Überfluss vorhanden. Die Bauern aus den Dörfern arbeiteten an den Wegen, die wir passieren sollten, die Bäder durften keine Leute annehmen, solange wir da waren, und mit all diesem Aufwand und Umständen auf Kosten ganzer Gemeinden war es doch nicht möglich, uns die Bequemlichkeit zu verschaffen, die bei uns ein Reisender auf der normalen Post und für viel geringeres Geld genießt.

33. Altertümer in Konstantinopel – Die St. Sophia – Der Hippodrom – Das Forum Constantinum – Säulen und Kirchen – Die Stadtmauer

Konstantinopel, den 28. Dezember 1837

Solche Fluten von Verheerungen sind über Konstantinopel zusammengeschlagen, dass fast jede Spur ihres Altertums verwischt worden ist. Dennoch ragen einige Denkmäler aus der Vorzeit und ich will dich an ihnen vorüberführen.

Die meisten Erinnerungen haften an dem Tempel, den Konstantin der göttlichen Weisheit errichtete, und dessen Kalkwände und Bleikuppeln, durch vier riesenhafte Strebepfeiler gestützt, sich noch heute hoch über den letzten Hügel, zwischen dem Propontis und dem Goldenen Horn erheben. Dort steht noch immer die alte Sophia, wie eine ehrwürdige Matrone im weißen Gewand mit grauem Haupt auf ihre mächtigen Krücken gestützt und schaut über das nahe Gedränge der Gegenwart weit hinaus über Land und Meer in die Ferne. Feuersbrünste und Belagerungen, Aufruhr, Bürgerkrieg und fanatische Zerstörungswut, Erdbeben, Stürme und Ungewitter haben ihre Macht gegen diese Mauern gebrochen, welche christliche, heidnische und mohammedanische Kaiser unter ihre Wölbung aufnahm.

Aber so viele Jahrhunderte gehen dennoch nicht spurlos an einem Menschenwerke vorüber. Die Kuppel der Sophienkirche ist mehr als einmal eingestürzt, das Innere durch Feuer verheert und riesenhafte Anbaue wurden nötig, um den Dom von außen zu stützen. Die Türken haben zu drei verschiedenen Zeitabschnitten vier unter sich ungleiche Minaretts hinzugefügt, die lange nicht so schlank und zierlich sind wie die der später erbauten anderen Moscheen und obwohl fast alle Reiseschriftsteller über den Anblick der Aya Sophia in Bewunderung ausbrechen, so will ich dir nur gestehen, dass sie auf mich weder den Eindruck eines großen noch eines schönen Bauwerks gemacht hat, bis ich hineintrat.

Die Sophia ist darin das Gegenteil der türkischen Moscheen überhaupt, welche von außen gesehen durch ihre geschmackvolle Bauart überraschen, deren Inneres aber keinen Ehrfurcht erweckenden Eindruck macht. Sie entbehrt eine der größten Zierden jener Moscheen, des Vorhofes, und man findet nirgends einen günstigen Punkt, um sie zu beschauen. Aber wenn man durch den Nartek oder Portikus, unter welchem die Büßenden zurückblieben, unter die weite Hauptkuppel tritt und einen Raum von 115 Fuß im Durchmesser ganz frei, ohne Säulen und Stützen vor sich sieht, über dem 180 Fuß hoch eine steinerne Wölbung in der Luft zu schweben scheint, dann staunt man über die Kühnheit des Gedankens, über die Größe der Ausführung eines solchen Baues.

Die breiten Hauptkuppeln an den Seiten enthalten zwei geräumige Tribünen, getragen durch die acht Riesensäulen, die Konstantin aus Ephesus, Athen und Rom zusammenbrachte. Die Tempel Europas, Asiens und Afrikas wurden geplündert, um diese christliche Kirche zu schmücken, und du findest auf der zweiten Tribüne einen Wald von Säulen aus Porphyr, Gallo antico, Granit, Jaspis und Marmor.

Das Licht fällt hauptsächlich durch eine Reihe von Fenstern, die den Fuß der Kuppel umgeben. Längs derselben befindet sich unter der Wölbung ein Umgang, von dem aus man einen schauerlich-schönen Blick 150 Fuß tief hinab in das Innere des Domes hat, auf die Gruppen von Betenden, die den weiten Fußboden bedecken.

Das Innere ist ganz frei von Bildwerken, Gemälden, Standbildern oder Denkmälern. Der einzige Schmuck der Wände sind die prachtvollen Inschriften aus dem Koran, die äußerst geschmackvolle Arabesken bilden; die Buchstaben sind vergoldet, sechs bis acht Fuß hoch, ziehen sich in langen Streifen auf dunkelblauem Grund um die Kuppeln oder sind in Tafeln zusammengestellt.

Ich führe dich nun auf einen nahen freien Platz, den größten und fast einzigen, den du in Konstantinopel findest, dies ist der alte Hippodrom, der heute den gleichbedeutenden Namen Atmeidan oder Pferdeplatz führt. Der Hippodrom war ein 400 Schritt langer, 100 Schritt breiter

Zirkus, der Atmeidan hingegen ist ein unregelmäßiges Viereck, 500 Schritt lang und durchschnittlich 200 Schritt breit. Ein Teil der früheren Ausdehnung ist jedoch durch die Vorhöfe der schönen Moschee Sultan Ahmeds und der dazugehörigen Gebäude, die Imarete oder Armenküchen, die Medresseh oder Schulen überdeckt.

Auf dem Hippodrom hielt Mehmed der Eroberer ein furchtbares Blutgericht und auf ebendiesem Platz versammelte der gegenwärtige Großherr die Bewohner der Hauptstadt um die Fahne des Propheten gegen die Janitscharen, die er kraft seiner Würde als Erbe der Kalifen verfluchte und im Namen des Glaubens vertilgte.

Der Atmeidan ist immer noch ein schöner Platz; auf der nordöstlichen Seite erhebt sich in geringer Entfernung die St. Sophia und die südöstliche ist von den Vorhöfen der Moschee Sultan Achmeds begrenzt. Der innere Hof der Moschee bildet ein Viereck, das von prachtvollen Portiken umgeben ist.

Der äußere Vorhof ist von riesenhaften Platanen und Zypressen überschattet und von künstlich durchbrochenen Steingittern umschlungen. Die Achmedieh ist eine der schönsten Moscheen der Welt von außen gesehen, aber das Innere macht wenig Eindruck.

Als Konstantin Byzanz belagerte, hatte er sein Zelt auf einer Anhöhe vor den Mauern der Stadt aufgeschlagen, eben derselben, welche jetzt die Moschee Nuri-Osman krönt. Zum Gedächtnis seines Sieges gründete er hier das Forum. Es geht aus dieser Angabe hervor, dass das alte Byzanz zwar einen größeren Raum als jetzt das Seraj eingenommen, dass es sich aber nicht über den zweiten Hügel hinaus erstreckt hat. Das Forum Constantinum bildete ein geräumiges Oval, umgeben von prachtvollen Portiken, die mit vielen Standbildern geschmückt waren; zwei Triumphbogen bildeten die beiden einander gegenüberliegenden Eingänge und eine 110 Fuß hohe Säule dorischer Ordnung in der Mitte des Forums trug ein erzenes Standbild von der Meisterhand des Phidias; es stellte den Apoll mit der Sonne um das Haupt, Zepter und Weltkugel in der Hand dar und Konstantin, welcher selbst der Gott des Tages war, ließ sich die Attribute des Sonnengottes gefallen.

All diese Pracht ist verschwunden und von dem Forum nur ein kleiner enger Platz übrig, auf welchem die »verbrannte Säule« sich erhebt. Sie besteht nicht mehr aus acht, sondern nur noch aus fünf Porphyrstücken, jedes 10 Fuß hoch, mit einem Kapitell von weißem Marmor, und Zeit und Feuersbrünste haben sie so beschädigt, dass eiserne Reifen um die Steine gelegt werden mussten. Früher bildete die Säule Konstantins den höchsten Punkt der Stadt, jetzt sind ihr die Minaretts weit über den Kopf gewachsen.

Von den vielen Säulen, die einst die Bilder heiliger Männer, mächtiger Kaiser und Kaiserinnen trugen, stehen außer dieser Säule des Konstantin nur noch zwei aufrecht, die des Marcian, jetzt »Kis-taschi«, der Mädchenstein genannt, zwischen elenden Hütten, unweit der Moschee des Eroberers Mohammed, und die Gotensäule im Garten des Serajs.

Von den altgriechischen Kirchen sind mehrere noch vorhanden, aber in Moscheen umgewandelt; die Türken nennen sie Kilisse-Dschami, Kirchen-Moscheen, sie unterscheiden sich leicht von den übrigen durch die engen turmartigen Kuppeln, aber keine zeichnet sich sonderlich durch Größe oder Schönheit aus. Zu den interessantesten gehören die Kirche der heiligen Irene, jetzt eine Rüstkammer im Vorhof des Serajs, die kleine Sophia und die Kirche, in der die lateinischen Kaiser beigesetzt wurden.

Es bleibt mir noch übrig, von einem der ältesten und wichtigsten Denkmäler, von der gewaltigen alten Stadtmauer, zu sprechen, welche allein hinreichte den Sturz des oströmischen Kaisertums um hundert Jahre zu verzögern.

Das Viertel Blachernä wurde erst unter Kaiser Heraklius der Stadt einverleibt und daher kommt wohl die Verschiedenheit der Bauart des südlichen und nördlichen Teils der Mauer. Von den Siebentürmen bis Tekfur-Seraj ist die Umwallung doppelt; die Hauptmauer ist 30 bis 40 Fuß hoch und hat eine obere Stärke von 5 bis 8 Fuß; alle sechzig Schritt treten Türme aus der Mauer hervor, deren Bauart verschieden, rund, achteckig und oft sehr zierlich ist; sie sind hoch und eng, mehr oder weniger beschädigt; von einigen liegen große Stücke unzertrümmert an der Erde und dichtes Efeu überrankt das alte Gemäuer.

Der nördliche Teil der Befestigung hingegen, welcher sich dem Hafen anschließt, zeigt nur eine einzige Mauer ohne Graben. Die Türme sind groß und geräumig, die Mauer äußerst schön gebaut und vollkommen wohl erhalten.

Die Mauer des Theodosius erfuhr die erste Belagerung 626 durch Perser und Awaren; aber damals waren die Byzantiner noch Herren des Meeres. Fünfzig Jahre später erschien eine arabische Flotte vor Konstantinopel; die Anhänger der damals neu entstandenen Lehre Mohammeds vermochten indes während sechs aufeinander folgender Sommer nichts gegen diese Mauern, denen der Osten Europas damals seine Rettung vor den Sarazenen verdankte. Die Flut ihrer Eroberung brach sich an diesem Bollwerk, sie wälzte sich zurück über Syrien, Ägypten und Nordafrika und überschwemmte Spanien und einen Teil von Frankreich; aber einen schwereren Stand hatte die Kaiserstadt gegen die Ritterschaft des Abendlandes im vierten Kreuzzug. Die fränkischen Barone vereinten sich mit den venezianischen Kaufleuten und 360 Schiffe, begleitet von 70 Proviantfahrzeugen und 50 zum Kampf bereiteten Galeeren führten 40 000 lateinische Christen durch den Hellespont nach Skutari. Die venezianischen Galeeren sprengten die große, von schwimmenden Balken getragene Hafenkette und zerstörten den Rest der byzantinischen Flotte.

Die Franken griffen die Mauer auf der Landfront an; sie benutzten 250 Kriegsmaschinen und gingen endlich zum Angriff auf Sturmleitern über, der jedoch zurückgeschlagen wurde. Die Venezianer hingegen bestürmten die Stadt von der Hafenseite; ihre großen Galeeren konnten bis dicht an das Ufer fahren und ließen Fallbrücken aus den Mastkörben bis auf die Türme hinab. Das vorderste Schiff war das des Dogen Dandolo, eines neunzigjährigen blinden Greises; er stand auf dem Vorderteil des Verdecks, eine hohe und ehrwürdige Gestalt, in voller Rüstung; vor ihm war die Fahne des heiligen Markus entfaltet und der Erste am Ufer war Dandolo. Bald besetzten die Venezianer fünfundzwanzig Türme und das Banner der Republik wehte von den Mauern der Kaiserstadt.

Ärger als später die Türken hausten damals die lateinischen Christen in Byzanz. Nicetas zählt die lange Reihe von Kunstwerken und Statuen her, welche von ihnen zertrümmert oder eingeschmolzen wurden.

Fünf lateinische Kaiser aus den Häusern Flandern und Courtenay herrschten zu Konstantinopel während eines halben Jahrhunderts; aber ihr Reich war so schwach, dass der Feldherr des Michael Paläologus die Hauptstadt durch einen Handstreich mit 800 Mann nehmen konnte. Diese erstiegen die Mauer auf Leitern und öffneten das Goldene Tor, das seit langer Zeit ungangbar gemacht war, von innen.

Zwar widerstanden die Mauern des Theodosius einer Belagerung von 200 000 Osmanen unter Amurad II., aber die Moslems breiteten sich in Asien wie in Europa aus. Sie besetzten Gallipoli, ihren Übergangspunkt, und machten Adrianopel zu ihrer Residenz; schon erhob sich eine türkische Burg auf dem asiatischen Ufer an der schmalsten Stelle des Bosporus.

Im Jahre 1453 begann Mohammed der Eroberer die letzte Belagerung, welche Konstantinopel bis auf die jetzige Zeit erlebt hat. Seine Scharen zählten 250 000 Streiter und verschanzten sich der Landfront gegenüber von Propontis bis an den Hafen.

Der Morgen des 29. Mai 1453 war der dreiundfünfzigste Tag der Belagerung und der letzte in der tausendjährigen Dauer des Römerreichs. Während zwei Stunden widerstanden die Griechen dem Angriff eines fünfzigmal überlegenen Feindes; der Sultan, mit einer eisernen Keule in der Hand, befeuerte und leitete den Kampf.

Nachdem der Kaiser vergeblich versucht hatte sein Volk zu kräftiger Verteidigung zu erwecken, nachdem er alle Gefahren geteilt und alle Hoffnungen verschwunden sah, beschloss er den Fall seiner Größe, den Sturz der römischen Herrschaft und den Untergang des christlichen Glaubens nicht zu überleben. »Ist kein Christ da«, rief er, »mir das Haupt abzuschlagen?« Um nicht erkannt und verschont zu bleiben, warf er den kaiserlichen Purpur ab, mischte sich in das dichteste Gewühl der Streitenden und wurde unter einem Haufen von Erschlagenen begraben. Dicht vor dem Tore Top-Kapu erhebt sich eine Gruppe Zypressen, welche den Ort bezeichnen, wo Konstantin Paläologus, der letzte Kaiser des Ostens, fiel.

Gleich nach der Erstürmung von Konstantinopel ließ Mohammed-Gasi, der Siegreiche, die am meisten beschädigten Stellen der Befestigung wieder ausbessern.

34. Reise nach Samsun – Die Häfen des Schwarzen Meeres – Dampfschifffahrt

Tokat in Asien, den 8. März 1838

Kaum finde ich Zeit, dir einige Zeilen zu schreiben, so schnell geht unsere Reise vorwärts; heute erst machen wir einen halben Tag Halt und ich setze mich sogleich neben ein loderndes Kaminfeuer, schichte eine Menge Sofakissen übereinander, um ein hier unbekanntes Möbel, einen Tisch zu konstruieren, und fange an meine Reiseschicksale zu erzählen; aber da kommt alle Augenblick ein Besuch, ein Oberst aus Konstantinopel, der mein alter Reisegefährte in Rumelien war und jetzt Kommandeur der Landwehr ist, ein Imam, ein Jude mit alten Münzen usw. Es werden zahlreiche Pfeifen geraucht und Kaffee getrunken, schon fängt es an dunkel zu werden und morgen geht es zwanzig Stunden über schneebedeckte Berge nach Siwas.

Ich bin dir noch den Bericht über die Abschiedsaudienz schuldig, welche von Mühlbach und ich beim Großherrn hatten; sie ist indessen für mich die vierte und weicht in nichts von den übrigen ab, sodass ich die Wiederholung erspare.

Mittags darauf reisten wir mit dem großen schönen Dampfschiff »Fürst Metternich« ab. Das Wetter war köstlich, die See ruhig, und mit Vergnügen schwammen wir die Küste entlang, die, überall hoch und steil, in der Ferne von noch höheren beschneiten und bewaldeten Kuppeln überragt ist. Das Schiff nahm in Sinope Kohlen ein und wir benutzten diesen Aufenthalt, um das alte genuesische Kastell bei hellem Mondschein zu besehen. Es liegt auf einer Landenge und sperrt die ungewöhnlich gut gebaute Stadt und eine bergige Halbinsel vom Kontinent ab. Der Ort hat schöne Schiffswerften; die milde Luft, die vielen Ölbäume und Zypressen, das leuchtende Meer, die alten Türme und Mauern geben ein schönes südliches Bild. Am zweiten Tag mittags schon liefen wir in den Hafen von Samsun ein; in zweimal vierundzwanzig Stunden hatten wir mit allem Komfort hundert deutsche Meilen zurückgelegt.

Der Anblick von Samsum ist höchst angenehm; ein altes genuesisches Kastell, mehrere gut gebaute türkische Konaks, einige steinerne Moscheen und Hanns zeichnen sich schon in der Ferne ab. Das ganze Städtchen ist von einem Olivenwäldchen umgeben, welches das Bergamphitheater bekleidet und aus dem freundliche Kiosks und Gartenhäuser hervorblicken; die Gipfel der Hügel krönt ein griechisches Dorf und dahinter ragen Waldkuppen, die ihre 3000 Fuß Höhe haben mögen. Ich benutzte den Abend, um einen Plan dieses Orts, des Hafens und der Umgebungen aufzunehmen, und es kam mir wirklich seltsam genug vor, in Pontus, im Lande Mithridats, meinen englischen Patentmesstisch aufzustellen.

Es hat sich so getroffen, dass ich nun fast alle Häfen des Schwarzen Meeres von der Mündung der Donau bis zum Kisil-Irmak genauer kennen gelernt habe; sie sind alle schlecht. Das schon von alters her so verrufene Schwarze Meer ist weder stürmischer noch so oft mit Nebel bedeckt wie unsere Ostsee und Untiefen und Klippen, wie jene, hat es gar nicht; die große Gefahr besteht hauptsächlich in dem Mangel an geschützten Reeden und gesicherten Häfen.

Der ostindische Handel nahm früher seinen Weg durch die Levante. Die Genueser waren Herren aller Hafenplätze an der kleinasiatischen Küste, wie an so vielen anderen Punkten des Osmanischen Reiches. Überall haben sie dauernde Spuren ihrer Herrschaft hinterlassen; ihre Anlagen zeichnen sich durch Solidität und Tüchtigkeit aus; ihre alten Schlösser stehen noch jetzt und verspotten durch ihr Profil die späteren türkischen Anlagen.

Persische Kaufleute besuchten auch früher schon die Leipziger Messe, von wo sie Fabrikwaren und Pelzwerk holten. Die Reise dauerte gewöhnlich fünfzehn Monate und war zahllosen Gefahren und Beschwerden ausgesetzt. Heute geht derselbe Handelsmann von Trapezunt mit den Dampfschiffen in vierunddreißig Tagen über Konstantinopel und Wien nach Leipzig und kehrt in zwanzig Tagen zurück.

Die »Metternich« hatte für eine Million Fabrikate an Bord; ein zerlumpter persischer Kaufmann, der unbeweglich in einer Ecke des Verdecks kauerte und dessen Mahl aus Oliven, Knoblauch, Zwiebeln und Brot bestand, hatte allein 5000 Piaster gezahlt. Aus den kleinen asiatischen

Häfen bringt das Dampfschiff Tabak, Früchte, rohe Seide, persische Schals, Galläpfel und persische Gold- und Silbermünzen, die in Konstantinopel zu schlechtem Geld ausgeprägt werden. Die Reisenden sind stets viele, aber fast nur Verdeckpassagiere; der Türke führt sein Bett, sein dürftiges Mahl und seine Pfeife mit sich, wickelt sich nachts in seine Pelze und Teppiche und verlässt fast nicht den Platz, auf den er sich bei der Abfahrt hinsetzt. Ich reiste mit einigen Offizieren der neu geschaffenen Landwehr; sie waren nach Konstantinopel neunzehn Tage unterwegs gewesen, in zwei Tagen kamen sie zur See wieder zurück; uns dagegen steht jetzt der Landweg bevor. Unsere kleine Karawane besteht aus etwa dreißig Pferden und zieht so schnell einher, wie die Wege und Witterung es erlauben; die Straßen sind oft nur Fußpfade, die steile Höhen erklimmen oder angeschwollene Bäche durchschneiden. Wagen würden gar nicht oder doch nur mit Ochsen fortkommen können; zu Pferde aber geht es gut. Wenn ich beim Ausreiten zuweilen mein kleines kappadozisches Ross wegen wenig einnehmenden Exterieurs bedenklich ansehe, so hebt der Tatar die rechte Hand mit gespitzten Fingern empor und schlürft die Luft durch die Lippen, ein Zeichen der höchsten Bewunderung; »Rachwan!«, ruft er, »Ein Passgänger!«, und dies ist die schönste Empfehlung. Wirklich bin ich mit diesem Tierchen bis zu drei Stunden in ununterbrochenem Galopp geritten, wo die weiten Wiesenflächen längs den Strömen es erlaubten; oft aber geht es über Geröll und steile Hänge, sodass man nur im Schritt vorwärts kommt.

35. Amasia –Die Felsenkammern

Sivas, den 10. März 1838

Unser erster Marsch von Samsun betrug vierzehn Stunden; es gab mehrere Höhen und Täler zu überschreiten, die von Schnee eben erst entblößt, doppelt mühsam zu passieren waren; auch kamen wir spät in der Dunkelheit und von Regen durchnässe in Ladika an. Dieser Ort hat, wie wir am folgenden Morgen von den hohen schneebedeckten Bergen sahen, eine schöne Lage; wir stiegen nach einigen Stunden in ein breites angebautes Tal hinab, dessen Wände sich immer mehr näherten, bis sie dicht zusammentrafen und eine tiefe enge Schlucht bildeten. Schroff und fast ganz ohne Vegetation erhoben sich wohl 100 Fuß die Felslehnen zu beiden Seiten, während die enge Sohle des Tals zwei Stunden weit einen fortlaufenden Garten bildete, bedeckt mit Häusern und Maulbeerpflanzungen.

In dem Augenblick, als wir über eine kleine Anhöhe hervortraten, entfaltete sich plötzlich der eigentümlichste und schönste Anblick, den ich je gesehen – die uralte Stadt Amasia. Der Zusammenfluss zweier beträchtlicher Gebirgswasser aus ganz entgegengesetzten Richtungen, welche dann vereint nordostwärts abfließen, bildet einen tiefen Gebirgskessel, in den Kuppeln, Minaretts und Wohnungen von 20 000 bis 30 000 Menschen zusammengedrängt sind. Schöne Gärten und Maulbeerplantagen, die der rauschende Strom durchteilt, sind ringsum von hohen Felswänden umschlossen, und rechts auf einer hervorragenden Klippe thront ein uraltes, seltsam gestaltetes Kastell. Was aber den befremdendsten Eindruck hervorbringt, sind die wunderbaren Felsenkammern, die in den senkrechten Steinwänden eingemeißelt sind; lange betrachtete ich diese kolossalen Nischen, Gänge und Treppen, ohne mir eine Vorstellung davon machen zu können, was der Zweck einer so mühevollen, vieljährigen Arbeit sein könne. Fünf große Felsenkammern befinden sich nahe aneinander und sind durch Galerien und Treppen verbunden, die mit ihren Balustraden in die Felswand eingehauen sind. Wahrscheinlich waren es Gräber der Könige von Pontus. Obwohl über 2000 Jahre alt, sind die Linien so scharf erhalten, als wenn sie eben fertig geworden.

Der Anblick von der Zitadelle herab ist prachtvoll; es war eben Beiram, der größte Feiertag der Türken. Überall war Leben und sämtliche Frauen, in ihren grellen bunten Gewändern, kamen aus den Bädern. Von der Zitadelle wurde mit Böllern geschossen, die in den Tälern prächtig widerhallten, auch wir feuerten unsere Pistolen ab, um nach Kräften zu dieser Feierlichkeit beizutragen.

Wegen des Beiram konnten wir erst nach dem Morgengebet um 10 Uhr reiten; wir benutzten die Zeit, um die Felsengräber noch einmal zu besehen, entdeckten noch mehrere kleine Kammern und allerlei in den Felsen geschnittene schmale Gänge, die einst auf Verschanzungen führten.

Bei hellem Sonnenschein ritten wir am 7. weiter, oft zurückblickend nach der schönen Lage der Stadt und dem hoch ragenden alten Schloss. Wir folgten einem Nebental des von Tokat kommenden Tusanly-Flusses, an dessen Ufer Gänge in die Felswand gehauen sind; unser Tal schloss sich bald so, dass man gar keinen Ausweg sah, und in einer engen Felspforte, durch die ein wilder Gebirgsbach schäumte, kletterten die schwer beladenen Pferde mühsam empor. Wir erklommen jetzt schon eine bedeutende Höhe und stiegen dann durch ein schönes Gebirgstal mit einem rauschenden Bach hinab; abermals traten die Felswände bis auf einige Schritte zusammen, dem Weg und dem Bach kaum einen Durchgang gestattend. Bei einem einzelnen Häuschen an dieser schönen Stelle wurde gegen Abend einen Augenblick gerastet. Wir fanden ein Gerüst, oben mit 4 Fuß langen Messern besetzt; auf Befragen erfuhren wir, dass es für Straßenräuber bestimmt sei, die darauf gespießt noch drei bis vier Tage leben, und es stellte sich heraus, dass wir eben beim Schinder unter dem Galgen Kaffee tranken. Abends spät kamen wir nah Turhall.

Dieses Städtchen liegt in einer weiten, schönen Talebene, die durch den Zusammenfluss von vier beträchtlichen Wassern gebildet wird; mehrere einzelne Felskegel ragen aus der Wiesenfläche hervor; der, welcher der Stadt am nächsten liegt, ist von den Ruinen eines alten Schlosses gekrönt.

Dieses Städtchen liegt in einer weiten, schönen Talebene, die durch den Zusammenfluss von vier beträchtlichen Wassern gebildet wird; mehrere einzelne Felskegel ragen aus der Wiesenfläche hervor; der, welcher der Stadt am nächsten liegt, ist von den Ruinen eines alten Schlosses gekrönt.

36. Tokat – Siwas

Siwas, den 11. März 1838

Der Pascha dieses Orts ist gestern mit achtzig Pferden von hier fortgezogen, sodass die Post keine mehr hat und wir genötigt sind einen Ruhetag zu machen; ich fahre daher in meiner Erzählung fort.

Die acht Wegstunden nach Tokat machten wir am 8. im weiten Tal des Tusanly, fast im beständigen Galopp; Tokat liegt in einer Schlucht, die aus hohen Bergen hervortritt. Eine scharfe Klippenwand schneidet beide Täler voneinander ab und auf dem letzten schroffen Gipfel ist kühn ein altes Schloss erbaut und durch einen unterirdischen Gang mit der Stadt verbunden; diese ist von bedeutender Größe und kann 30 000 bis 40 000 Einwohner haben. Sie liegt schön, aber doch nicht so schön wie Amasia.

Hinter Tokat stiegen wir westlich in die Höhe, und nach drei Stunden befanden wir uns mitten im schönsten Winter; nur einzelne Fichten schauten aus den weiten Schneeflächen heraus und die Wege waren unbeschreiblich schlecht. Die Sonne schoss brennende Strahlen herab und die Augen schmerzten so sehr, dass wir den Kopf trotz der Hitze in Tücher und Kappen hüllten.

In der Mitte dieser Öde liegt Siwas, von stattlichem Ansehen, mit Kuppeln, Minaretts und alten Türmen, eine Zitadelle auf einem Hügel, eine zweite mitten in der Stadt. Die Häuser haben statt der Dächer flache Erddecken.

So viel Schmutz habe ich noch nie beisammen gesehen wie hier; der Schnee liegt 10 Fuß tief in den Straßen, und kaum hat man an einer Seite einen engen Gang gebahnt, in den die Pferde bis an die Gurte einsinken. Heute früh, da wir doch einmal nicht weiterkonnten, besahen wir die merkwürdigen Ruinen in der unteren Zitadelle; nie, auch in keiner gotischen Kirche, habe ich solchen Reichtum an Skulptur gesehen wie in der Fassade der dortigen Moschee; jeder Stein ist kunstvoll geschnitten. Das Portal ist alles, was man Zierliches, Pracht- und Geschmackvolles sehen kann; Blumengewinde, Blätter und Arabesken bedecken jede Fläche und doch macht das Ganze einen höchst harmonischen Eindruck. Die Leute sagen, es sei persische Arbeit; sie mag wohl noch vor der Zeit der Seldschuken ausgeführt sein und mit den schönen Gebäuden des südlichen Spaniens gleichen Ursprung haben.

37. Der Anti-Taurus oder die kleinasiatische Hochebene

Alladschah-Hann, den 14. März 1838

Von Siwas aus ritten wir durch eine weite Niederung, überschritten den Kisil-Irmak, der hier schon 250 Fuß breit und sehr angeschwollen war, auf einer steinernen Brücke, und stiegen dann während drei Stunden beständig aufwärts. Wir erreichten eine Hochebene, die mehrere Salzquellen enthält; die Vegetation muss hier schon sehr dürftig sein und kein Baum oder Strauch sah aus den Schneeflächen hervor. Gegen Abend und bei dichtem Schneegestöber erstiegen wir die höchste Stufe des Anti-Taurus, nämlich den Delikli-Tasch oder »durchbrochenen Stein«. Nachdem wir an einer schroffen schönen Felsklippe vorübergeritten, befanden wir uns auf der Wasserscheide des Schwarzen und des Mittelländischen Meeres. An diesem Derbent oder Pass befindet sich ein kleines Dörfchen, das acht Monate Winter hat; ich glaube, dass die Höhe 5000 Fuß über dem Meer liegt.

Wir bemerkten das Fundament eines festen Schlosses, das irgendein Dere-Bey oder Talfürst erbaut hat, um den Pass in seiner Gewalt zu haben. Reschid Pascha aber setzte dort einen Ayan ein, der, eine Art Markgraf, die Sicherheit der Straße zu bewahren hat. Wir fanden nach dem mühsamen Ritt die erfreulichste Aufnahme bei ihm; ein mächtiges Feuer prasselte im Kamin, die Decke des weiten Zimmers war mit dichten Fichtenstämmen gedeckt, darauf gestampfte Erde; den Fußboden aber bedeckten saubere Teppiche; dünne hölzerne Säulen trennten den mittleren Raum für die vornehmeren Gäste von der Estrade für die Dienerschaft. Behaglich streckten wir uns auf die Polster und bald erschien die große blecherne Scheibe, auf welcher die zahlreichen Schüsseln eines türkischen Mahls aufgetragen werden; zinnerne Schüsseln mit Glocken von demselben Metall überdeckt, hölzerne Löffel und ein sehr langes halbseidenes Handtuch bilden das Service der Vornehmen wie der Armen.

Gestern setzten wir unseren Weg über eine zehn Stunden weite, sanft gegen Süden geneigte Hochebene fort; so weit das Auge reichte, nichts als Schneeflächen und in der Ferne hohe Gebirgsgipfel. Die Sonne funkelte auf dem Schnee, dass man fast erblindete; nirgends eine Spur von Vegetation; der Schnee lag überall vier Fuß hoch. Dieser Ritt gehörte zu den mühsamsten und es ging immer nur im Schritt vorwärts; erst abends erreichten wir das Dörfchen, in dem wir beim Mullah ein gutes Unterkommen gefunden haben. Auf der ganzen zwanzig Stunden weiten Strecke von Siwas hierher gibt es nur zwei kleine Dörfchen, es ist eine vollkommene Einöde; heute, hoffe ich, werden wir aus dem Schnee herauskommen.

Mein Wirt, der Mullah, hat mir einen schönen Windhund geschenkt; diese Rasse scheint hier zu Hause zu sein und ist von vorzüglicher Schönheit; ich revanchiere mich mit Tee und Zucker, Letzterer ist hier sehr selten und von den Türken ungemein geschätzt.

38. Der Euphrat – Kieban-Maaden

Kieban-Maaden am Euphrat, den 16. März 1838

Durch die einförmige Schnee-Einöde ging es am 14. fort bis Hassan-Tscheleby; die Häuser dieses Dorfes sind mit flachen Erdterrassen eingedeckt und liegen mit dem Rücken gegen eine Anhöhe, sodass, wenn man von dieser Seite kommt, man sie fast gar nicht gewahr wird. So geschah es mir, dass ich auf das Dach eines Hauses hinaufritt und beinahe durch den Rauchfang in den Salon der unterirdischen Familie gefallen wäre. Ich war sehr bestürzt über diesen Vorfall, als wir aber nach dem Frühstück weiterritten, ging die ganze Karawane über die gesamten Dächer der Ortschaft im fröhlichen Trabe fort.

Je langweiliger die Gegend, je mühsamer der Weg bisher gewesen, umso erfreulicher war es jetzt, im raschen Galopp durch ein tiefes Felstal längs eines schäumenden Gebirgsbachs hinzueilen; das Wetter war sehr frisch, aber heiter, die Luft hatte schon die schöne blaue Farbe der italienischen Landschaft und die Felsen von rötlichem und blauem Gestein mit schroffen kühnen Abhängen waren malerisch schön. Im Hintergrund erhoben sich zu beiden Seiten mächtige Berge mit Schnee hoch überlagert, von der Abendsonne purpurn gemalt. So aus der Ferne sah der Schnee wundervoll aus, wir waren aber herzlich froh, ihn von unserem Wege vorerst los zu sein; die Nacht brachten wir in Hekimhann zu, eine Palanka oder Festung; der Hof des Hanns nämlich ist von einer Mauer umschlossen und enthält einige Dutzend Hütten, eine Moschee und ein Bad.

Wir fanden beim Müsselim, dem Gouverneur, ein sehr gutes Unterkommen, ein loderndes Kaminfeuer, weiche Polster und Teppiche und ein reichliches Mahl. Der alte Herr trank aus Gefälligkeit eine Flasche Xeres mit mir aus; nur darüber war er erstaunt, dass ich mit dem Degen äße, so nannte er meine Gabel.

Schon von der Höhe von Ugürüli-Oglu hatten wir am Fuße eines hohen steilen Berges einen Fluss von bedeutender Größe gesehen, es war der Euphrat. Nach einstündigem Ritt gelangten wir in eine tiefe Felsschlucht, die Gegend wurde immer wilder und die Berge glichen in ihrer Form den Wogen eines stürmischen Meeres. Nicht die geringste Vegetation, kein Busch, kein Gras, kein Moos bekleidet die Abhänge und doch ist die Färbung überaus schön und abwechselnd; die schwarzen, zinnoberroten und brauen Felswände, die untere Böschung aus grünem und blauem Letten, der weiße Schnee auf den Gipfeln und der lichte Himmel darüber. Tief unten erblickten wir jetzt in der engen Schlucht den Frat, den Fluss, den die großen römischen Imperatoren als die natürliche Grenze ihres unermesslichen Reiches ansahen. Die ganze Umgebung ist so wild, das jenseitige Ufer so ohne Spur von Anbau und die Berge so wegelos, dass man sie sich als das Ende der Welt vorstellen kann.

Das Städtchen Kleban-Maaden wird erst jetzt unten sichtbar; es liegt am Fuß einer schmalen Reihe von zackigen Bergen, die den Fluss zu einer weiten Windung nötigen. In seltsam geformten Booten setzten wir über; das Städtchen ist ganz gut gebaut und lebt von dem Ertrag der Silberminen, die sich in dieser schroffen Bergwand finden. Eine Stunde oberhalb fließen die beiden Wasser, der Murad vom Ararat kommend und der eigentliche Frat von Erzerum her, zusammen und bilden nun einen auch im Sommer nicht mehr zu durchwatenden Strom, der hier etwa 120 Schritt breit und überaus reißend ist. Sobald die Fähre in die Mitte des Flusses kam, glitt sie, mit Menschen und Pferden angefüllt, pfeilschnell abwärts und es schien, als ob sie unmöglich das andere Ufer erreichen könne, aber ein Gegenstrom erfasst sie bald und führt sie genau an die Landestelle.

Zur größten Freude unseres Effendis gab's keine Pferde auf der Post. Der Pascha gibt uns morgen dreißig von seinen eigenen. Wir benutzten den Aufenthalt uns hier umzusehen und ins Bad zu gehen, denn ein verdächtiges Jucken erinnerte uns daran, dass wir in Asien reisten, und ich benutzte die Ruhe, um diese Zeilen auf meinem Knie niederzuschreiben.

39. Ankunft im Hauptquartier der Taurus-Armee

Messre bei Karput, den 19. März 1838

Von Kleban-Maaden stiegen wir durch ein tiefes Gebirgstal drei Stunden aufwärts und erreichten dann ein flaches, aber hohes Hügelland, auf dem einzelne Kurdendörfer zerstreut liegen. Der Schnee bedeckte noch die hohen schroffen Gipfel, die uns umringten, und unsere Straße selbst war nicht überall davon befreit; je weiter wir vorrückten, je dichter war das Land mit Basaltstücken überdeckt wie ein aufgerissenes Straßenpflaster und doch war Korn zwischen diese Trümmer gesät. Gegen Abend endlich öffnete sich eine weite Ebene, mit Dörfern und Weingärten bedeckt und von Wegen und Bächen durchschnitten, Pappeln und Nussbäume trösteten das Auge für die kahlen Berge. Die Dörfer sehen stattlich genug aus, die Häuser sind hoch, aus Luftziegeln mit Lehm überzogen und mit Balken und Erdterrassen überdeckt. Mitten in der Ebene erhebt sich ein Hügel mit schroffen Felswänden, auf dem die Stadt Karput mit einer alten Zitadelle und einigen Minaretts in der Abendsonne glänzte; rings umher, aber in weiter Ferne, schlossen schneebedeckte zackige Bergreihen die Aussicht.

Wir hielten eine halbe Stunde vor der Stadt in dem Dorf Messre an, wo das Hauptquartier sich gegenwärtig befindet. Ein weitläufiges Gebäude aus Lehm mit flachem Dach, wie ich es eben beschrieben, war die Wohnung des kommandierenden Generals; eine kleine Wache und zahlreiche Dienerschaft, Kawassen, Tataren, Seymen und Hausoffizianten füllten den Hof.

Ich fand den Pascha in einem hohen, mit Balken eingedeckten Zimmer, dessen Fußboden und Diwan mit grauem Tuch überzogen und dessen Fenster mit Papier verklebt waren. An den Wänden hingen Waffen und auf den Sofas lagen eine Menge von Briefen in Stückchen Musselin eingewickelt und mit rotem Wachs versiegelt; Tische, Stühle, Kommoden, Spiegel, Gardinen oder anderes Gerät, welches wir für unentbehrlich halten, war so wenig hier wie in anderen türkischen Gemächern vorhanden; dagegen stand eine große Zahl von Dienern und Offizieren mit vor den Leib verschränkten Armen ehrerbietig schweigend da. Der Pascha saß mit untergeschlagenen Beinen auf einer Tigerhaut an der Erde; er war in einen blauen Mantelkragen mit Zobelbesatz gekleidet, den Fes auf dem Kopf. Se. Exzellenz empfingen uns mit einer leichten Bewegung des Kopfes, winkten uns niederzusitzen und sagten nach einer Pause, dass wir willkommen seien.

Hafiz-Pascha ist ein geborener Tscherkesse und wurde für das Serail des Großherrn gekauft, er hat daher eine bessere Bildung erhalten als die meisten seiner Kollegen; er liest und schreibt, kennt etwas von der persischen und arabischen Sprache, hat einige Kenntnisse und viel Interesse für die ältere Geschichte des Landes; er begleitete die Gesandtschaft, die vor fünf Jahren nach Russland ging; in Skodra in Albanien leistete er einen dreizehnmonatigen Widerstand gegen die ihn belagernden Arnauten und als *Reschid-Pascha* in Diarbekir starb, gab der Großherr ihm das Kommando über die damals mit den Kurden im Krieg begriffene Armee, deren Hauptauftrag jedoch die Beobachtung der ägyptisch-syrischen Armee war. Anders als die meisten seiner Kollegen ist der Pascha blass und mager; der Fes, den er zuweilen zurückschiebt, bedeckt eine hohe, tief gefurchte Stirn. Wenige Wochen, bevor wir ankamen, hatte er eine Tochter und einen Sohn verloren. Obgleich gewiss nicht unempfindlich, beachtete er doch die ruhige, gelassene Haltung, die überall, aber besonders hier, einen Mann von Stande bezeichnet. Nach einigen Fragen über unsere Reise und nachdem wir Kaffee getrunken hatten, waren wir entlassen. Der Diwan-Effendi, unser Begleiter, blieb aber zurück, um seine Briefe und mündlichen Aufträge mitzuteilen.

Man führte uns in ein großes Zimmer, ganz dem des Paschas ähnlich; obgleich noch niemand eigentlich wusste, was aus uns zu machen sei, empfingen uns die Leute doch freundlich; der Pascha schickte Betten aus seinem Harem und wir ruhten von den Beschwerden der Reise bis spät den folgenden Morgen. Wir waren noch nicht lange wach, als man vier prächtige arabische Hengste in den Hof führte; ein Geschenk des Paschas für uns. Ich war noch beschäftigt, meine beiden Tiere zu satteln und zu zäumen, als der Pascha selbst kam, uns einen Besuch zu machen;

er interessierte sich sehr für eine Wegskizze, welche unsere ganze Reiseroute enthielt, ließ alle seine Karten holen und befahl, die Skizze darauf einzutragen.

Danach ritten wir mit dem Pascha nach der eine halbe Stunde von hier am Fuße des Hügels von Karput gelegenen großen Kaserne, die sein Vorgänger für 6000 Mann hatte erbauen lassen, und fanden alles in vollem Exerzieren. In Karput selbst exerzierten die Leute auf den Dächern der Häuser, als den einzigen horizontalen Ebenen dieser Gebirgsstadt. Bei unserem Nachhausekommen fanden wir große Schachteln mit Pistazien, getrockneten Pfirsichen, Äpfeln aus Malatia und Honig von den hiesigen Bergen, ein Geschenk des Paschas.

40. Malatia und Asbusu – Pass über den Taurus – Marasch

Marasch, den 28. März 1838

Infolge eines Auftrags des Paschas trat ich am 23. nachmittags eine Reise nach der syrischen Grenze an. Mein Gefolge war so klein wie nur möglich und bestand aus einem Tataren-Aga, meinem Bedienten, einem Surudschi mit einem Pack- und einem Reservepferd. Aus der weiten, von hohen Schneebergen umgebenen Hochebene von Karput stiegen wir in ein enges, tiefes Gebirgstal zum Euphrat hinab; die Nacht überraschte uns und wir fanden Unterkommen und freundliche Aufnahme in einem kleinen Kurdendorf, das wir in irgendeiner Felsschlucht entdeckten.

Noch vor Sonnenaufgang ritten wir eine steile Höhe hinab an den Euphrat (den die Türken den Fluss des Murad nennen); an dieser Stelle durchbricht er einen der vielen Arme des Taurus-Gebirges, und nachdem er oberhalb schon 250 bis 300 Schritt Breite hatte, verengt er sich hier auf 80 und schießt pfeilschnell zwischen hohen schwarzen Felswänden fort, deren Gipfel mit Schnee gekrönt sind.

In Is-oglu überschritten wir den Strom und kamen mittags nach Malatia, einer bedeutenden Stadt von 5000 aus Lehm erbauten Häusern, mit Terrassen statt Dächern; selbst die Kuppeln der Moscheen und Bäder sind mit Lehm überzogen, alle Höfe mit Lehmmauern umgeben und die ganze Stadt von derselben umformen grauen Farbe. Die Erfindung der Fensterscheiben ist für diesen Teil des Erdballs noch nicht gemacht.

Malatia steht im Sommer unbewohnt; alles zieht nach Asbusu, einem Dorf von 5000 Häuschen, die in einem zwei Stunden langen Wald von Kirsch-, Apfel-, Aprikosen-, Nuss- und Feigenbäumen begraben liegen. Überaus schlanke Pappeln mit weißen schnurgeraden Stämmen heben sich über diesen Wald wie die Minaretts einer Stadt empor und ein prächtiger Gebirgsbach mit kristallklarem Wasser rauscht durch alle Straßen.

Am 26. waren wir genötigt, Maulesel zu besteigen; die Tiere gehen sehr gut, nur muss man ihnen gestatten am äußersten Rand der Abgründe zu spazieren und sie nicht mit Zügel oder Sporen inkommodieren. Wir erkletterten an einer sehr steilen Berglehne den Kamm des Taurus und über ein Geröll von Steinen hinunter, welches in der Tat halsbrecherisch genug aussah. In einer wundervoll wilden Felsschlucht klebt an einer Berglehne das Dörfchen Erkeneh, tief unten schäumt ein Bach von Klippe zu Klippe und die schwarzen Felswände scheinen jedes Hinabsteigen unmöglich zu machen. Im Dorf Belveren bildet ein flacher Rücken die Wasserscheide zwischen den Zuflüssen des Arabischen und denen des Mittelländischen Meeres.

Gestern hatten wir einen mühsamen Ritt über hohe Gebirge, es schneite und regnete; als wir aber abends in das weite, prachtvolle Tal von Marasch hinabstiegen, änderte sich die Szene: Die Weide sprosste ihre ersten Blätter, das saftigste Grün färbte die breiten Felder und Wiesenflächen, in welchen sich zwei silberne Flüsse schlängeln, und Allahs goldene Sonne funkelte über der Stadt, während dicke schwere Wolken an den Schneegipfeln des Giaur-Gebirges hingen.

Heute war Ruhetag nach fünfundsechzig Stunden Ritt. Schon gestern Abend, durchnässt und halb erstarrt an dem südlichsten Punkte, den ich je erreicht, erquickte ich mich im heißen türkischen Bade; heute ordnete ich meine Papiere, ritt mit dem Pascha, der mir seine Rediff-Bataillone zeigte, und schreibe dir dies im Hofe eines armenischen Bankiers an einer sprudelnden Fontäne unter blühenden Mandelbäumen.

41. Das turkmenische Lager – Der mittlere Lauf des Euphrats – Rumkaleh – Biradschik – Orfa

Orfa, den 6. April 1838

Nur ungern wendete ich mich vom schönen Syrien abwärts, dem ich in Marasch so nahe war, und lenkte die Zügel meines Pferdes wieder dem Euphrat zu.

Am 29. März hatte ich einen achtzehnstündigen Ritt mit demselben Pferd zu machen, denn auf dieser ganzen Tour gibt es kein Dorf, kein Haus. Wir passierten die Bazardschik-ovassi, eine weite Ebene, auf der drei Turkmenenstämme, Atmaly, Kilidschli und Sinimini, lagern, die zusammen 2000 Zelte bewohnen.

Suleiman, der Pascha von Marasch, hatte einen Boten an den Aga des Stammes Sinimini vorausgeschickt, um ihn zu benachrichtigen, dass ein Giaur kommen werde, dem allerlei Ikram oder Ehrenbezeugungen zu machen wären. Nach mehrstündigem Ritt über grüne Reisfelder und flache Hügel und nachdem wir den Fluss Akdere durchfurtet, sahen wir uns zwischen einer Menge von Zelten, die in kleine Dorfschaften an den Berglehnen und auf der Ebene gruppiert waren. Wir hatten einige Mühe die Residenz des Kurdenfürsten zu finden, und endlich entdeckten wir in einem kleinen Tal ein Zelt, das wohl 100 Fuß lang und halb so breit war. Der Aga, ein Greis mit schönem grauen Bart, von ehrwürdigem Aussehen, aber in ganz einfacher Tracht, empfing mich am Eingang. Das Innere des Zeltes (wie alle übrigen aus schwarzem Ziegenhaar) war durch niedrige Schilfwände in mehrere Gemächer abgeteilt, in denen die Fremden, die Frauen, die Pferde, Kamele, Kühe, Ziegen, jedes seinen Platz fand; ein mächtiges Feuer brannte in der Mitte. Die Kurden halten sich immer in der Nähe des Waldes auf, sonst wäre es auch fast unmöglich, im Winter, der mindestens ebenso streng und länger als der unsrige ist, in einer solchen Wohnung auszuhalten. Die Wirtschaft des Agas hatte ein ganz patriarchalisches Aussehen; er setzte mir Brot, Milch, Honig und Käse vor, er selbst aber ließ sich erst nieder, nachdem ich ihn dazu aufgefordert hatte. Nirgends war ein Anschein von Macht und Herrlichkeit und doch gebietet dieser Mann über 600 Familien.

Ein zwanzigstündiger Marsch auf halsbrecherischen Gebirgswegen und durch angeschwollene Bäche führte uns nach Gerger, einem alten Schloss auf einer Felsenspitze am Euphrat. Das Kastell, verfallen wie es ist, wenn es nur Proviant hat, ist uneinnehmbar und hat nur den Fehler, dass eben niemand es nehmen wird in der wegelosen Einöde, wo es liegt.

Fast alle Brücken, Karawansereien, Straßen und Hanns in diesem Land sind vom Sultan *Murad* angelegt. Die Türken haben aus gerechter Anerkennung den berühmten Fluss, den Euphrat, mit seinem Namen getauft. Der Murad oder Euphrat ist bei Kieban-Maaden, wo ich ihn zuerst sah und nachdem er den großen Zufluss von Erzerum aufgenommen hat, ein Strom ganz wie die Mosel; eng zwischen hohen wilden Bergen eingeschlossen.

Bei Gerger tritt der Strom aus engen senkrechten Sandsteinwänden wieder zu Tage; von hier breitet sich der Euphrat aus und fließt in weiten Windungen am alten Kastell Choris vorüber, der berühmten Stadt Samosata zu; dort ist das Tal weit und der Fluss gleicht der Oder nahe oberhalb Frankfurt.

Rumkaleh bietet einen ganz überraschenden Anblick; bei Regen und Sturm schleppten wir uns den ganzen 4. April mühsam vorwärts durch die Steinwüste, als plötzlich das tief in dieser Ebene eingeschnittene Tal des Frat sich vor uns öffnete. Tief unten windet sich der auf 100 Schritt verengte Strom und jenseits erhebt sich die überraschend stattliche Festung Rumkaleh.

Sehr viel wichtiger ist die Lage von Beledschik oder Biradschik, das die Karten Birth oder Bir nennen. Der Strom tritt hier aus steilen Bergwänden hervor, bleibt dann bis zu seiner Mündung in der Ebene und wird jetzt schiffbar.

Von Beledschik ostwärts zieht nur eine enge, schlechte aber fahrbare Straße durch die Stein-wüste über Orfa nach Diarbekir. Dies ist der einzige Weg aus dem weiten assyrischen Binnen-land durch das große Defilee zwischen Libanon und Giaur-Dagh hindurch zu den syrischen Städten und zum Meer.

Auf dem Weg nach Orfa übernachteten wir in einem Dorf eigener Art. In dem ganzen oberen Teil von Mesopotamien, der Steinwüste, wie ich sie dir oben geschildert habe, findest du keinen Baum, keinen Busch, nicht so viel, um ein Schwefelholz daraus zu schnitzen, oft ist nicht Erde genug da, um Grashalme zu treiben. Die Menschenwohnungen sind daher meist in den weichen Sandstein eingehöhlt und liegen auf den Spitzen der Hügel.

Orfa, das alte Edessa, war Hauptstadt des Königreichs Osroene und wurde 216 eine Kolonie der Römer, welche unter Severus dort und durch die Befestigung von Nisibis festen Fuß jenseits des Euphrat fassten.

Orfa ist noch immer eine große und schöne Stadt, ganz aus Steinen erbaut, mit stattlichen Mauern und einem Kastell auf einem dominierenden Felsen. Am Fuße des Kastells sammelt sich das Wasser mehrerer Quellen in zwei Bassins, die von hohen Weiden, Platanen und Zypressen umringt sind und neben denen sich eine Medresseh mit schönen Kuppeln und Minaretts erhebt. In der klaren Flut schwimmen eine zahllose Menge von Karpfen, die niemand anrührt, weil sie heilig sind und jeder, der davon isst, blind wird.

Orfa liegt an kahle Felsen gelehnt, aber von hier abwärts gegen Süden fängt die Tschöll oder Wüste an, eine unabsehbare Fläche, zurzeit mit Grün bekleidet, bald aber verdorrt. Orfa bildet mit seinen Obst- und Weidenbäumen eine Oase zwischen der Sand- und der Steinwüste. *Scherif*, Pascha von zwei Rossschweifen, empfing mich sehr freundlich; ich musste bei ihm wohnen, und obwohl es Freitag war, veranstaltete er ein Exerzieren im Feuer.

Von Orfa bis hierher nach Diarbekir, denn ich habe meinen Brief hier fortgesetzt, ist die trau-rigste Einöde, die man sich denken kann. Außer der Stadt Süverek habe ich auf dieser vierzig Stunden weiten Strecke nur vier bewohnte Dörfer gesehen, alle Übrigen sind Steinhaufen, in die nur im Winter sich Araber einnisten. Brunnen gibt es wenige, die Täler sind ohne Wasser, selbst ohne Spur, dass je Wasser in denselben gewesen ist, indes findet man hin und wieder Airats, d. h. überwölbte Zisternen, in welchen im Winter das Wasser von dem nackten Stein-boden zusammenläuft. Die Airats sind fromme Stiftungen und während des Sommers findet man Turkmenen und Araber mit hunderttausenden Stück Vieh um sie gelagert, deshalb ist ihr Vorrat im Juni meist schon erschöpft; zuweilen liegen sie sehr tief, und lange Stiegen führen hinab bis an den Spiegel des heiß ersehnten Elements.

So ritt ich denn bis in die Nacht bei hellem Mondschein durch diese Einöde. Selten be-gegnete man einem Trupp Reiter mit ihren langen Lanzen und wechselte den Gruß *»Selam aleikon!«*, *»Aleikon selam!«* Hin und wieder sah man eine Kamelherde, die ihr Futter mühsam zwischen den Steinen aufsuchte, und die schwarzen Zelte der Hirten daneben. Der Surudschi sang dasselbe Lied, dessen Refrain *»Aman! Aman!«* (»Erbarmen! Erbarmen!«) nach derselben eintönigen Weise, die an der Donau wie am Euphrat erklingt, und mir war es manchmal, als müsste ich aus einem Schlummer erwachen, in dem mir geträumt in Mesopotamien zu sein.

42. Reise auf dem Tigris bis Mossul – Die Araber – Zug mit der Karawane durch die Wüste von Mesopotamien

Dschesireh am Tigris, den 1. Mai 1838

In meinem letzten Brief schrieb ich dir, dass wir gegen die Araber auszögen. Daraus ist nun nicht viel geworden; aber ich habe doch Gelegenheit gehabt einen sehr interessanten Landstrich kennen zu lernen.

Am 15. April setzten von Mühlbach und ich uns mit zwei wohl bewaffneten Agas des Paschas, unseren Dragomans und Bedienten auf ein Fahrzeug, das so konstruiert war, wie man es schon zu Cyrus' Zeiten verstand, auf ein Floß nämlich von aufgeblasenen Hammelhäuten. Die Türken halten die Jagd für Unrecht, verschmähen das Wild und verachten Rindfleisch, dagegen verzehren sie eine große Menge von Schafen und Ziegen; die Häute dieser Tiere werden so wenig wie möglich vorn an der Brust zerschnitten und sorgfältig abgezogen, dann zusammengenäht und die Extremitäten zugebunden. Wird nun der Schlauch aufgeblasen, so hat er eine große Tragfähigkeit und kann fast nicht zu Grunde gehen; vierzig bis sechzig werden dann unter ein leichtes Gerüst von Baumzweigen in vier oder fünf Reihen so zusammengebunden, dass das Floß vorn etwa acht, hinten achtzehn Schläuche breit ist; darüber wird etwas Laub, dann eine Matte und Teppiche gebreitet und so fährt man ganz gemächlich den Fluss hinab. Bei der Schnelligkeit der Strömung sind die Ruder nicht nötig, um vorwärts zu kommen, sondern nur, um das Fahrzeug zu lenken, es mitten in der Bahn zu halten und gefährliche Wirbel zu vermeiden.

Wir fuhren schnell unter den hohen schwarzen Mauern des Kastells von Diarbekir fort, welche sich auf einem jähen Felsabhang erheben, über den ein kleiner Bach in einer schönen Kaskade hinabstürzt. Diarbekir, in türkischen Urkunden Kara Amid, das schwarze Amida, genannt, war schon zu Kaiser Konstantins Zeit eine starke Festung und mit fünf Legionen besetzt.

Das Gebirgsland, in welchem der Tigris oder Schatt entspringt, ist von dem oberen Euphrat von drei Seiten umschlossen und seine Quellen liegen zum Teil nur zweitausend Schritt von dem Ufer des Stroms entfernt, mit dem sie sich erst 200 Meilen weiter wieder vermischen. Der große See, der hoch über der Ebene von Karput dicht am Ursprung des Tigris liegt, steht jedoch in gar keiner Verbindung mit diesem Strom; bei Argana-Maaden tritt er aus dem Gebirge, fließt an den Mauern von Diarbekir vorbei, wo er im Sommer leicht durchfurtet wird, und in einer weiten, fruchtbaren Ebene fort, bis der Battman-Strom sich mit ihm verbindet, der vom hohen Karsan-Gebirge südlich herabkommt und eine größere Wassermasse dem Tigris zuführt, als dieser selbst besaß. Unmittelbar hinter jener Einmündung tritt der Schatt wieder in ein hohes Sandsteingebirge; die sanft gekrümmten Windungen des breiten, seichten Stromes verwandeln sich in die scharfen Zickzacks einer engen Felsschlucht; steil, oft senkrecht steigen die Steinwände zu beiden Seiten empor und hoch oben an der Berglehne unter dunkelgrünen Palamutbäumen erblickt man einzelne Dorfschaften von Kurden, die hier meist Höhlenbewohner sind.

Einen seltsamen Anblick gewährt die Stadt Hassn-Keifa auf einem hohen Felsen, in dessen senkrechter Wand eine Stiege vom Fluss hinaufführt. Die alte Stadt unten ist zerstört, nur einzelne Minaretts ragen noch empor und zeigen an, dass hier Moscheen und Häuser gestanden; die Bewohner waren genötigt sich auf die hohe Klippe zu flüchten, wo sie sich gegen die einzig zugängliche Seite mit einer Mauer befestigt haben. In der engen Felsschlucht fand ich große Steinblöcke, die von oben herabgerollt sind; man hat sie ausgehöhlt, zu Wohnungen gemacht, und diese Trümmer bilden eine kleine, freilich sehr unregelmäßige Stadt, die sogar ihren Basar hat. Aber der merkwürdigste Gegenstand sind die Reste einer Brücke, die in einem gewaltigen Bogen von 80 bis 100 Fuß hier den Tigris überspannte. Ich weiß nicht, ob man einen so kühnen Bau den alten armenischen Königen, den griechischen Kaisern oder wohl eher den Kalifen zuschreiben darf.

Auch unterhalb Hassn-Keifa ist die Gegend wild und schön. Wir fuhren an einer Höhle vorüber, die durch Schwefelquellen geheizt wird, und erreichten am Morgen des dritten Tages Dschesireh (die »Insel«), welche vom Tigris und einem Arm desselben rings umschlossen ist.

Von dieser Stadt ist, soviel ich weiß, im Altertum nie die Rede gewesen; die schönen Trümmer einer großen Burg am Ufer des Stromes wurden von den Einwohnern als ein Bau der Genueser betrachtet, doch glaube ich nicht, dass ihre Faktoreien je so weit in das wilde Binnenland Armeniens hineingereicht haben. Eine Brücke führte aus dem Schloss auf das jenseitige Ufer, wo man noch die Fundamente eines Turmes erkennt, welcher den Zugang sperrte. Die Stadt ist von einer Mauer aus Basalt umschlossen, die *Reschid Pascha* während mehrerer Monate bestürmte. Nach der Eroberung ist hier furchtbar gehaust worden, fast alle Männer wurden niedergemacht, die Weiber und Kinder in die Sklaverei fortgeschleppt.

Man kann nicht bequemer reisen, als wir es taten: Auf weiche Polster hingestreckt, mit Lebensmitteln, Wein, Tee und einem Kohlenbecken versehen, glitten wir schnell und ohne Anstrengung mit der Schnelligkeit einer Extrapost vorwärts. Aber das Element, welches uns beförderte, verfolgte uns in anderer Gestalt; der Regen strömte seit unserer Abreise von Diarbekir unaufhörlich vom Himmel, unsere Schirme schützten uns nicht mehr und Kleider, Mäntel und Teppiche waren durchweicht. Am Osterfeiertag, als wir Dschesireh verließen, war die Sonne hervorgebrochen und durchwärmte unsere erstarrten Glieder; nun liegen aber eine halbe Stunde unterhalb der Stadt die Trümmer einer zweiten Brücke über den Tigris und ein Pfeiler derselben verursacht bei hohem Wasserstand einen gewaltigen Strudel; alle Anstrengung der Ruderer half nichts, unwiderstehlich zog diese Charybdis unsere kleine Arche an sich, wie ein Pfeil schoss sie in den tiefen Schlund hinab und eine hohe Welle ging über unsere Köpfe hinweg. Das Wasser war eisig kalt, und als das Fahrzeug im nächsten Augenblick, ohne umzuschlagen, schon harmlos weitertanzte, konnten wir das Lachen über die trübselige Gestalt nicht zurückhalten, die jeder von uns zur Schau trug. Das Kohlenbecken war über Bord gegangen, ein Stiefel schwamm neben uns her, und jeder fischte noch eine Kleinigkeit im Strom. Wir landeten auf einem Eiland und da unsere Mantelsäcke ebenso durchnässe waren wie wir selbst, so blieb nichts übrig, als uns auszuziehen und die gesamte Toilette, so gut es gehen wollte, an der Sonne zu trocknen. In geringer Entfernung, auf einer anderen Sandbank, saß ein Schwarm Pelikane, die, als wollten sie uns verhöhnen, ebenfalls ihr weißes Gewand sonnten; plötzlich merkten wir, dass unser Floß sich losgemacht und auf und davon schwamm, der eine Aga stürzte sich sogleich ins Wasser und erreichte es noch glücklich, sonst wären wir im Naturzustand auf der wüsten Insel zurückgeblieben.

Nachdem wir uns notdürftig getrocknet hatten, setzten wir unsere Reise fort, aber neue Regengüsse machten die Arbeit unnütz; die Nacht war so finster, dass wir aus Besorgnis, in neue Strudel zu geraten, anlegen mussten. Trotz der empfindlichsten Kälte und durchnässt bis auf die Haut, wagten wir nicht, ein Feuer anzuzünden, weil wir sonst die Araber herbeigelockt hätten; wir zogen unser Floß in aller Stille unter einen Weidenbaum und warteten sehnsüchtig, dass die Sonne hinter dem persischen Grenzgebirge emporsteigen möchte uns zu erwärmen.

Von Dschesireh an tritt der Tigris wieder in die Ebene und entfernt sich von dem hohen, prachtvollen Dschüdid-Gebirge. Die Gegend wird nun sehr einförmig, selten entdeckt man ein Dorf und die meisten von ihnen sind unbewohnt und zerstört; man erkennt, dass man in den Bereich der Araber geraten ist; nirgends erblickt man einen Baum und wo sich ein kleiner Strauch erhalten hat, da ist er »Siareth« oder Heiligtum und mit zahllosen Fetzen von Kleidern bedeckt, denn die Kranken glauben zu genesen, wenn sie einen Teil ihres Anzuges dem Heiligen weihen.

An den Trümmern des sogenannten alten Mossul schifften wir vorüber und entdeckten gegen Abend die Minaretts von Mossul; dies ist der östlichste Punkt, den ich erreicht habe, und meine türkischen Begleiter mussten, als sie ihr Abendgebet verrichteten, sich gegen Westen wenden.

Mossul ist die große Zwischenstation der Karawanen auf dem Weg von Bagdad nach Aleppo; eine Oase mitten in der Wüste, muss die Stadt stets auf ihrer Hut gegen die Araber sein; die Mauern, welche sie rings umschließen, sind schwach, aber hoch und genügen vollkommen gegen die unregelmäßigen Reiterhaufen der Beduinen; das Tor Bab-el-ämadi, das in den Kreuzzügen schon erwähnt wird, steht noch heute, ist aber zugemauert; die Wohnungen sind meist aus Luftziegeln und einer Art Kalk erbaut, der in wenigen Augenblicken erhärtet. Nach altmorgenländischer Sitte legt man hier einen hohen Wert auf die Schönheit und Größe des Tors (Bab), bei jeder Wohnung siehst du gewölbte Portale aus Marmor (der dicht vor der Stadt gebrochen wird) vor Häusern und Lehmhütten, die mit ihrem Dach kaum bis an die Spitze des Bogens reichen. Die Dächer sind flach, von gestampfter Erde und von niedrigen Mauern mit Scharten brustwehrartig umgeben. An vielen größeren Häusern der Stadt erblickt man eine Menge Spuren von Gewehrkugeln und die festungsartige Einrichtung dieser Wohnungen erinnert sehr an die Paläste zu Florenz, nur ist alles kleiner, dürftiger und unvollkommen.

Die Bewohner von Mossul sind eine seltsame Mischung aus den ursprünglichen chaldäischen Einwohnern mit den Arabern, Kurden, Persern und Türken, welche nacheinander ihre Herrschaft über sie geübt haben; die allgemeine Sprache ist indes die arabische.

Bei der furchtbaren Sonnenhitze wohnen die Leute vielfach unter der Erde und jedes Haus hat seine unterirdischen Gemächer, die nur durch eine mit Weinlaub überdeckte Öffnung oben ihr Licht erhalten.

Indsche-Batraktar, der Gouverneur, empfing uns mit der größten Auszeichnung und logierte uns beim armenischen Patriarchen ein. Die nestorianischen und jakobitischen Christen in Mossul besitzen die schönsten Kirchen, die ich in der Türkei gesehen habe, leben aber unter sich in Hader und Zwiespalt. Eine jener Kirchen gehörte, ich weiß nicht durch welche Ursachen, zwei Gemeinden und weil das, was die eine in diesen heiligen Räumen tat, ein Gräuel für die andere war, so hatte man die schöne Wölbung durch eine Mauer mittendurch geteilt.

Unserem jakobitischen Patriarchen machte es freilich allerlei Bedenken, Ketzer zu beherbergen, indes war es ihm immer lieber, als wenn wir Nestorianer oder gar Griechen gewesen wären; da überdies noch nie Christen von dem Pascha so empfangen worden waren und die bedeutendsten Moslems kamen, uns die Aufwartung zu machen, so ließ er es an nichts fehlen und verkaufte mir sogar eine Bibel in arabischer und syrischer (chaldäischer) Sprache.

Der Pascha war sehr erfreut über eine Aufnahme von Mossul, den Riss zu einer neuen Kaserne und die Zeichnung zu einem Wasserrad, die wir ihm schnell anfertigten und beschenkte uns mit Pferden und Mauleseln für die Rückreise durch die Wüste.

Schon vor uralten Zeiten führte, wie jetzt, eine Schiffbrücke hier über den Tigris und das Heer Julians benutzte sie auf seinem Rückzug von Ktesiphon. Von einer steinernen Brücke, wahrscheinlich türkischer Arbeit, stehen nur noch einige Bogen. Auf dem linken Ufer des Stroms, Mossul gegenüber, sieht man ganz deutlich einen noch 10 bis 25 Fuß hohen Wall von wohl einer Meile im Umfang, welcher das alte Ninive umschlossen haben soll. Ein sehr großer künstlicher Erdaufwurf bezeichnet auch hier die Stelle der früheren Akropolis, ein zweiter, etwas kleinerer Tumulus trägt heute ein türkisches Dorf, Nunia, mit einer Moschee, mit dem Sarg Junus-Pegambers oder des Propheten Jonas. Nur ein ausdrücklicher Befehl des Paschas konnte uns den Zutritt zu dieser Reliquie bahnen; unter der Moschee besuchten wir die Reste einer uralten christlichen Kirche.

Bemerkenswert sind in Mossul die Hauptmoschee auf uralten Fundamenten einer christlichen Kirche und die Ruinen eines Kassr oder mohammedanischen Schlosses am Tigris, vor 500 Jahren erbaut und mit allerlei Stuckaturarbeit an den Wänden, auf welchen man sogar eine Menge menschlicher Figuren abgebildet sieht. Die Zitadelle im Innern ist eng und unbedeutend.

An der nordwestlichen Ecke fällt der Talrand hoch und steil zum Strom ab und ist durch einen großen Turm gekrönt; an seinem Fuß dampfen heiße Schwefelquellen, die bei hoher Flut überschwemmt werden. Das Wasser wird aus dem Tigris in sehr großen ledernen Schläuchen mittels eines hohen Gerüstes und Seilen emporgehoben, an welchen ein Pferd zieht; die lange Spitze des Schlauchs wird dann über gemauerte Behälter gebracht und geöffnet, um das belebende Element über die Gärten und Felder zu verteilen.

Dicht außerhalb der Mauern von Mossul befindet sich ein eigener Basar für die Araber, damit man nicht genötigt ist diese zweifelhaften Gäste in die Stadt selbst einzulassen. Dorthin kommen die Kinder der Wüste, sie stoßen ihre langen Bambuslanzen mit der Spitze in die Erde und kauern nieder, um die Pracht und Herrlichkeit einer Stadt zu bewundern, einer Stadt zwar, die uns Europäern eher durch das Gegenteil von Herrlichkeit und Pracht auffällt, die aber hier hundert Stunden im Umkreis ihresgleichen nicht hat.

Kein Volk vielleicht hat Charakter, Sitte, Gebräuche und Sprache so unverändert durch Jahrtausende und durch die allerverschiedensten Weltverhältnisse bewahrt wie die Araber. Als unstete Hirten und Jäger streiften sie in wenig gekannten Einöden umher, während Ägypten und Assyrien, Griechenland und Persien, Rom und Byzanz entstanden und verfielen. Aber durch einen Gedanken begeistert schwangen sich eben diese Hirten plötzlich empor und machten sich auf lange Zeit zu Beherrschern des schönsten Teils der alten Welt und zu Trägern der damaligen Gesittung und Wissenschaft. Hundert Jahre nach dem Tod des Propheten geboten seine ersten Anhänger, die Sarazenen, vom Himalaja bis zu den Pyrenäen, vom Indus bis zum Atlantischen Meer. Aber das Christentum, die höhere geistige und materielle Vervollkommnung, welche es hervorrief, und die Unduldsamkeit selbst, die seine erhabene Moral hätte ausschließen sollen, trieben die Araber aus Europa; die rohe Gewalt der Türken verdrängte ihre Herrschaft im Orient und die Kinder Ismaels sahen sich zum zweiten Mal hinausgewiesen in die Wüste.

Ich fand in einem engen Gewölbe oder Stall im Seraj zu Orfa neun Greise, die nun schon zweieinhalb Jahre schmachteten; eine schwere Kette mit Ringen um den Hals fesselte sie einen an den anderen und zweimal am Tage wurden sie zur Tränke getrieben wie das Vieh. Man forderte die ungeheure Summe von 150 000 Piastern als Lösegeld von ihrem Stamm; dieser hatte wirklich ein Drittel davon geboten, jetzt war aber sehr wenig Aussicht, dass man sie überhaupt noch einlösen werde. Der Pascha versprach mir ihre Loslassung, ich habe nicht erfahren, ob es geschehen ist. Solche Beispiele schrecken aber die Araber nicht ab und so weit ihre Rossen schweifen, kann keine dauernde Niederlassung bestehen.

Die Araber haben bei ihren Raubzügen vor sich die Hoffnung auf Beute, hinter sich die Gewissheit des Rückzuges; sie allein kennen die Weideplätze und die versteckten Brunnen der Wüste; sie allein können in diesen Regionen leben und auch sie nur durch die Hilfe des Kamels. Dieses Tier, das eine Last bis 600 Pfund trägt, schafft all ihr Eigentum, ihre Frauen, Kinder und Greise, ihr Zelt, ihre Lebensmittel und Wasser von einem Ort zum anderen; es macht sechs, acht, selbst zehn Tagereisen, ohne zu trinken; sein Haar dient zur Bekleidung und zu den Zelten; der Urin des Tieres liefert Salz, der Mist dient als Feuerung und erzeugt in Höhlen den Salpeter, aus dem die Araber ihr Schießpulver selbst verfertigen. Die Milch des Kamels ernährt nicht nur die Kinder, sondern auch die Füllen, welche danach mager, aber kräftig wie unsere trainierten Pferde werden; das Fleisch ist schmackhaft und gesund, das Fell und selbst die Knochen des Kamels werden benutzt. Das elendste Futter, dürres Gras, Disteln und Gestrüpp, genügen diesem geduldigen, starken, wehrlosen und nützlichsten aller Tiere. Nächst den Kamelen bildet das Pferd den Hauptreichtum des Arabers. Es ist bekannt, wie diese Tiere mit den Kindern im Zelt aufwachsen, wie sie ihre Nahrung, ihre Streifzüge und Entbehrungen teilen und wie die Geburt eines Füllens von edler Rasse ein Tag der Freude im ganzen Lager ist.

Die Araber vom Stamm Schamarr, welche auf dem Land zwischen den beiden Flüssen lagern und 10 000 Reiter ins Feld stellen, hatten sich neuerdings viele Räubereien zu Schulden kommen lassen und den von der Pforte eingesetzten Scheich nicht anerkennen wollen. *Hafiz-Pascha* beschloss ihnen eine gründliche Züchtigung angedeihen zu lassen. Die Paschas von Orfa und Mardin sollten gegen sie aufbrechen und er wünschte, dass der von Mossul, der jedoch nicht unter seinem Befehl steht, gleichzeitig ausrücken möge, dann wären die Araber gegen den Euphrat gedrängt worden, an dessen jenseitigem Ufer der ihnen feindselige Stamm Aennesi wohnt. *Indsche-Bairaktar* hatte aber wenig Lust zu einer Expedition, die ihm große Kosten machte und wenig Beute versprach. Als endlich der bestimmte Befehl vom *Bagdad-Valessi* eintraf, hatten die anderen Paschas den Feind schon aufgeschreckt, und dieser war in unabsehbare Entfernung zurückgewichen.

Nach einem kurzen interessanten Aufenthalt beschlossen wir nun mit der eben abgehenden Karawane durch die Wüste zurückzugehen. Da die Araber durch die letzten Angriffe sehr erbittert waren, so wurde der Zug mit vierzig irregulären Reitern verstärkt, und wir trafen am Abend bei der Karawane ein, die zwei Stunden vor Mossul am Tigris lagerte, als wollte sie sich zu guter

Letzt noch einmal recht mit Wasser gütlich tun. Der Kierwan-Baschi oder Anführer der Karawane, der durch den Pascha von unserer Ankunft benachrichtigt war, erschien sogleich selbst, ließ sein eigenes Zelt für uns aufschlagen und schenkte uns eine Ziege zur Abendmahlzeit.

Während fünf Tagen durchzogen wir die Wüste des nördlichen Mesopotamien, ohne irgendeine menschliche Wohnung zu erblicken. Du musst dir diese Wüste nicht als eine Sandscholle, sondern wie eine unabsehbare grüne Fläche denken, welche nur hin und wieder sanfte Terrainwellen zeigt; die Araber nennen sie »Bahr«, das Meer, und die Karawanen steuern in schnurgerader Linie vorwärts, indem sie sich nach künstlichen Hügeln richten, welche wie große Hünengräber sich über die Fläche erheben. Diese Hügel zeigen an, dass hier früher ein Dorf stand und folglich ein Brunnen oder eine Quelle sich befinde; aber die Hügel liegen oft sechs, zehn bis zwölf Stunden auseinander, die Dörfer sind verschwunden, die Brunnen trocken und die Bäche bittersalzig. Noch einige Wochen später, und diese grüne Ebene, welche jetzt ein reichlicher Tau nährt, ist nichts als eine von der Sonne versengte Einöde; das üppige Gras, das uns jetzt bis an die Steigbügel reicht, ist dann verdorrt und jedes Wasser versiegt. Dann kann man nur auf einem weiten Umweg dem Ufer des Tigris in der Nähe folgen; nur die Schiffe der Wüste, die Kamele, durchschneiden dann noch die Fläche.

Der zweite Marsch führte uns nach Kessy-Köpry, der Ruine eines befestigten Hauses neben einer zerstörten Brücke über einen Bach, der jetzt noch sein dunkelbraunes Wasser aus einem nahen Sumpf erhält. Im Süden erblickt man fern in der Ebene den steilen Felsgrat Sindschar-Dagh wie eine Insel sich mauerartig erheben, welcher außer vierunddreißig Kurdendörfern eine kürzlich von *Reschid-Pascha* verwüstete Stadt trägt.

Unsere Karawane besteht aus 600 Kamelen und etwa 400 Maultieren. Die großen Säcke, welche die Ersteren tragen, enthalten meist Palamuteicheln, die zum Färben nach Aleppo gebracht werden, und Baumwolle; der kostbarere Teil der Ladung, die Stoffe aus Bagdad, die Schals aus Persien, die Perlen aus Bassora und die guten Silbermünzen nehmen den geringsten Teil der Lasttiere in Anspruch.

Die Kamele gehen in einer Reihe hintereinander; voraus reitet auf einem kleinen Esel der Besitzer, dessen Beine, trotz der kurzen Bügel, fast an die Erde stoßen; er arbeitet dem armen Tier unaufhörlich mit den scharfen Schaufeln in die Flanken und raucht dabei gemächlich die Pfeife; seine Diener sind zu Fuß. Mit langen bedächtigen Schritten ziehen die Kamele dahin und langen sich mit ihren dünnen beweglichen Hälsen die Disteln und das Dornengestrüpp am Wege. Die Maultiere schreiten lebhaft einher, sie sind mit Glocken und mit schönen Halftern herausgeputzt, die mit Schneckenköpfen bunt besetzt sind.

Sobald die Karawane das Nachtquartier erreicht, sprengt der Kjerwan-Baschi voraus und bezeichnet die Stelle des Lagers. Je nachdem sie ankommen, werden die Lasttiere abgeladen und die großen Säcke zu einer Art Burg oder Schanze in ein Viereck gestellt, innerhalb dessen jeder sein Lager bereitet. Unser Zelt, das einzige der Karawane, stand außerhalb und wurde mit einer besonderen Wache vom Baschi-Bosuks versehen. Die Kamele und Maulesel werden nun ganz frei in das hohe Gras getrieben und suchen sich das Wasser selbst auf, die Pferde aber stehen gefesselt an den Füßen: Ein Strick aus Ziegenhaar vereint mittels zweier wattierter Schleifen den rechten Vorder- und Hinterfuß und wird rückwärts mittels eines Pflocks an der Erde befestigt.

Sobald aber die Dämmerung eintritt, werden die Kamele, die sich oft eine halbe Stunde weit zerstreuen, versammelt. Die Führer rufen ihnen mit lauter Stimme zu, jedes kennt das »Poah! Poah!« seines Herrn und kommt folgsam herbei. Innerhalb des Vierecks werden sie aufgestellt; der kleinste Knabe regiert das große, kräftige, aber durchaus harmlose und wehrlose Geschöpf; er ruft: »Krr! Krr!«, und die gewaltigen Tiere werfen sich geduldig auf die Vorderknie, dann falten sie die langen Hinterbeine, und nach allerlei seltsamen schaukelnden Bewegungen liegen sie in Reihen, eins neben dem anderen, am Boden, den langen Hals rings umher bewegend und sich umsehend. Mir ist immer die Ähnlichkeit des Kamelhalses mit dem des Straußes aufgefallen und die Türken nennen diesen Deve-Kusch, »Kamel-Vogel«. Eine dünne Schnur wird dem liegenden Kamel um das gebogene Knie gebunden; wenn es sich erhebt, muss es auf drei Beinen stehen und kann nicht fort. Wenn am Morgen das Tier beladen werden soll, so legt es sich schnarrend und mit kläglichem Gestöhn und Seufzern nieder, um seine Last aufzunehmen, und setzt die Wanderung fort.

Wir hatten an diesem Abend den Besuch einiger Araber aus befreundeten Stämmen, lauter kleine magere Gestalten, aber von kräftigem, gedrungenem Wuchs; die Gesichtsfarbe ist gelblich braun, der Bart kohlschwarz, kurz und gekräuselt, die Augen klein, aber lebhaft. Eine angenommene Würde übertüncht nur leicht die Lebhaftigkeit ihres Wesens, und ihre Kehlsprache erinnert durchaus an das Jüdische. Der Anzug besteht aus einem groben baumwollenen Hemd, einem weißen wollenen Mantel und einem Tuch aus rotem und gelbem halbseidenem Stoff mit einem Strick um den Kopf befestigt, wie die ägyptischen Bildsäulen.

Ein junger Araber mit zwei Begleitern schlenderte um unser Zelt und sah aus einiger Entfernung in dasselbe hinein; ich winkte ihm näher zu treten, worauf er sich am Eingang auf die Erde niederließ, mit der Hand die Brust und Stirn berührte und »Merhabah!« sprach. Da wir uns gerade bei der Mahlzeit befanden, so nahm er tätigen Anteil, und als wir fertig waren, wickelte er die Reste in sein Hemd; er wollte unsere Pistolen nicht anrühren, bewunderte aber die schönen Lahore-Klingen unserer Säbel und ein Füllen, das ich in Mossul von einem arabischen Scheich gekauft hatte. Der Kjerwan-Baschi diente unserem Dolmetscher als Dolmetscher fürs Arabische und ich zeigte unserem Gast den Stammbaum des Tiers, mit dessen Genealogie er bekannt zu sein behauptete; er sagte mir, dass er vom Stamm des Kohilan, aber von der Zucht der Terafi sei; er versicherte mir, dass das Pferd selbst bei der glühendsten Hitze nie an einem Bach anhalte, um zu trinken, und dass, wenn ich hinunterfiele, es stehen bleiben werde, bis der Reiter wieder oben sein würde. Ferner machte er mich aufmerksam auf einen Haarwirbel am Hals in Form einer Zypresse und darauf, dass das Pferd drei weiße Füße habe; ein und zwei weiße hat man gern, drei sind die vollendetste Schönheit, vier aber gilt als so hässlich, dass niemand ein solches Pferd kaufen mag. Zum Schluss wollte mein Araber mir einen Rat geben und ich war begierig ihn zu erfahren: Er bestand darin, dass ich das Pferd nie verkaufen möge. Die Pfeife und der Kaffee machten meinen Gast ganz zutraulich, ich erfuhr, dass er selbst ein Scheich oder Ältester eines Stammes sei, und er versprach mir, wenn ich ihn in seinem Lager besuche, so gehöre alles, was er besitze, mir. Dessen ungeachtet möchte ich meinem kaffeebraunen Freund mit seinen Gefährten nicht in einem einsamen Hohlweg begegnen, ohne dass ich deshalb schlechter von ihm denke, als von den Raubrittern unserer glorreichen Vorväter.

Die Jagd lohnt sich in der Wüste; zahllose Gazellen durchstreifen sie und Fasanen und Rebhühner verbergen sich in dem hohen Gras. Wir waren am dritten Marschtag eben beschäftigt einigen Trappen nachzusetzen, die sich schwerfällig emporschwingen und auf kurze Entfernung wieder einfallen, als bei der Karawane allgemeiner Lärm entstand. Die Araber kommen!, hieß es. Man hatte in großer Ferne einen Schwarm gesehen, der sich äußerst schnell näherte. Die Spitze unserer Kolonne machte Halt, aber der Zug war wohl eine Meile lang, und wenig Hoffnung bestand, mit etwa sechzig Bewaffneten den ganzen Konvoi zu decken. Die Reiter sprengten voraus auf einen künstlichen Erdhügel, von wo ich mir die Araber zeigen ließ; wirklich bewegte sich eine Menge schwarzer Punkte mit großer Schnelligkeit durch die Ebene, da ich aber ein kleines Fernglas bei mir führte, so konnte ich die Gesellschaft bald davon überzeugen, dass, was wir vor uns sahen, nur ein ungeheures Rudel wilder Schweine sei, die gerade auf uns zukamen. Bald erkannte man die Tiere mit bloßen Augen.

Der Kjervan-Baschi erzählte mir heute Abend eine charakteristische Anekdote von einem Araber, die ich schon in Orfa gehört hatte.

Ein türkischer Kavalleriegeneral, Dano-Pascha zu Mardin, stand schon seit langem in Unterhandlung mit einem arabischen Stamm wegen einer edlen Stute vom Geschlecht Meneghi; endlich einigte man sich zu dem Preis von 60 Beuteln oder fast 2000 Talern. Zur verabredeten Stunde trifft der Häuptling des Stammes mit seiner Stute im Hof des Paschas ein; dieser versucht noch zu handeln, aber der Scheich erwidert stolz, dass er nicht einen Para herablasse. Verdrießlich wirft der Türke ihm die Summe hin mit der Äußerung, dass 30 000 Piaster ein unerhörter Preis für ein Pferd sei. Der Araber blickt ihn schweigend an und bindet das Geld ganz ruhig in seinen weißen Mantel, dann steigt er in den Hof hinab, um Abschied von seinem

Tier zu nehmen; er spricht ihm arabische Worte ins Ohr, streicht ihm über Stirn und Augen, untersucht die Hufe und schreitet bedächtig und musternd um das aufmerksame Tier. Plötzlich schwingt er sich auf den nackten Rücken des Pferdes, das augenblicklich vorwärts und zum Hofe hinausschießt.

In der Regel stehen hier die Pferde Tag und Nacht mit dem Palann oder Sattel aus Filzdecken. Jeder vornehme Mann hat wenigstens ein oder zwei Pferde im Stall bereit, die nur gezäumt zu werden brauchen, um sie zu besteigen; die Araber aber reiten ganz ohne Zaum, der Halfterstrick dient, um das Pferd anzuhalten, ein leiser Schlag mit der flachen Hand auf den Hals, es links oder rechts zu lenken. Es dauerte denn auch nur wenige Augenblicke, so saßen die Agas des Paschas im Sattel und jagten dem Flüchtling nach.

Der unbeschlagene Huf des arabischen Rosses hatte noch nie ein Steinpflaster betreten und mit Vorsicht eilte es den holprigen steilen Weg vom Schloss hinunter. Die Türken hingegen galoppieren einen jähen Abhang mit scharfem Geröll hinab, wie wir eine Sandhöhe hinan; die dünnen, ringförmigen, kalt geschmiedeten Eisen schützen den Huf vor jeder Beschädigung, und die Pferde, an solche Ritte gewöhnt, machen keinen falschen Tritt. Am Ausgang des Ortes haben die Agas den Scheich beinahe schon ereilt; aber jetzt sind sie in der Ebene, der Araber ist in seinem Element und jagt fort in gerader Richtung, denn hier hemmen weder Gräben noch Hecken, weder Flüsse noch Berge seinen Lauf. Wie ein geübter Jockei, der beim Rennen führt, kommt es dem Scheich darauf an, nicht so schnell, sondern so langsam wie möglich zu reiten; indem er sich beständig nach seinen Verfolgern umblickt, hält er sich auf Schussweite von ihnen entfernt, dringen sie auf ihn ein, so beschleunigt er seine Bewegung, bleiben sie zurück, so verkürzt er die Gangart des Tieres, halten sie an, so reitet er Schritt. In dieser Art geht die Jagd fort, bis die glühende Sonnenscheibe sich gegen Abend senkt; da erst nimmt er alle Kräfte seines Rosses in Anspruch; er lehnt sich vornüber, stößt die Fersen in die Flanken des Tieres und schießt mit einem lauten »Jallah!« davon. Der feste Rasen erdröhnt unter dem Stampfen der kräftigen Hufe und bald zeigt nur noch eine Staubwolke den Verfolgern die Richtung an , in welcher der Araber entfloh.

Hier, wo die Sonnenscheibe fast senkrecht zum Horizont hinabsteigt, ist die Dämmerung äußerst kurz und bald verdeckt die Nacht jede Spur des Flüchtlings. Die Türken, ohne Lebensmittel für sich, ohne Wasser für ihre Pferde, finden sich wohl zwölf oder fünfzehn Stunden von ihrer Heimat entfernt in einer ihnen ganz unbekannten Gegend. Was war zu tun, als umzukehren und dem erzürnten Herrn die unwillkommene Botschaft zu bringen, dass Ross und Reiter und Geld verloren. Erst am dritten Abend treffen sie halb tot vor Erschöpfung und Hunger mit Pferden, die sich kaum noch schleppen, in Mardin wieder ein; ihnen bleibt nur der traurige Trost, über dieses neue Beispiel von Treulosigkeit eines Arabers zu schimpfen, wobei sie jedoch genötigt sind, dem Pferde des Verräters alle Gerechtigkeit widerfahren zu lassen und einzugestehen, dass ein solches Tier nicht leicht zu teuer bezahlt werden kann.

Am folgenden Morgen, als eben der Imam zum Frühgebet ruft, hört der Pascha Hufschlag unter seinen Fenstern und in den Hof reitet ganz harmlos unser Scheich. »Sidi!«, ruft er hinauf: »Herr! Willst du dein Geld oder mein Pferd?«

Etwas weniger schnell, als der Araber geritten war, erreichten wir am fünften Tag den Fuß des Gebirges und an einem klaren Bach das große Dorf Tillaja. Hier erfuhr ich, dass am Morgen *Mehmed-Pascha* mit einem Truppenkontingent nördlich hinauf zu einer Unternehmung gegen die Kurden marschiert sei; ich beschloss sofort mich dieser Expedition anzuschließen, verließ die Karawane und traf noch am selben Abend im Lager ein. Dort erfuhr ich, dass *Hafiz-Pascha* uns fünfzig Reiter zu unserer Bedeckung entgegengeschickt hatte, die uns aber von Sindjar her erwarteten und uns so verfehlt hatten.

43. Belagerung eines Kurdenschlosses

Sayd-Bey Kalessi, den 12. Mai 1838

Die Expedition *Mehmed-Paschas* besteht aus drei Bataillonen des ersten und drei des zweiten Linien-Infanterieregiments. Das ganze Kommando war etwa 3000 Mann stark; es ist gegen einen kleinen Kurdenfürsten gerichtet, der schon seit fünf Jahren der Autorität der Pforte trotzt, gewaltsam Steuern eintreibt und viele Grausamkeiten verübt. Bei der Annäherung der Linientruppen sind nun fast alle seine Anhänger abgefallen, er selbst aber hat sich mit 200 Vertrauten in ein angeblich sehr festes Kastell in die hohen Berge zurückgezogen.

Am 3. Mai trafen die Flöße aus Diarbekir ein und ein Regiment nebst der Artillerie überschritt den Tigris, der Rest der Truppen folgte am folgenden Morgen. Ein kleines Floß von 40 Schläuchen trägt ein schweres Geschütz mit vier bis fünf Mann, die großen von 80 tragen 15 Mann mit ihren Zelten, die Pferde wurden hinter die Flöße gebunden, und so überschritt die ganze Kavallerie den dreihundert Schritt breiten, sehr reißenden Strom, ohne ein Tier einzubüßen. Die Maulesel wurden mit Steinwürfen durch das Wasser getrieben.

Wir bezogen am linken Ufer ein Lager und die Anordnung desselben ist später stets beibehalten worden. Einen unerfreulichen Eindruck machen die Posten, die alle 20 oder 40 Schritt Front gegen das Lager stehen und die ganze Nacht jede Minute »Hasir-ol!« – »Sei bereit!« – rufen. Dessen ungeachtet entfernen sich viele der mit Gewalt rekrutierten Kurden.

Am 5. abends ritt ich nach einem Kurdenschloss, das *Reschid-Pascha* erobert hatte, um einen ungefähren Begriff von dem zu bekommen, welches wir jetzt belagern werden.

Zwischen zwei natürlichen Steinwänden, die etwa 40 Schritt voneinander abstehen mögen, war das Schloss *Vede-han-Beys* wie ein Schwalbennest eingeklemmt, indem, wie sich die dahinter liegende Bergwand erhob, eine Etage auf die andere emporstieg. Von oben war das Schloss gar nicht zu sehen, von beiden Seiten durch die Felsmauer geschützt, und gegenüber, jenseits des Baches, befindet sich auf unersteiglichen Klippen ein Turm, von dem man nicht begreift, wie die Verteidiger hineinkamen. Ein reicher Quell, der jetzt über die Trümmer stürzt, speiste vormals die Zisternen.

Reschid ließ seine Kanonen auf Kamele packen und während der Nacht den Fluss hinaufwaten; dann beschoss er aus großer Ferne das Schloss vierzig Tage lang, bis endlich der Bey »Rai«, oder Freundschaft, bot und nun mit seinem zahlreichen Anhang das Schloss seines vormaligen Genossen Sayd Bey bestürmt. Zur Belohnung wird er Mir-Alai (Oberst) eines Rediff-Reglments, welches noch nicht existiert.

7. Mai. Gestern wurde ich des langen Nichtstuns im Lager von Dschesireh müde und ritt, nur von einem Aga begleitet, die zwei Märsche bis zum Schloss Sayd-Beys voraus.

Als ich gegen Mittag um eine Felsecke ritt und das weiße stattliche Schloss in solcher formidablen Höhe über mir und so weit entfernt von allen umliegenden Höhen erblickte, da drängte sich mir die Bemerkung auf, dass vierzig entschlossene Männer hier wohl einen sehr langen Widerstand leisten könnten. Es sind aber glücklicherweise zweihundert Männer darin, und das ist gut für uns, denn einmal essen zweihundert mehr als vierzig, und dann findet man leichter vierzig als zweihundert entschlossene Leute. Unsere verbündeten Kurden hatten bereits gute Arbeit geleistet und eine Menge kleiner Türme und verschanzter Höhlen genommen, welche die Zugänge zur Hauptfestung decken und auf den ersten Blick fast ganz unzugänglich erscheinen. Diese Leute sind vortreffliche Schützen, trotz ihrer langen altmodischen Gewehre mit damaszierten Läufen und oft noch mit Luntenschlössern; sie ziehen fast nur des Nachts zu ihren Unternehmungen aus, tags liegen sie hinter den Steinen versteckt; überall findet man einen Trupp und wo sich der Kopf eines Feindes zeigt, da setzt es eine Kugel. Die Kurden benutzen übrigens die Gelegenheit, wo Pulver und Blei ihnen nichts kostet; das Schloss dagegen feuert wenig, mit Bedacht und zielt genau. Gestern waren drei Leute aus unglaublicher Entfernung getroffen. Kanonen hat die Festung nicht, aber die Wallbüchse ist für die Verteidigung eine nicht zu verachtende Waffe und ihr Feuer nur mit der Eroberung des Platzes selbst zu dämpfen.

Als ich mit einem stattlichen Schimmel erschien und die Kurden sich um mich her drängten, pfiff auch gleich eine Kugel durch die Blätter des Nussbaumes, unter dem wir hielten.

Ich benutzte die Zeit zur Rekognoszierung, denn vierundzwanzig Stunden später trifft *Mehmed-Pascha* mit seinem Korps ein.

Sayd-Bay-Kalessi liegt auf einer wohl 1000 Fuß hohen Klippe, die nur nördlich mittels eines scharfen, ungangbaren Grats mit der noch ganz beschneiten Hauptmasse des Gebirges zusammenhängt. Östlich und westlich ist es von tiefen Felsschlünden umfasst, die sich an der Südseite in ein Tal vereinen, in dem wir lagern; nur ein einziger schmaler Saumpfad windet sich in endlosen Zickzacks bis zu den Türmen und Mauern hinauf und ist durch allerlei Außenwerke noch gesperrt; die Wege im Tal sind von den Zinnen des Schlosses beherrscht, jenseits der Schluchten erheben sich zwar östlich und westlich die Felsen bis zu fast gleicher Höhe mit der Burg, aber sie sind so schroff und oben so scharf, dass es sehr schwer möglich sein wird, dort Batterien zu etablieren.

Begleitet von kurdischen Führern erkletterte ich diese Höhen von allen Seiten und kehrte erst spät abends und äußerst ermüdet zu *Vede-han-Bey zurück*. Das Zelt dieses Fürsten aus schwarzem Ziegenhaar war am Rand eines schäumenden Gebirgsbaches aufgeschlagen; an einem großen Feuer wurden kleine Schnittchen Hammelfleisch zu Kjebab (Braten) geröstet; vor uns standen 40 oder 50 Kurden mit ihren langen Flinten, Dolchen, Pistolen und Messern in ihrer sehr kleidsamen Tracht; die Vornehmsten kauerten an der Erde; rings umher loderten Wachtfeuer und hoch über uns schossen sich die Wachen im Mondschein noch herum. Die sehr große Ermüdung ließ mich nach eingenommener Mahlzeit unter dem Pelz des Beys auf steinigem Lager sehr bald einschlafen.

Um Mitternacht stand ich wieder auf, durchstreifte nun die nähere Umgebung der Burg und vor Ankunft des Paschas war kein wichtiger Punkt oder Fußweg, den ich nicht gekannt hätte.

Meine Ansicht über die Angriffsweise steht fest. Sämtliche Wurfgeschütze müssen auf die östliche Höhe gebracht werden, das Schloss ist gegen diese Seite geöffnet, es zeigt Türen, Fenster, kurz, bietet ein weites Ziel; der Schlosshof ist mit Vieh aller Art angefüllt. Die schweren Kanonen hingegen müssen nach der westlichen Höhe. Ist die Besatzung zaghaft (viele dieser Menschen haben nie ein Geschütz gesehen), so wird die erste Batterie sie zur Übergabe veranlassen; sind sie hartnäckig, so muss von der zweiten aus eine Bresche an der einzigen für die Infanterie zugänglichen Stelle des Schlosses gelegt werden.

Den 8. Das Korps traf gestern Abend ein und man trat sogleich in Unterhandlung, aber so ungeschickt wie möglich. Man fing damit an, sämtliche Geschütze ohne Kugeln abzufeuern, und schickte dann einen Parlamentär, der zur Übergabe aufforderte; der Bey ist ganz dazu bereit, aber zu Bedingungen, die er selbst vorzuschreiben die Güte hat. So hat sich die Unterhandlung bis heute hingezogen und nun müssen denn doch die Kanonen und das Zubehör hinaufgeschleppt werden.

Abends. Wenn ich dir schreibe, dass wir mit unserem 13-Okalik-Mörser die Adler aus ihrem Horst vertrieben haben, so musst du das ganz buchstäblich nehmen. Nie habe ich geglaubt, dass ohne alle Instrumente, außer ein paar hölzerner Stangen, bloß mit Menschenhänden so etwas zu leisten sei; vor jedes Geschütz wurde ein halbes Bataillon gespannt, die anderen gingen voraus, hieben Bäume um, wälzten riesenhafte Steine aus dem Weg, die donnernd in die Kluft stürzten, oder hoben die Räder über Blöcke, die nicht weichen wollten; nach sechs Stunden Arbeit standen die beiden Geschütze auf der Felsenspitze.

Aber wir haben heute noch ein stärkeres Stückchen gemacht, und ich sehe, dass im Krieg ein tüchtiges Anfassen viel Gelehrsamkeit ersetzt. Leute, denen der Pascha Gehör schenkt, hatten ihm Vorschläge gemacht, Geschütze auf allerlei Punkten aufzustellen; als ich heute früh zu ihm kam, fragte er mich nach meiner Meinung; ich sagte, dass ich sie ihm bereits am ersten Tag entwickelt habe und dass ich bei dem Punkt westlich vom Schloss beharrte. Nun schickte er beide Regimentskommandeure, den Topdschi-Baschi und den Muhendis-Baschi, mit mir nach jenem Punkt; keiner von ihnen war bisher oben gewesen und alle fanden den Punkt vortrefflich. Man kann aber dahin nur entweder auf einem sehr weiten, beschwerlichen Umweg oder dicht unter dem Schloss gelangen; ich hatte vorgeschlagen, während der Nacht den Letzteren zu wählen. *Mehmed-Bey* führte mit Recht dagegen an, dass es viele Kugeln setzen würde, und wollte den ersten Weg. Nun muss ich dir sagen, dass die Höhe, über die wir den Umweg nehmen sollten, mindestens 600 Fuß beträgt und durchweg mit Geröll und Felsblöcken überschüttet ist. Über diese Barriere wurde gesetzt und abends in der Dunkelheit noch donnerten die beiden ersten Kugeln gegen die Mauern des Kurdenschlosses.

Dass die Leute heute, wo sie uns mit einem Gefolge von Tschauschen als höhere Offiziere erkennen mussten, als wir dicht unter dem Schloss ritten, gar nicht schossen, daraus schließe ich, dass sie bald kapitulieren und die Belagerer nicht erbittern wollen.

Den 9. Heute früh wurde das Feuer eröffnet; die fünf Geschütze, die bis jetzt oben sind, schossen jedes 20 bis 30 Schuss. Die Hälfte der Granaten fiel in den Schlosshof, doch verursachte das Platzen, welches nicht immer erfolgte, viel weniger Schaden, als ich geglaubt hatte, weil das Terrain äußerst uneben ist; zweimal fielen die Granaten auf die Terrasse des Schlosses, jedoch ohne durchzuschlagen. Etwa ein Drittel der Kugeln traf das Schloss, ein Drittel fiel in den Hof, ein Drittel ging darüber weg; eine Kugel fuhr durch die Tür des Turms und wird wohl etwas »Kalabalyk« in seinem Innern gemacht haben.

Die Entfernung der westlichen Batterie ist 750, die der östlichen aber 850 Schritt vom Schloss. Du wirst sagen: Das ist zu weit; aber: *»Ne japalym?«* – »Was können wir tun?« –, wir danken Gott so nahe gekommen zu sein. Der Feind zeigt übrigens gute Contenance; wenn wir vorbeischießen, so verhöhnt er uns mit lautem Geschrei, treffen wir, so erwidert er mit Flintenschüssen, von denen wir, bei der Entfernung, aber gar keine Notiz nehmen. Meines Wissens ist von den Nisams, den regulären Linientruppen, noch niemand verwundet, von unseren Kurden jedoch viele. Der Pascha hat mir soeben den Auftrag gegeben heute Nacht nach dem Schloss hinaufzusteigen, um einen Ort auszusuchen, wo man den Mineur ansetzen kann.

Da morgen ein Tatar von Diarbekir abgeht, so übersende ich dir diesen Bericht, den ich *inschallah* fortsetzen werde. Vorgestern, gerade als wir die Geschütze hinaufgebracht hatten, erhielt ich deine Briefe vom 28. März bis 8. April, für die ich dir sehr danke; du kannst dir denken, dass ich mich sehr darüber freute, denn jenseits des Tigris hat ein freundlicher Gruß von europäischen Bekannten und Freunden zehnfachen Wert.

Den 10. *N. S.* Ich bin von meiner gestrigen Rekognoszierung zurück; der Pascha hatte einen Kurden-Aga als Führer, zwei Hauptleute, meinen Aga und zwei Lahumdschi oder Mineure zu meiner Begleitung bestimmt, da ich aber noch bei Tage sehen wollte, so ging ich mit den Mineuren allein voraus.

Ich habe dir schon geschrieben, dass die Kurden des Nachts sehr keck zu Werke gehen und sich nach und nach in großer Nähe rings um das Schloss festgesetzt haben. Ein solcher Punkt ist der Gipfel gerade hinter dem Schloss, der mir der günstigste für die jetzige Unternehmung schien; ohne sonderlich angefochten zu werden, gingen wir westlich unten am Schloss vorbei und kletterten in einer Schlucht an die 700 Fuß in gerader Linie in die Höhe. Die Sonne war gerade erst untergegangen und ich sah das Schloss in einer Entfernung von 240 Schritten vor mir; von dem Felsen, der mich und fünfzig Kurden gänzlich verdeckte, erstreckt sich bis zum Fuße der Festung eine 100 Schritt breite Ebene, nur von wenigen kleinen Unebenheiten unterbrochen. Jenseits erhebt sich dann die unflankierte Mauer ohne Türen oder Fenster, mit Zinnen gekrönt, hinter deren Scharten man die Wachen auf und ab schreiten sah.

Es war aber unerlässlich, weiter vorzudringen, die Kurden zeigten die größte Bereitwilligkeit, mir beizustehen, und baten nur die Nacht abzuwarten. Aber freilich stieg mit der Nacht auch der Vollmond in seiner südlichen Klarheit über die Berge empor.

Als es auf dem Schloss still geworden war, schritten wir schnell und gebückt über die Ebene etwa hundert Schritt bis zu einigen Steinhaufen, hinter denen wir niederknieten. Als dies unbemerkt geschehen war, schlichen wir uns, insofern man mit türkischen Stiefeln schleichen kann, bis zu einem letzten deckenden Steinblock, der nur noch 25 oder 30 Schritt vom Fuß der Mauer entfernt war. Der Ort wäre vortrefflich geeignet gewesen den Mineur anzusetzen, wenn man sich einige Wochen Zeit lassen wollte. Unter unserem Mineur musst du dir aber einen ehrlichen Steinarbeiter vorstellen, einen armen Rajah, den man zwingt, sein friedliches Handwerk zu diesen kriegerischen Zwecken zu üben.

Der Mann war willig, gegen eine Belohnung mit einem Kurden bis an die Mauer selbst vorzudringen; lautlos krochen sie, als eben eine Wolke den Mond verdunkelte, vorwärts und wir blickten ihnen mit gespannter Aufmerksamkeit nach, nur die Köpfe über den Stein erhebend. Wahrscheinlich befanden wir uns schon unter dem Schuss der Scharten und dreißig Gewehre lagen in Anschlag, falls sich ein Arm über die Zinne biegen sollte. Es dauerte etwa zehn Minuten, als unsere Leute mit dem Bericht zurückkehrten, dass sie überall Fels und nirgendwo Erdreich oder die kleinste Höhle am Fuß der Mauer gefunden hatten, welche einen Mann decken könnte.

Arbeiten konnte man in dieser Nacht nicht mehr und gesehen hatten wir genug. Wir traten daher so behutsam, wie wir gekommen, den Rückzug an; aber kaum hatten wir zwanzig Schritte gemacht und waren ins Freie getreten, so blitzte es von den Zinnen und die Kugeln pfiffen uns um die Ohren. Wir, ohne sonderlich zu verweilen, stolperten über Geröll und Steine fort und befanden uns bald in Sicherheit; stiegen ins Tal hinab und das Tirailleurgefecht, welches sich jetzt entzündet hatte, spielte bald hoch über unseren Köpfen.

Ich habe nun dem Pascha vorgeschlagen heute Abend eine einfache Vorrichtung in Anwendung zu bringen, nämlich ein tragbares Dach aus starken Bohlen, das dem Mineur Schutz für den ersten Augenblick der Arbeit gewährt. Ein Kurde hatte sich erboten, es gegen die Mauer zu legen, der Lahumdschi setzt sich darunter, und hundert Kurden liegen bereit, auf alles zu feuern, was sich hinter den Zinnen blicken lässt. Der Mineur arbeitet nicht in den Fels, sondern gleich in die Mauer hinein; sobald er anderthalb Arschinen tief ist, setzen wir ein Fass Pulver in das Loch ohne weitere Verdämmung, und, *inschallah*, die Bresche ist da; sollte das nicht glücken, so hindert nichts die Arbeit fortzusetzen. Der Pascha hat diesen Plan genehmigt. Heute schießen wir nicht viel, weil unsere Kugeln noch von Dschesireh unterwegs sind; wir sind gestern zu hitzig gewesen.

Abends. Es ist den ganzen Tag parlamentiert worden; *Sayd-Bey* bietet seinen Sohn als Geisel, will aber frei abziehen. In einer zweiten Sentenz erbietet er sich sein Schloss mit allem, was darin ist, zu geben; der Pascha will aber, er soll selbst kommen. Eben ließ der Pascha mich rufen, um dieser Empfangsszene beizuwohnen. Der Besuch des Mineurs so unmittelbar unter den Mauern ist im Schloss nicht verborgen geblieben und hat dort die lebhafteste Besorgnis erregt.

Der Pascha empfing seinen bisherigen Feind im großen Zelt; die Regiments- und Bataillonskommandeure saßen oder vielmehr knieten zu beiden Seiten; vor dem Zelt standen die Hauptleute. Ein Zug von Kurden bewegte sich langsam den steilen Berg herab und nach einer halben Stunde stieg der Bey vor unserem Zelt vom Pferd. Wenn ich bedachte, dass er ein schönes Schloss, in dem er eben König war, mit einer Menge von Reichtümern auslieferte und dass er nach allen bisherigen Vorgängen keineswegs ganz sicher sein konnte, ob er seinen Kopf zum Zelt wieder hinaustragen werde, so konnte ich nicht umhin, die leicht sichere Haltung zu bewundern, mit welcher er auf den Pascha zuschritt und die Bewegung des Handkusses machte. Der Pascha und wir alle waren aufgestanden; *Sayd* kam nicht um Gnade ' flehend, denn diese wird dem Überwundenen nicht gewährt, sondern er bot Ray oder Freundschaft, die man von dem annimmt, der Feindschaft zu üben noch die Kraft hat. Der Bey ließ sich zwischen dem Pascha und mir nieder, es wurden Pfeifen und Kaffee gereicht und die Unterhaltung in kurdischer Sprache geführt, als ob es nur ein Missverständnis gegeben hätte.

Sayd ist ein großer schöner Mann mit ausdrucksvollem Gesicht; seine kleinen Augen blitzten in der Versammlung umher, aber sein Gesicht war vollkommen ruhig. Nun soll das Schloss geschleift werden. Es ist ein Jammer, aber freilich ist es nötig; wollte man einen Kommandanten mit einer Garnison darauf setzen, so würde der Kommandant bald Sayd-Bey spielen.

Sayd-Bey-Kalessi (im Lager), den 13. Mal 1838

Ich muss dich nun auf ein paar Augenblicke in die Burg hineinführen, die ich dir bisher von außen gezeigt habe, und du wirst in Gedanken leichter den steilen, gewundenen Pfad hinaufkommen als ich auf meinem Maulesel, erschöpft und müde wie ich bin.

So weit es mit einer Arschine, einer Lanze und einer Wasserwaage geschehen kann, habe ich die Höhe gemessen und habe gefunden, dass die Spitze des großen Turms 1363 Fuß über dem Zelt des Paschas in der Wiese liegt.

Hinter den Kulissen sieht man anders als vom Balkon. Dies Schloss ist stark durch seine Lage, aber schwach durch seine bauliche Ausführung; es kann auf keine Weise mit den soliden, prächtigen Bauten der Genueser verglichen werden, die Mauern sind dünn, gewölbt war nur das Kornmagazin, eine der Zisternen und die obere Etage des Turms, welcher Sayd-Beys Gemach enthielt. Der Baumeister hatte sich nie träumen lassen, dass Kugeln von den Klippen westlich des Schlosses herkommen würden und hatte die Eingangstür dieses Gemachs dorthin gekehrt. Nun kam aber wirklich eine 3-Okalik-Kugel von jenem Adlerhorst, zerschmetterte den Schlussstein des Gewölbes über der Tür und fuhr in den Spiegel über des Beys Ruhebett.

Eine Bombe war in die oben offene Zisterne gefallen, war dort geplatzt und hatte das Wasser untrinkbar gemacht.

Unser schwaches Kaliber hatte die Mauer stark genug beschädigt, was nur bei der schlechten Beschaffenheit derselben möglich war. Die Gegenwart eines fränkischen Offiziers hatte übrigens dem Bey ein übles Vorgefühl gegeben; meine unschuldigen Messgeräte, welche er auf allen Höhen, bald vor, bald hinter dem Schloss erblickte, schienen ihm eine Art Zauber, welcher ihn umstrickte, und er würdigte sie einer lebhaften Füsilade. Wir haben diese Details gestern von *Sayd-Bey* selbst erfahren. Im Schloss fand man sehr reichliche Vorräte an Korn, Gerste, Schlachtvieh und Pferden; Wasser war genügend vorhanden, aber von schlechter Qualität. Es herrschte eine Unreinlichkeit, die der Besatzung verderblich werden musste; der Hof lag überdeckt mit Resten von Lebensmitteln, Lumpen und Tiergerippen, und die Luft war von Gestank erfüllt. Unter dem Tor trat mir ein Kurde entgegen, der seinen verwundeten Bruder trug; der arme Mensch war durchs Bein geschossen und er erzählte mit Tränen in den Augen, dass er sich nun schon den siebenten Tag hinquäle. Ich ließ den Feldscher kommen: »Es ist ja ein Kurde«, sagte dieser zu wiederholten Malen mit stets gesteigerter Stimme, wie man jemandem sagt: »Begreifst du nicht, dass du Unsinn forderst?«

Nun ist es wirklich schändlich, 3000 Mann ins Feld zu schicken, begleitet von einem einzigen unwissenden Barbier. Einer unserer Artilleristen ist schon vor acht Tagen überfahren worden; noch heute weiß niemand, ob das Bein gebrochen, verrenkt oder nur gequetscht ist; der Mensch liegt ganz hilflos in seinem Zelt. Diesen Zustand des Wundarzneiwesens, hoffe ich, wird *Hafiz-Pascha* beim Seraskier zur Sprache bringen; hier oder nirgends können Franken helfen. Beim Arzt steht auch noch die Sprache im Weg, aber der Wundarzt sieht und hat wenig zu fragen. Ehe sie im Galata-Seraj ihren botanischen Garten und ihre Hochschule zu Stande bringen, sterben ihnen hunderte ihrer Soldaten, und zwar die besten.

Den 16. Seit drei Tagen und Nächten steigen Rauch und Flammen von den hohen Felsen empor und gestern stürzten die letzten Trümmer des großen Turms. Wir erwarten die Befehle des Kommandierenden, wohin wir uns nun zu wenden haben.

44. Die Berge von Kurdistan

Sayd-Bey-Kalessi, den 18. Mai 1838

Sobald man den Tigris überschreitet, erhebt sich ein köstliches Hügelland und steigt allmählich zum hohen Gebirge an, das noch heute mit Schnee bedeckt ist. Dort entspringen die Bäche und Flüsse, die anfangs über starre Felsblöcke und in tiefe Schluchten hinstürzen, dann zwischen bewaldeten Berglehnen fortrauschen und endlich Gärten, Wiesen und Reisfelder tränken. Eichen und Platanen bekleiden die Höhen, die Täler sind von Feigen-, Öl- und Nussbäumen, Granaten, Wein und Oleander erfüllt; das Korn, in die leichten Furchen des braunen Bodens ausgestreut, gibt den reichsten Ertrag und wo der Mensch gar nichts getan, da ruft die Natur den prachtvollsten, mit Millionen buntfarbiger Blumen durchwebten Graswuchs hervor, der fast jeden Abend durch die Wolken erfrischt wird, welche sich um die nahen Gipfel ansammeln. Pferde, Schafe, Kühe, Ziegen gedeihen zu besonderer Güte; in den Bergen liegt das Steinsalz zu Tage und was sie sonst für Schätze in ihrem Innern verschließen mögen, hat, glaube ich, noch kein Mineraloge erforscht.

Wenn nun ein so reiches Land zu mehr als drei Viertel unangebaut liegt, so muss der Grund in dem traurigen gesellschaftlichen Zustand der Bewohner gesucht werden.

Der Kurde ist fast in allen Stücken das Gegenteil von seinem Nachbarn, dem Araber. Die Araber üben nur die Gewalt, wo sie eben die Stärkeren sind; sie fürchten das Schießgewehr und suchen auf ihren trefflichen Pferden das Weite; sie verschmähen den Ackerbau und die Städte, das Kamel ersetzt ihnen alles und befähigt sie ein Land zu bewohnen, in dem niemand sonst leben kann.

Der Kurde hingegen ist Ackerbauer aus Bedürfnis und Krieger aus Neigung; daher die Dörfer und Felder in der Ebene und die Burgen und Schlösser im Gebirge; er kämpft zu Fuß, Mauern und Berge sind sein Schutz und das Gewehr seine Waffe. Der Kurde ist ein vortrefflicher Schütze, das reich ausgelegte damaszierte Gewehr vererbt sich vom Vater auf den Sohn und er kennt es wie seinen ältesten Jugendgefährten.

Der Religion nach sind die meisten Kurden dieser Gegend Mohammedaner, nach der persischen Grenze zu aber wohnen viele jakobitische Christen.

Es ist der Pforte nie gelungen, in diesen Bergen alle erbliche Familiengewalt so zu Boden zu werfen wie in den übrigen Teilen ihres Reiches. Die Kurdenfürsten üben eine große Macht über ihre Untertanen; sie befehden sich untereinander, trotzen der Autorität der Pforte, verweigern die Steuern, gestatten keine Truppenaushebung und suchen ihre letzte Zuflucht in den Schlössern, welche sie sich im hohen Gebirge erbaut.

Die Expedition *Mehmed-Paschas* ist glücklich gewesen; fünf Tage nach Eintreffen des Geschützes war der Platz zur Übergabe gezwungen, der Gesundheitszustand der Truppen ist vortrefflich, der Verwundeten sind nur wenige, fast nur unter den verbündeten Kurden, und diese werden nicht gezählt. An der Eroberung einer kleinen Gebirgsfestung, die ohnehin jetzt ein Schutthaufen ist, kann freilich dem Padischah wenig gelegen sein, sie war aber einer der Zentralpunkte des Widerstandes gegen die Pforte.

45. Zug gegen die Kurden

Karsann-Dagh, den 4. Juni 1838

Der Widerstand der Kurden war mit dem Fall *Sayds* nicht so allgemein beseitigt, wie wir gehofft hatten; es befindet sich zwischen Musch und Hasu ein Hochgebirge, das bisher allen türkischen Armeen, selbst der *Reschid-Paschas*, unzugänglich gewesen ist. Dort erheben sich schroffe Kegel und Rücken, von welchen der Schnee noch heute 1000 bis 2000 Fuß tief hinabreicht und die zu den höchsten Bergen ganz Kleinasiens gezählt werden. Diese Gegend wird allgemein Karsann genannt und ist mit reichen Dorfschaften, Feldern, Bäumen und Bächen ausgestattet; keine der Ortschaften zahlt den Salian, keiner der Einwohner lässt sich zum Militärdienst zwingen.

Um nun das Karsann-Gebirge der Pforte zu unterwerfen, wurde eine sehr bedeutende Rüstung unternommen; denn nicht nur, dass mein *Mehmed-Pascha* mit seinem Korps durch das Herz von Kurdistan selbst heranzog, sondern es brach auch der Kommandierende von Diarbekir mit dem 19. Infanterieregiment, zwei Kavallerieregimentern der Garde, einigen hundert Sipahis, mehreren hundert Irregulären und drei Geschützen, insgesamt 3000 Mann, auf. Entboten war ferner der *Schirvan-Bey*, welcher östlich von Karsann sitzt, mit seinen irregulären Kurden, der Pascha von Musch, der aber selbst ein Kurde ist, und sogar der Erzerum-Valessi, von dessen Eingreifen ich jedoch bis heute noch nichts erfahren habe.

So sollte Karsann rings umschlossen und von allen Seiten zugleich angegriffen werden. Man rechnete die Gegner auf 30 000 Gewehre; es fehlt ihnen aber aller Zusammenhalt, kein Führer steht an ihrer Spitze, kein Schloss, keine Festung gibt ihrem Widerstand dauernde Kraft.

Unser Weg nach Karsann durch die oberen Paralleltäler der Tigriszuflüsse mit beständiger Überschreitung der 1000 bis 2000 Fuß hohen Wasserscheiden war ungemein mühsam. Wir hatten zehn starke Pferde vor jedem Geschütz, und so ging es über Steine und Geröll, in Flusstälern, an Berglehnen hin; oft aber war der Pfad so gewunden und steil, dass Menschenhände das Beste tun mussten. Es war schwer, in diesem hohen Gebirge die Lagerplätze für Zelte zu finden. Niemals hätte ich gedacht, dass bei einem Krieg in der Türkei mir die Saatfelder ein Hindernis beim Lagerabstecken sein würden, und doch war dies der Fall. Wir zogen durch befreundete Kurdendörfer und respektierten die Saat, als ob es Teltower Rübenfelder wären; dies Verfahren ist sehr klug und nicht genug zu rühmen. Der Pascha selbst hält zuweilen eine Stunde vor einem Dorf, bis der Zug vorüber war, damit niemand sich Erpressungen erlaube; auch kamen die Kurden ohne Furcht nach dem Basar in unserem Lager, wo sie ihre Waren zum Verkauf brachten. Das ist ein mächtiger Schritt zur guten Ordnung.

Die Flüsse setzten uns große Hindernisse in den Weg; das Doghan-suj war 150 Schritt breit und noch viel reißender als der Tigris; die Flöße kamen über 1000, selbst über 1500 Schritt unterhalb des Abfahrtspunktes an; wir brauchten volle zwei mal vierundzwanzig Stunden, um unser kleines Heer nebst unseren Herden überzusetzen, währenddessen ich eine Exkursion nach dem nahen Sert oder Söört machte, einer schönen Gebirgsstadt, die aber seit dem letzten Krieg noch zum Teil in Ruinen liegt. Einen Marsch weiter standen wir wieder an einem Wasser, dem Jesid-hane-suj, der 300 bis 400 Schritt breit, aber seicht war; wir wollten hier nicht wieder liegen bleiben, sondern um jeden Preis durch; beim ersten Versuch wäre mein Pferd beinahe mit mir davongeschwommen, kaum dass es noch Grund fasste. Wir fanden eine Stunde weiter oben eine bessere Stelle und dort setzte das Korps sofort über, die Infanterie bis über die Brust im Wasser; die Geschütze verschwanden ganz, und obschon sie sich an 8000 Fuß über dem Meeresspiegel befinden mochten, so waren sie doch vollkommen unter dem Flussspiegel.

Wir näherten uns jetzt dem Städtchen Hasu, das feindlich gesinnt ist. Am folgenden Morgen rückten wir vorsichtig in zwei Kolonnen heran, die Artillerie sollte uns sofort den Eingang öffnen, als wir erfuhren, dass niemand außer wehrlosen Rajahs dort zurückgeblieben waren, alle Moslems aber in die Gebirge entwichen seien. Wir bezogen ein Lager vor der Stadt; der Pascha schickte mich zu einer Erkundung vor, um das Lager für den nächsten Tag aufzusuchen; dazu gab er mir ein paar Dutzend kurdische Reiter mit, die nur mit Lanzen, Säbeln und Schilden bewaffnet waren.

Das Dorf, wohin ich wollte und dessen Lage sehr günstig war, um von dort weiter ins Gebirge einzudringen, war zweieinhalb Stunden entfernt; als unterwegs von den Bergen ein paar Schüsse fielen, wollten die Irregulären nicht mehr weiter, und da ich mit ihnen nicht sprechen konnte, so blieb mir nichts übrig, als allein weiterzureisen, worauf ein Kurde mir folgte. Ich fand das Dorf verlassen, den Lagerplatz äußerst günstig. Nachdem ich dem Pascha diesen Bericht gemacht hatte, nahm ich Gelegenheit ihm zu sagen, dass man bei uns einem rekognoszierenden Offizier eine Patrouille Infanterie, auch wohl, wenn nötig, ein Bataillon mit einigen Geschützen mitgäbe.

Am folgenden Morgen rückten wir früh in das neue Lager; alle waren entzückt über eine mächtige Quelle, die ein silberhelles Bassin bildet, über große Nussbäume, weite Kornfelder und einen fahrbaren Weg. Das Dorf wurde sofort in Brand gesteckt, ich suchte vergebens dagegen einzureden: Man müsse den Flüchtigen Strenge zeigen, denen, die blieben, hingegen Pardon schenken, sonst käme man nie zu Ende. Kaum waren wir angekommen, so erschien der Befehl des Kommandierenden uns mit ihm zu vereinigen; mit Zurücklassung der Geschütze rückte die Infanterie sogleich in der befohlenen Richtung ab. Unterwegs wurden wohl ein Dutzend Dörfer angezündet; endlich gelangten wir in einem tiefen Gebirgstal an ein großes Dorf, Papur, dessen Einwohner nicht geflohen waren; sie standen vielmehr auf den flachen Dächern ihrer Häuser, feuerten schon aus der Ferne auf uns und riefen: Wir möchten nur näher kommen. Wir erfuhren, dass *Hafiz-Pascha* gestern mit Verlust vor diesem Defilee zurückgeschlagen worden war. Das Dorf lag etwa 200 Fuß hoch am Fuße einer steilen Felswand; ich schlug *Mahmud-Bey* auf Befragen vor mit Tirailleuren das Dorf links zu umgehen, wo ein Hügelrücken und Bäume uns gegen sein Feuer deckten, dann die hintere Felswand zu ersteigen und so von oben herab das Dorf zu stürmen, wodurch den Einwohnern jeder Rückzug abgeschnitten wurde, denn sonst hatte man sie morgen noch einmal zu bekämpfen.

Die Tirailleuren gingen unverzagt vor, zwar kam oben vom hohen Kamm des Gebirges von den dorthin Geflüchteten einiges Feuer, es war aber ohne sonderliche Wirkung; bald standen wir den Einwohnern über den Köpfen; ein Hagel von Schüssen vertrieb sie von ihren flachen Dächern, und mit Schrecken sahen sie ihren Rückzug bedroht. Jetzt ging es mit »Allah! Allah!« in das Dorf hinab; viele Flüchtlinge wurden mit dem Bajonett niedergestoßen, andere entkamen auf Umwegen.

Ich hatte die ganze Partie auf einem Maulesel mitgemacht, weil ich schon seit einigen Tagen aus Erschöpfung unwohl und zu schwach zum Gehen war. Die Häuser waren voll gestopft mit Sachen, wahrscheinlich aus den nächsten Dörfern, und die Soldaten kehrten mit Beute beladen aus ihnen zurück; ein Kavallerist bat mich ganz treuherzig sein Pferd zu halten, was ich tat, bis er seine Taschen gefüllt hatte. Aber der Aufenthalt im Dorf war sehr unfreundlich, da man von oben noch immer schoss; der Kologassi, der Oberst der Wache, erhielt neben mir einen Schuss durch die Hand und ich gab ihm den Maulesel meines Agas, damit er sich entferne. Man musste sich dicht an die Mauern pressen; zuletzt hielt nur noch ein Haus, es widerstand vier bis fünf Stunden lang mit der wütenden Verzweiflung; der Häuptling des Orts hatte sich mit seiner Fahne dort verschanzt. Für ihn war keine Rettung auf dieser Erde, denn auf Gnade konnte er nicht hoffen, er wollte daher nur sein Leben teuer verkaufen; durch dieselben Fensteröffnungen schoss man hinein und heraus.

Ich war inzwischen zu *Hafiz-Pascha* geritten, der dem Kampf unten von einem kleinen Hügel zusah; dorthin brachte man die Trophäen und Gefangenen; Männer und Weiber mit bluten-den Wunden, Säuglinge und Kinder jeden Alters, abgeschnittene Köpfe und Ohren, alles wurde den Überbringern mit einem Geldgeschenk von 50 bis 100 Piastern bezahlt. Mühlbach wusch den verwundeten Gefangenen die Wunden aus und verband sie, so gut es gehen wollte; der schweigende Kummer der Kurden, die laute Verzweiflung der Frauen gewährten einen herzzer-reißenden Anblick.

Das Schlimmste ist, wie soll man einen Volkskrieg im Gebirge ohne jene Scheußlichkeiten führen? Unsere Verluste sind nicht unbedeutend. *Mehmed-Bey* und *Mehmed-Pascha* traf ich beim Sturm in der vordersten Reihe der Tirailleuren; Letzterem wurde das Pferd erschossen. Den folgenden Tag war Ruhe, dann ging es weiter in die Berge, wo eine unglaubliche Menge Gefangener aller Art eingetrieben worden sind; ich konnte diesem Zug nicht mehr folgen, nur mit meinen letzten Kräften und unter Eskorte des Paschas kam ich hierher in das Lager, welches außerhalb der Berge zurückgelassen ist und wo ich vier Tage recht elend krank gewesen bin. Der Krieg ist aber zu Ende und alles bittet um Gnade.

Seitdem ich mit den türkischen Truppen diese freilich unbedeutende Kampagne mitgemacht habe, habe ich einiges Vertrauen gewonnen; wenn sie nur alle so sind wie diese zwei Regimenter. Die Leute gingen prächtig ins Feuer; der Fatalismus in ungeschwächter Kraft und Beutelust sind freilich bei dieser Gelegenheit mächtige Hebel für ihren Mut, denn ihre Gegner sind wohlhabend. Unsere Ausrüstung ist schlecht, aber der Himmel ist milde; den schwierigen Marsch hierher über steinige Gebirgspfade und durch zahllose Bäche und Flüsse machte unsere Brigade barfuß, die elenden Schuhe in der Hand; zum Gefecht wickelt sich der Soldat seine ganze Toilette samt dem Mantel als Gurt um die Hüften, was gar nicht übel ist. Die Gewehre sind schlecht und machen wenig Anspruch auf Treffen; auch zielen die Leute gar nicht. Während man das Dorf stürmte, bemerkte ich einen Tschausch, der mit abgewandtem Gesicht in Gottes blaue Luft hineinfeuerte. » *Arkardasch* – Kamerad«, sagte ich, »wohin hast du denn eigentlich geschossen?« » *Sarar-jok Babam* – es schadet nichts, Väterchen –, *inschallah vurdu!* – Will's Gott, so hat's getroffen«, antwortete er und feuerte rasch noch eins in dieselbe Richtung. Es ist aber auch wahr, dass wir die meisten Verwundeten von unseren eigenen Kugeln hatten, die immer von hinten über uns wegpfiffen.

Hier wird manches statuiert, was gar sehr gegen unsere Lagerordnung verstoßen würde; sobald der Soldat ankommt, füllt er zuerst seine Matara oder Wasserflasche, trinkt oder wirft sich, von Schweiß triefend, ins Wasser, wenn ein solches da ist, dann schläft er eine oder zwei Stunden, und wenn die brennende Sonne etwas sinkt, so kriecht er hervor und gräbt sich ein Kochloch neben seinem Zelt. Dort wird das Brot gleich mit der Mahlzeit bereitet; das gelieferte Mehl wird zu einem dünnen Fladen ausgeknetet und auf Eisenblech-Platten, die man über das Feuer stülpt, wie eine Omelette schnell gebacken.

46. Türkische Steuererhebung und Konskription – Kurdenkrieg

Lager zu Karsann-Dagh (in Kurdistan), den 15. Juni 1838

Ich habe mir Mühe gegeben mich über den Zustand dieses Landes zu unterrichten, das erst seit drei Jahren wieder der türkischen Herrschaft unterworfen ist.

Die Kurden klagen über zwei Dinge, über die Besteuerung und die Truppenaushebungen.

Die Kurden zahlten früher gar keine Steuern, aber fortwährende Fehden zertraten ihre Saatfelder, zerstörten ihre Dörfer und niemand fand Schutz gegen einen Mächtigen, außer in seiner eigenen Gegenwehr. Jetzt herrscht Friede unter den einzelnen Stämmen, und wenn auch diese erste Bedingung eines gesitteten Zustandes durch Abgaben an die Regierung erkauft wird, so kann man darin doch nur einen Fortschritt zum Besseren sehen.

Biwak im Karsann-Dagh, den 22. Juni 1838

Noch ein kriegerischer Akt ist nötig geworden. Es wurden vierzehn Kompanien entsendet und ein Schwarm Baschi-Bosuks, die eine äußerst steile Höhe von allen Seiten einschlossen; fünf Stunden bedurfte es, um sie zu ersteigen, wobei die Linientruppen sechzehn Tote und einige sechzig Verwundete hatten. Die Weiber selbst feuerten auf die Nisams und ein Soldat wurde von einer kurdischen Frau mit dem Handschar erstochen. Oben angekommen, wurde von den erbitterten Truppen Jagd auf alles gemacht, was sich widersetzte; es sind zwischen 400 bis 500 Kurden geblieben; an die fünfzig Frauen ertranken in dem angeschwollenen Gebirgsbach, als man sie wegführen wollte.

Der Pascha hatte nicht gewollt, dass wir diesen Zug mitmachten, und ich gestehe dir, dass es mir ganz recht war. Um diesen Krieg brauchst du uns nicht zu beneiden, er ist voller Scheußlichkeiten. Nebst mehreren tausend Stück Vieh kamen etwa 600 Gefangene an; die Hälfte besteht aus Weibern mit kleinen Kindern: Ein Junge von sechs bis sieben Jahren hatte Schusswunden und die Kugel, die hier neben mir liegt, haben wir ihm herausgezogen, er wird aber wahrscheinlich durchkommen. Auch Frauen sind verwundet, dass es aber Kinder mit Bajonettstichen gibt, wirft ein trauriges Licht auf die ganze Handlung. Gestern Abend um 5 Uhr hatten die Unglücklichen, von Angst und durch den langen Marsch erschöpft, noch keine Krume Brot erhalten; nur mit Mühe schafften wir für die Soldaten selbst das nötige Mehl herbei und nun kommt unerwartet Zuwachs von mehreren hundert Hungrigen, gerade als wir noch einen neuen Transport erwarteten. Ich brachte gestern den ganzen Tscharsi oder Markt an mich, aber was war da zu holen! Sechzig Ocka Rosinen und etwas Käse. Mehl haben die Leute in den Dörfern selbst nicht, denn unsere Pferde und Maulesel haben ihren schönen Weizen aufgezehrt; heute war ich so glücklich, einen Viertelzentner Reis aufzutreiben, von dem ich einen kolossalen Pillaw bereiten ließ. Kinder und Weiber stürzten darüber her, die Männer aßen Baumblätter; glücklicherweise ist heute Mehl angekommen, auch gestern spät hat man noch ein wenig Brot aufgetrieben; die Verpflegung ist jetzt regelmäßig.

Unter solchen Umständen machen einzelne hübsche Züge doppelte Freude. Ein Soldat des zweiten Regiments fand ein Kind von drei oder vier Tagen hinter einem Stein; während die anderen sich mit Beute beladen, trägt er das Würmchen wie eine Amme den weiten halsbrecherischen Weg hierher. Hier angekommen, findet sich, dass das kleine Wesen weder Vater noch Mutter mehr hat; der arme Mensch wusste gar nicht, wie er seinen Fund wieder loswerden sollte; eine Frau nahm sich endlich des Säuglings an und der Soldat ging auch nicht unbelohnt davon.

Man kann über dieses Unglück *Hafiz-Pascha* keinen Vorwurf machen; nach den Gräueln in Papur hat er nur zu lange gezaudert, weil man ihm Unterwerfung versprach und ihn täuschte. Endlich musste denn doch Gewalt gebraucht werden; und wo man solche Diener hat wie die Baschi-Bosuks, da kann man sich denken, dass viel Böses geschieht, dem kein Einhalt zu tun ist. Wie soll auch überhaupt ein Krieg mit Milde geführt werden, wo Felsen und Dörfer erstürmt werden müssen, auf die sich Weiber und Kinder mit ihrer Habe geflüchtet haben? Da ist solch Unglück unvermeidlich. Wir werden jetzt in wenigen Tagen hier aufbrechen, so viel ich weiß, nach Malatia.

47. Ritt durch das Gebirge vom Tigris an den Euphrat – Reise auf dem Euphrat durch die Stromschnellen – Asbusu

Karput, den 20. Juli 1838

Am 30. Juni saßen wir in dem großen Zelt des Paschas auf roten Samtkissen beim Abendessen, als er plötzlich den Befehl gab aufzubrechen. Herzlich froh war ich, denn unser Lager am Fuß des Karsann-Dagh war höchst unangenehm; die Hitze ist dort furchtbar, wir hatten bis zu 32 Grad Reaumur im Schatten. Unsere armen Pferde standen vom Morgen bis zum Abend in der Gluthitze der Sonne gefesselt, nur durch ihre dicken Filzdecken geschützt; das Ungeziefer quälte sie schrecklich und ihre ganze Nahrung war das frisch geschnittene Heu, das Wasser wurde in Schläuchen herbeigeholt. Aber uns in den Zelten ging's nicht viel besser; eine Menge Taranteln krochen an der Leinwand herum, die Schlangen suchten Schutz unter ihrem Schatten und zahllose Skorpione hausten zwischen den Steinen. Ich ließ mein großes, geräumiges Zelt jeden Tag fünfmal mit Wasser besprengen und der außerordentlichen Reinlichkeit und Sorgfalt eines Dieners gelang es, mein Lager frei von allem Ungeziefer zu halten; aber die Luft war so drückend, dass man eigentlich nur nach Sonnenuntergang sich erhob und umherging.

Nach einer Stunde war alles marschfertig und mit einem Gefolge von etwa sechzig Pferden zogen wir während einer mondhellen Nacht westlich längs des Fußes des hohen Karsann hin; zur Rechten hatten wir das Gebirge, zur Linken die schöne weite Ebene, die von Diarbekir sich zwanzig Meilen weit östlich erstreckt und von vielen und großen Wasserläufen durchschnitten wird.

Zuerst überschritten wir das Battman-suj auf einer prachtvollen alten Brücke, die sich in einem gewaltigen Bogen über den reißenden Bergstrom spannt. Als wir um eine Felsecke bogen, standen wir plötzlich vor einem ungeheuren Bauwerk; das ehrwürdige alte Gemäuer, der brausende Strom und die bewegte Szene eines türkischen Reiterzuges gewährten in der lauwarmen Mondnacht einen malerischen Anblick.

Gegen Morgen erreichten wir Meja-Farkin, das alte Tigranocerta, den Sitz der einst mächtigen Könige von Armenien. Die Stadt liegt auf der untersten Stufe des Gebirges, aus dem ein reicher Fluss hervortritt und in schönen Windungen durch die Ebene dem Tigris zuzieht; aber das Innere zeigt fast nur Trümmer und die frischen Spuren des Zerstörungskrieges, der die Kurden unlängst mit Mühe unter die Herrschaft der Türken gebracht hat. Diese Eroberung hat tausenden nicht bloß von Bewaffneten, sondern auch von Wehrlosen, von Weibern und Kindern das Leben gekostet, hat tausende von Ortschaften zerstört und den Fleiß vieler Jahre nutzlos gemacht. Es ist betrüblich zu denken, dass sie wahrscheinlich auch diesmal, wie so oft früher, nur vorübergehend sein wird, wenn eine bessere Verwaltung den Kurden nicht ihre Unabhängigkeit ersetzt.

Nach kurzer Rast auf einer feuchten Wiese, während unsere Pferde sich in dem hohen Gras erholten, weckten uns die brennenden Strahlen der aufgehenden Sonne; wir setzten unseren Marsch in derselben Richtung über den steinigen, öden Gebirgsfuß fort. Die Hitze war sehr groß; die Kalkwände glühten, kein Baum, kein Busch gewährte Schatten und alle Vegetation schien abgestorben; aber ich werde nie die köstliche Quelle vergessen, die wir bald nach Mittag erreichten. Unter einer Felsmauer brach das Wasser von allen Seiten sprudelnd hervor und bildete ein großes Becken von unbeschreiblicher Klarheit; riesenhaftes Schilf und Schlingstauden, mannshohes Gras und blühende Hyazinthen, der reichste Pflanzenwuchs und das üppigste Grün fassten die Quellen ein, die rings von starren Felsen und Steingeröllen umgeben waren. Wir sprengten frohlockend mit unseren schweißtriefenden Rossen in die kühle Flut und ließen uns gern von oben bis unten durchnässen; die Pferde, denen tagsüber jeder Trunk versagt bleibt, schlugen mit den Vorderfüßen, um sich zu benetzen und zu erfrischen, und sprangen vor Freude.

Gegen Abend, also nach fast vierundzwanzigstündigem Ritt, erreichten wir abermals einen Gebirgsstrom; längs seiner Ufer hinaufsteigend, wandten wir uns rechts in das Gebirge hinein und erblickten die zierliche Moschee und das freundliche Städtchen Hasru auf einem Hügel, umgeben von Weinfeldern und überschattet von Platanen, Nussbäumen und Pappeln.

Am nächsten Tag ritten wir durch das Gebirge nach Illidscha, und am 4. abends erreichten wir nach einem Gewaltmarsch Sivan-Maaden, nur die besten Pferde hielten noch neben der trefflichen arabischen Stute des Paschas aus, wohl die Hälfte des Gefolges war zurückgeblieben und die minder guten Tiere erlagen der Anstrengung.

Indem wir einen der Zuflüsse des Tigris hinaufritten, erreichten wir die hohe Wasserscheide zwischen diesem Fluss und dem Euphrat oder Murad; aber sehr überraschend ist es, wie nahe die Quellen des Ersten an dem Ufer des Letzteren liegen, der dort bereits zu einem mächtigen Strom herangewachsen ist. Die Entfernung beträgt kaum mehr als 1000 oder 1500 Schritt.

Ein sehr solides Floß aus sechzig Häuten wurde zu Palu gebaut, wohl verproviantiert und mit vier rüstigen Ruderern bemannt; ich bestieg es am 10. Juli in Begleitung von zweien meiner Leute und einem Aga des Paschas, alle gut bewaffnet, versah mich mit Bussole und Instrumenten und nahm von Ort zu Ort einen des Flusses kundigen Steuermann mit.

Der Strom, welcher bisher zwischen hohen bewaldeten Bergufern floss und bei Chun zwischen senkrechten prachtvollen Steinwänden über Felstrümmer brauste, tritt von Palu an in eine offenere Gegend und fließt schnell aber eben dahin. Bei Palu setzt eine elende Brücke über den Fluss, die letzte, die ihn überschreitet, und prachtvolle Ruinen einer alten Burg, die man hier den Dschenoves oder Genuesern zuschreibt, ragen hoch auf einem Spitzberg über die Stadt, diese ist rings von Gärten und Baumpflanzungen eingeschlossen.

Nachdem der Strom am Fuße der schönen Gebirgsgruppe des Mostar-Dagh vorübergeeilt ist, bildet die weite köstliche Ebene von Karput das linke Flussufer; der Euphrat aber wendet sich ab von derselben, tritt noch einmal in das hohe Gebirge und erreicht den Südrand jener Ebene auf einem vierzig Meilen weiten Umweg. Einige Klippen im Flussbett verursachen Strudel, die jedoch leicht durchschifft werden, und schnell gleitet man bis zu den Ruinen eines alten Bergschlosses, Perteck-Kalessi, fort, die sich auf einem hohen Felskegel am rechten Ufer erheben. Zwischen kahlen Bergen fuhren wir auf dem hier schiffbaren Strom die Nacht hindurch fort und erreichten gegen Morgen die Stelle, wo der Murad sich mit dem fast ebenso großen Frat vereint, der von Erzerum herunterkommt. Zwei Stunden weiter landeten wir in Kierwan oder Kjeban-Maaden.

Der Euphrat wird dicht unterhalb Kjeban-Maaden von rauen Bergen eingeschlossen; bald aber flacht sich das rechte Ufer mehr und mehr ab, und nachdem der Strom im weiten Bogen den Fuß des eirunden Berges umspült, auf dem die Ruinen einer weit sichtbaren alten Kirche sich erheben, hat man rechts die weite Ebene von Malatia. Erst bei Kymyrhan treten hohe wilde Gebirgsmassen von beiden Seiten zusammen und der Strom fließt von nun an in tiefen schauerlichen Felsenspalten fort. Mit außerordentlicher Schnelligkeit glitt unser Fahrzeug dahin und das Strombett war kaum zur Hälfte so breit, wie es oberhalb gewesen war; bald hörten wir ein fernes Brausen, von welchem die schroffen Felswände widerhallten, und die beschleunigte Schnelligkeit, mit der wir fortschossen, benachrichtigte uns, dass wir in die Nähe der Jelan-Degermeni oder Schlangenmühle gekommen seien.

Vorsichtig legten wir an und beschauten an einer vorspringenden Klippe die Örtlichkeit, ehe wir uns in die Wirbel hineinwagten; diese Stromschnellen liegen stets an solchen Punkten, wo das jähe Bett eines kleinen Gießbachs in den Strom mündet. Aus der Schlucht sind im Laufe der Zeit eine Menge größerer und kleinerer Felstrümmer herabgestürzt; sie haben vor der Mündung des Baches eine Landzunge angesetzt, welche die Breite des Stroms vermindert, und oft sind noch zum Überfluss gewaltige Steinblöcke bis in das Bett selbst gerollt, die bei niederem Wasserstand hervorragen, bei höherem aber von der Flut überspült sind, der sie einen unbesiegbaren Widerstand entgegensetzen. Der reißende Fluss, verengt und aus seiner Richtung geworfen, braust gegen die Unebenheiten an, bildet über denselben eine hohe Wassergarbe und jenseits eine gewaltige schäumende und wirbelnde Strömung, wie wenn du Wasser aus einem breiten Gefäß in eine enge Rinne gießt.

Die weniger schlimmen Stellen, die wir bereits passiert hatten, hatten mir schon einen ungefähren Maßstab von dem gegeben, was ein Kelek oder Floß wie unseres zu leisten vermag. Ich ließ »Bismillah– – »im Namen Gottes« – vom Ufer abstoßen; alsbald erfasste uns der allgemeine Wasserzug und ehe wir uns noch recht besinnen konnten, waren wir schon glücklich durch, obwohl zwar vom Kopf bis zu den Füßen durchnässt, denn von allen Seiten schlugen die Wasserwellen über uns zusammen; bei einer Hitze aber von vielleicht 40 Grad war das nur eine angenehme Erfrischung.

Solche Stromschnellen, wie ich dir eben beschrieben, die meisten aber von geringerer Bedeutung, liegen nun, über dreihundert an der Zahl, eine hinter der anderen, und bilden auf einer Strecke von etwa zwanzig Meilen die *cataractae Euphratis*. Kaum bist du durch eine hindurch, so hörst du schon die nächste brausen; das Kelek dreht sich beständig herum und gibt dir Gelegenheit, ohne deine Stellung auf weichem Pfühl zu ändern, die wildromantische Gebirgsgegend von allen Seiten zu betrachten; hoch oben kleben einzelne Kurdendörfer unter schattigen Nussbäumen, und Wasserfälle schäumen die steilen Berghänge hinab. Die schlimmsten Stellen sind bei dem Städtchen Schiro und dann drei Fälle, einer unmittelbar hinter dem anderen, dicht oberhalb Telek, wo heiße Schwefelquellen dampfend aus dem Gestein dringen. In der gezackten Felsspalte, nahe unterhalb dieses Dorfes, wird der oben schon 200 bis 300 Schritt breite Strom durch einen Erdsturz auf 35 Schritt verengt; diese Stelle heißt »der Hirschsprung«, Geiklasch. Schließlich passierten wir noch eine sehr missliche Stelle unter einer Kreidefelswand, dicht oberhalb des alten Bergschlosses Gerger, und von nun an ändert sich der ganze Charakter des Strombettes.

Mit sehr verminderter Geschwindigkeit fließt der Euphrat jetzt zwischen hohen senkrechten Wänden, aber die Gebirge treten auf beiden Seiten zurück und die Nebentäler sind von niedrigen, mauerartigen Basalthängen eingeschlossen.

Von dem merkwürdigen alten Schloss Choris an beschreibt der Fluss zwei große Windungen; er tritt nun aus dem Fels in ein offenes Hügelland und sieht der Oder bei Frankfurt ähnlich, bis er, bald unterhalb Samosata, in die Steinwüste tritt.

Ich beendete meine Wasserfahrt bei Samsat, da ich früher schon den Euphrat auf der Strecke von dort bis Birt oder Biradschik zu Lande begleitet hatte.

Wenn in der Türkei ein Mann von einiger Bedeutung ankommt, so ist es unerlässlich, dass einige der vornehmsten Einwohner ihm schon vor der Stadt entgegengehen, man hilft ihm vom Pferd, stützt ihn, wenn er die Treppe hinaufsteigt, zieht ihm die Stiefel aus und legt ihn auf das Kissen rechts vom Kamin. Der Müsselim, oder wer der Herr des Hauses sein mag, räumt sogleich das Zimmer; er lässt sich in der Nähe der Tür auf dem bloßen Fußboden nieder, und wenn man ihm gestattet, von seinem eigenen Kaffee zu trinken, so empfängt er ihn mit einer tiefen Verbeugung und dem Gruß mit der Hand an die Erde. »Das Haus ist deines« ist, so lange man bleibt, nicht bloß die übliche Redensart und ein solcher Gast muss zum Abschied noch obendrein reichlich beschenkt werden. Die größeren Paschas haben oft fünfzig Diener oder Agas, die nicht bezahlt und nur durch Reiseaufträge entschädigt werden; wo sie die Nacht bleiben, erhalten sie ein Geschenk. Mir führte der Müsselim ein junges Pferd, dem Aga einen Maulesel vor und meinem türkischen Diener dachte er einen halben Beutel zu; er war sehr betreten, dass ich mich weigerte, sein Geschenk anzunehmen, und beteuerte, dass in der ganzen Stadt kein edleres Tier zu haben sei; denn einen anderen Grund konnte er sich nicht denken, als dass mir die Gabe zu gering sei.

In übergroße Verlegenheit geriet *Aly-Aga*. Man durfte nur auf das elende Samsat blicken, welches sich in einen Winkel der alten prachtvollen Stadt verkrochen hat und kaum so viel Flächenraum bedecken mag, als einst der berühmte Circus von Samosata, um Erbarmen zu haben; denn der Müsselim tätigt solche Freigebigkeit keineswegs aus seiner Tasche, sondern erholt sich an den Einwohnern, besonders den christlichen. Diese Betrachtungen kamen meinem Begleiter aber nicht in den Sinn; dagegen fürchtete er, dass ich dem Pascha Unvorteilhaftes von ihm berichten könne, was ihm sehr schlecht bekommen wäre; er kämpfte einen harten Kampf und schlug endlich auch sein Geschenk aus. Das Tier muss sich aber irgendwie während der Nacht losgemacht haben und mit Gewalt mitgegangen sein, denn am folgenden Morgen fand ich es unter den Packpferden; dagegen hatte ich meinen ehrlichen *Jacub* zu entschädigen, der wirklich kein Geld angenommen hatte. Als ich vollends beim Wegreiten vergütete, was ich und meine Leute verzehrt hatten, da sank ich bedeutend in der Achtung des Müsselims, denn man muss in der Türkei schon sehr miserabel sein, um zu bezahlen; wer kann, der nimmt ohne Geld.

Ich glaube, in ganz Asien gibt es keinen Ort, der so voll Ungeziefer steckt wie Samsat. Länger als bis Mitternacht konnte ich nicht aushalten; ich ließ aufsitzen und als die Sonne aufging, hatten wir das sechs Stunden entfernte Adiaman erreicht. In der Ebene am Südfuß des Taurus und an den Quellen eines Flüsschens gelegen, bietet dieser Ort mitten in weiten Weinfeldern und Obstgärten einen schönen Anblick; die Trümmer einer Akropolis und eine große Zahl von Minaretts lassen eine große volkreiche Stadt erwarten, aber im Innern sieht man nur Schutt- und Trümmerhaufen.

Als wir im vollen Galopp auf den Hof des Müsselims zujagten und dabei durch einen breiten, seichten Bach setzten, konnte ich mich des Lachens über den Anblick meines Gefolges nicht enthalten; ich hatte nämlich die Ruderer mit mir genommen und meine vier Flussgötter saßen mit allen Attributen Neptuns, die Ruder auf der Schulter und die Schläuche zu beiden Seiten, auf den kleinen Pferden. Sobald die Rosse gewechselt waren, setzten wir die Reise fort; wir erstiegen eine Stunde nördlich der Stadt den steilsten Fuß des Taurus: Die Sonne brannte schrecklich und die kahlen Felswände glühten wie geheizte Öfen. Dieser Marsch wurde mir der mühsamste, den ich je gemacht; vier tiefe Täler mussten wir durchschreiten, zu denen man sich wohl 2000 Fuß hinabwindet, um jenseits ebenso hoch wieder hinaufzuklettern. Während des ganzen Tages bekamen wir keine menschliche Wohnung zu sehen; auf den Gipfeln der Höhen und im Grunde der Täler erquickte zuweilen ein schöner Anblick das ermüdete Auge, so in der Schlucht von Chadschaly, wo ein mächtiger Bach aus einer rötlichen Sandsteinwand bricht, schäumend 60 oder 80 Fuß tief hinabstürzt und dann unter breiten schattigen Platanen forteilt.

Nachdem wir die größte Höhe des Gebirges erstiegen hatten, erblickten wir plötzlich tief unter uns ein reizendes Tal; die grüne, völlig waagerechte Ebene von wohl einer Meile im Durchmesser war mit Saaten und Feldern geschmückt, von vier schlängelnden Bächen mit kristallhellem Wasser durchzogen und rings von himmelhohen Bergen umgeben, an deren Fuß mehrere Dörfer lagen. Mit der letzten Anstrengung unserer müden Tiere kletterten wir hinab und erreichten mit Sonnenuntergang, also nach achtzehnstündigem Ritt, ein Dorf, das unter den riesenhaftesten Nussbäumen versteckt lag, die ich je gesehen. Aber wie groß war unser Verdruss, als wir alle Häuser verlassen und leer fanden.

Die Kurden ziehen während des Sommers oft aus ihren Dörfern aus und bringen die heiße Jahreszeit mit den Herden auf den kühlen Bergen zu; sowie der Schnee schmilzt und grüne Weiden sich bilden, steigen sie höher empor, und wir mussten noch eine neue Bergwand erklimmen, wo wir aus großer Ferne Rauch gesehen zu haben glaubten. Als wir aus dem Gebüsch heraustraten, befanden wir uns plötzlich mitten im Kurdenlager; die schwarzen Zelte standen in einem weiten Kreis herum, die Weiber waren mit den Herden beschäftigt, die Männer lagen auf Teppichen an der Erde und rauchten und Scharen von Kindern spielten um sie herum.

Unsere Erscheinung verursachte einen allgemeinen Aufstand. Wenn ich daran dachte, wie diese armen Menschen in letzter Zeit von den Türken behandelt worden waren, wie man ihre Dörfer verbrannt, ihre Saaten zertreten und ihre Söhne für den Dienst gewaltsam weggeführt hatte, so blickte ich nicht ohne einiges Misstrauen auf diese Szene. Meine Marinetruppe war in der Tat nicht sehr formidabel und mein bewaffnetes Gefolge schwach; aber der Empfang verscheuchte bald jede Besorgnis. Der Ichtjar (Älteste) des Lagers eilte sogleich herbei, hob mich vom Pferd, führte mich in sein eigenes Zelt auf seine besten Kissen und seine Frau ließ sich's nicht nehmen, nach altorientalischem Brauch ihrem Gast die Füße zu waschen; die Pfeife fehlte nicht, aber Kaffee war ein Luxusartikel, der in diesem Lager nicht vorhanden war, dagegen wurde sogleich eine junge Ziege und ein Pillaw von Bulgur oder Gerstengrütze zum Abendbrot bestimmt. Das widerstrebende Tier wurde vor das Zelt gezogen und mit dem Handschar als Kurban oder Opfer geschlachtet. Die Ältesten aus den verschiedenen Familien erschienen;

sie kauerten nach erlassener huldreicher Aufforderung an der Erde nieder und boten mir einer nach dem anderen ihre Pfeife.

Die kurdischen Weiber gehen unverschleiert, aber die Angehörigen tragen Sorge, dass man die Hübschen nicht leicht zu sehen bekommt; sie haben Ringe in den Nasen und was von Geld im Lager vorhanden ist, tragen die Frauen im Haar. Ich verehrte meiner Wirtstochter ein ganzes Münzkabinett von schlechten Zwei-, Drei- und Fünfpiasterstücken, deren man, Dank sei es der Münze in Konstantinopel, eine ziemliche Menge für ein paar Taler beschaffen kann. Das Mädchen war nun in ihrem Stamm als eine reiche Erbin anzusehen, was Geld anbetrifft, und der Mutter machte ich eine große Freude, indem ich ihr meinen Vorrat von Kaffee zurückließ.

Am folgenden Morgen früh erreichten wir das Dorf Abdulharab mit den Ruinen eines alten Schlosses mitten in einem weiten Schilfmeer. Wir stiegen nun mehrere Stunden lang in das steinige nackte Tal aufwärts bis zur Höhe des Bey-dagh oder Fürstenbergs. Die Hitze war furchtbar und unsere armen Tiere noch von gestern sehr ermüdet; hinter jeder Felsecke glaubte ich, der Blick in die weite Ebene von Malatia müsse sich öffnen, aber eine Enttäuschung folgte der anderen. Plötzlich standen wir neben einer der gewaltigsten Quellen; das kristallhelle kalte Wasser sprudelt armdick an zwanzig bis dreißig Stellen aus dem Kalkstein hervor und strömt als rauschender Bach zwischen schönen Platanen und grünen Ufern über Felstrümmer und Gestein. Eine Gruppe großer Maulbeerbäume erquickte uns durch ihre Schatten und süßen Beeren.

Ich werde nie den köstlichen Eindruck vergessen, den von hier an das Tal des Sultan-suj macht. Das Tal ist angefüllt mit einer fortlaufenden, vier geographische Meilen langen Reihe von Ortschaften, den Dörfern Hyndebeg, Tschirmigly, Vargasu und Asbusu, welche sich bis auf eine Stunde nahe an Malatia erstrecken. Das tiefe, schattige Grün des Tales, in dem 20 000 Menschen wohnen, kontrastiert wunderbar mit dem grauen und rötlichen Gestein der Höhe, die von der Sonnenhitze zu glühen scheint und auf der kein Busch, kein Grashalm mehr fortkommt; die breiten Kronen der Nuss- und Maulbeerbäume überdecken die Wohnungen, sodass selten nur ein flaches Dach oder ein Minarett zum Vorschein kommt; viele tausende schlanker Pappeln erheben sich aus der dunkelgrünen Masse, und die köstlichsten Obst- und Gemüsegärten, tausende von Häusern, Straßen und Brücken sind unter demselben Laubdach versteckt. Man muss einen Gebirgsmarsch in der Gluthitze gemacht haben und nach Asbusu kommen, um zu wissen, was Schatten und Wasser für Wohltaten sind.

Mesireh bei Karput, den 23. Juli 1838

Malatia ist ein Lagerplatz, wie man wenige findet; an jedem Ort, wo du sagst, hier will ich Wasser haben, leitet man dir einen Fuß dicken Strahl des klarsten Wassers hin. Die Lagerplätze sind hoch, etwas steinig, aber dem frischen Luftzug offen.

Leider ist der Kommandierende unpässlich, die kleinen Paschas wollen hier nicht fort und alles bleibt bei »Bakalum«, »wir wollen sehen«.

Karput, 3. August 1838

Wir liegen hier auf der Bärenhaut, und zwar alle krank; auch ich habe mich legen müssen, doch nur drei Tage. Der Pascha ist gestern zum ersten Mal wieder ausgegangen.

Hafiz-Pascha war unpässlich, als der durchreisende englische Konsul ihm seinen Arzt anbot; dieser stellte ihn bald her, es blieb aber die nach Krankheiten gewöhnliche Mattigkeit und Unbehaglichkeit. Der Pascha glaubte nun erst recht unwohl zu sein, behauptete, aus Gefälligkeit gegen den Konsul sich in diese Lage begeben zu haben, der englische Doktor habe ihn krank gemacht.

Die Pest ist in Siwas ausgebrochen, man hat dort sanitäre Anstalten getroffen. Bei dem großen Verkehr, in welchem wir stehen, ist aber doch eine fünftägige Quarantäne für alle von dort herkommenden Reisenden und Sachen beschlossen worden. Der Gesundheitszustand der

Truppen ist so schlecht wie möglich; mehrere tausend Kranke und noch mehr Rekonvaleszenten. Alles ohne Arzt! Wir sind in diesem Augenblick fast unfähig einen Feldzug zu machen, wir würden die halbe Mannschaft unterwegs lassen.

Der Pascha ist nun seit sechs Wochen unpässlich und in all der Zeit hat er seine Truppen nicht gesehen; abends lässt er mich rufen; dann setzen wir uns auf unsere Maulesel und reiten nach irgendeinem nahen Garten oder Weinberg, breiten Teppiche auf die Erde, rauchen, trinken Wasser aus dem Euphrat, welches eigens herbeigeholt wird, und reiten mit der Dunkelheit friedlich nach Hause. So leben wir, vielleicht wenige Wochen vor Ausbruch eines entscheidenden Feldzugs.

Die Hitze ist hier immer noch sehr groß und die beste Zeit die Nacht; seit Monaten schlafe ich nun schon im Freien auf dem flachen Dach des Hauses. Meine Wohnung liegt hart an einem Abgrund und es ist von oben eine prächtige Aussicht; es ist ganz anmutig, sich bei hellem Sternenhimmel oder bei lauem Mondschein niederzulegen und zu erwachen, wenn die Sonne jenseits der hohen Berge am Euphrat aufsteigt und nach und nach die Gärten, Dörfer und Weinberge der weiten Ebene tief unter mir erleuchtet. Mich quält aber die Untätigkeit, in welcher wir leben.

48. Die orientalische Nacht

Hauptquartier Asbusu bei Malatia, den 2. September 1838

Ich habe dir jetzt über die letzten sechs Wochen meines Aufenthalts zu berichten. Eine kleine Exkursion an die Quellen des Tigris ausgenommen, wurden sie größtenteils in Karput zugebracht, auf einer Klippe 1000 Fuß über der reichen weiten Ebene von Mesireh, die rings von hohen Bergen eingefasst ist.

Die Hitze unten zwang uns nach diesem Adlerhorst zu flüchten, von dem wir die Dörfer, die Wege und Bäche, die Baumwollfelder und Weingärten, die Maulbeerwäldchen und die Lager der Truppen wie auf einer großen Landkarte überblickten. Dieser Aufenthalt war indes sehr einförmig; täglich kühlte ein heftiger Wind, von dem man unten in der Ebene nichts ahnte, die Hitze bedeutend ab, aber Wind ist immer ein unangenehmes, widerwärtiges Wetter; dabei war die Sonnenhitze doch so brennend, dass man den ganzen Tag das Zimmer hüten musste, und nur Geschäfte trieben mich von Zeit zu Zeit in die Ebene hinab. Erst wenn die glühende Scheibe sich hinter die hohen armenischen Berge gesenkt hat, auf deren Gipfel hin und wieder noch ein silberglänzendes Schneeflöckchen ihren Strahlen trotzt, dann lebt man auf; nach und nach erscheinen dann auf allen Dächern die Familien, um Luft zu schöpfen. Dort werden die Teppiche ausgebreitet und Kissen gelegt für den Hausherrn; er lässt sich von den jungen Mitgliedern der Familie bedienen, welche ehrerbietig vor ihm stehen bleiben, während er die Pfeife raucht; dann erscheint die große runde Messingplatte mit zahllosen zinnernen Schüsseln, die das Mittagsmahl enthalten, und endlich der Kaffee. Nach guter Sitte geht man früh schlafen, nichts als den prachtvoll funkelnden Sternenhimmel über sich, um früh, wenn die aufgehende Sonne den höchsten Gipfel rötet, vor ihr die Flucht zu ergreifen und an sein Geschäft zu gehen.

Herzlich froh war ich, als der Pascha mich in Karput aufforderte mit ihm in seiner vierspännigen Kalesche nach Malatia zu fahren; das musst du dir vorstellen ungefähr, als wenn man bei uns jemandem vorschlägt, mit ihm in einem Luftballon aufzusteigen, die Sache ging vortrefflich bis an den nächsten Berg; dort erkannten wir, dass in diesem Land ein Maulesel eine weit zuverlässigere Reisegelegenheit ist als ein Wiener Wagen.

Nachdem der Pascha die Truppen gemustert und das Lager besichtigt hatte, gingen wir nach Asbusu, der Sommerstadt von Malatia. Über diesen wunderschönen Aufenthalt habe ich dir schon in früheren Briefen geschrieben; man kann sich einbilden in der lombardischen Ebene zu sein, so viel frisches Grün der Maulbeerbäume und Weingärten, so zahllose kleine Kanäle mit klarem, rauschendem Wasser gibt es hier. Mein Konak (Wohnung) ist klein, aber einer der hübschesten, die ich hier gefunden habe.

Seit vier Monaten haben wir hier keinen Regen, kaum nur ein Wölkchen am Himmel gesehen. Mein kleines Palais hat ein flaches Dach und nur drei Wände, und diese auch nur des Schattens wegen; dieses ganze Haus habe ich meinen Leuten eingeräumt, einem Tschausch oder Sergeanten als Ehrenwache, einem türkischen Soldaten, meinem Bedienten und zwei Seïs oder Pferdewärtern; ich selbst wohne auf einer Brücke, unter einem Baum, nämlich auf einer bretternen Estrade, die, um der Kühle willen, über dem darunter fortrauschenden klaren Gebirgsbach erbaut ist, welcher dieses ganze Paradies geschaffen. Teppiche und Polster bedecken den Boden meines Salons und den Plafond bildet ein Geländer von prächtigen Weinreben voll Trauben, die, vereint mit den nahe stehenden Nuss- und Mastixbäumen, zu allen Tageszeiten einen köstlichen Schatten auf diesen Sitz werfen. Hier schreibe, lese, esse, rauche und schlafe, kurz, wohne ich seit Wochen Tag und Nacht, außer wenn ich ausreite oder beim Pascha bin; eine Wand von himmelhohen Pappeln trennt zwei kleine Hofräume ab, in welchen meine Pferde und Maulesel sich befinden, und rings um das Ganze verbreiten sich Gärten voll riesenhafter Kürbisse, Melonen, Pasteken, Mais, Gurken und Bohnen, überschattet von Aprikosen-, Nuss-, Pflaumen-, Birnen-, Äpfel- und Maulbeerbäumen.

Die Witterung hat sich schon etwas abgekühlt; wir haben aber doch mittags selbst hier auf meinem schattigen Sitz über dem Wasser noch 25 Grad, nachts sinkt die Temperatur hingegen sehr bedeutend und kurz vor Sonnenaufgang haben wir regelmäßig 11 bis 12 Grad. Dieser so bedeutende Temperaturwechsel, verbunden mit dem Genuss des reichlich vorhandenen Obstes, mag die Hauptursache zu den vielen Krankheiten sein, die unsere Soldaten heimsuchen.

Ich habe früher nicht begreifen können, wie die Türken imstande sind Pelze zu tragen und ich selbst, der ich daheim nie einen brauchte, habe ihn hier den ganzen Sommer nicht abgelegt. Nachdem man den Tag über bis 28 Grad Hitze ertragen hat, findet man es bei 14 oder 15 Grad abends empfindlich kalt; viele der Einheimischen tragen zwei bis drei Pelze übereinander, Sommer und Winter, mittags und nachts, denn der Türke schläft fast ganz angekleidet; er behauptet, dass eben die Menge der Kleider gegen Wärme so gut wie gegen Kälte schützt.

Mir ist die Hitze eigentlich nie unerträglich geworden, nur macht sie träge; jede Bewegung ist eine Kraftanstrengung, und die größte von allen ist einen Brief zu schreiben. Meine Tracht zu Hause ist ein großer weißer Mantel von dünnem wollenem Zeug, wie er bei den Kurden üblich ist und wie ihn die Malteser-Ritter aus diesen Ländern nach Europa mitgebracht haben. Nichts Zweckmäßigeres und Angenehmeres als diese Tracht; man kann unter dem Mantel anhaben, so viel und so wenig man will, er schützt beim Reiten gegen Sonne wie gegen Regen; nachts dient er als Bettdecke und je nachdem man ihn umhängt, anzieht oder umbindet, ist er Mantel, Kleid, Gürtel oder Turban. Die Konstruktion dieses Gewandes ist die einfachste, nämlich die eines in der Mitte aufgeschlitzten Sackes; dessen ungeachtet drapiert er sehr gut und die irreguläre Reiterei mit solchen Mänteln, bunten Turbanen und langen Flinten sieht wirklich malerisch aus.

Die Türken steigen in demselben Anzug zu Pferde, in dem sie schlafen, und brauchen weder Sprungriemen noch Sporen anzulegen. Niemand braucht ein anderes Kleid anzuziehen, weil er zu einem vornehmen Mann geht, ausgenommen die reichen Rajahs, welche sich zu diesem Anlass einen zerlumpten Rock borgen.

Hier sieht man überall noch das schöne alte Kostüm; der Turban ist ebenso kleidsam wie zweckmäßig. Je nachdem man sich gegen die Sonne oder den Regen von der einen oder der anderen Seite schützen will, wird der Schal anders gewickelt, mit dem Hut hingegen liefe man beständig Gefahr einen Sonnenstich zu bekommen.

Das Beinkleid ist ein oft neun Ellen weiter Sack, der um den Leib zusammengeschnürt wird und an dessen unteren Ecken zwei Löcher sind, aus denen die Füße mit bunt gestrickten Socken hervorkommen; zwei, drei, sechs oder acht Jacken von leichtem Zeug, oft reich gestickt, schützen den Körper nach Maßgabe des Bedürfnisses; ein breiter Gurt oder ein Schal um den Leib nimmt Geldkatze, Tabaksbeutel, Handschar, Messer, Pistolen und Schreibzeug auf; eine Pelzjacke und darüber ein langer Pelz vervollständigen den Anzug, und ein Mantel von Ziegenhaar oder Filz schützt gegen Unwetter und dient als Lager.

Jede Bewegung des Mannes in diesem faltenreichen Anzug gibt ihm ein stattliches Ansehen und alle Augenblick sieht man eine Figur, die man zeichnen möchte.

Du siehst, dass ich dir eigentlich Neues nicht zu berichten habe. Der Aufenthalt hier in Malatia ist wie die kleinen Wirbel in einem reißenden Strom, in dem Strohhälmchen und Blätter einen Augenblick stillstehen und dann weiterschießen. Während des Restes der Sommerhitze lasse ich es mir schon gefallen; wohin dann, weiß ich nicht, denn wir erfahren hier nur, was der nächste Tag bringt.

49. Desertionen

Asbusu bei Malatia, den 23. September 1838

Vorgestern Abend traf ein Aga *Heyder-Paschas* beim Pascha ein, der ihm eilig auf Tscherkessisch eine Meldung machte, deren Eindruck der Alte nicht ganz verbergen konnte; er blieb jedoch sitzen, bis die Anwesenden sich zurückzogen. Da ich hörte, dass der Pascha sein Pferd forderte, so ließ ich sogleich auch satteln und begleitete den Herrn; unterwegs sagte er mir, dass 180 Mann von den Marascher Rediffs oder Landwehr desertiert seien, dass mehrere Offiziere mitgegangen wären und dass die Leute die Gewehre mitgenommen hätten. Es wurde nun sogleich Befehl zum Aufsitzen an die gesamte Kavallerie in die Dörfer geschickt und ein halber Beutel für jeden Gefangenen zugesagt und da die Flüchtlinge ihre Richtung auf die Bey-Daghler genommen, so machten wir selbst eine Rekogniszierung in jener Richtung. Es war Neumond, aber die Sterne leuchten hier so hell, dass man ziemlich weit sieht; nachdem wir unsere Agas nach verschiedenen Seiten ausgeschickt hatten und ich fast allein mit dem Pascha und dem Diwan-Effendi übrig war, setzten wir uns in ein Distelfeld und rauchten harmlos eine Pfeife. Nachdem die Geschichte zu Ende war und der Morgen dämmerte, ritten wir friedlich nach Hause. Fünfzehn der Flüchtlinge sind schon aufgegriffen, sie werden einige hundert Prügel auf die Fußsohle bekommen.

50. Reise nach Iconium – Der Erdschiesch und Cäsarea – Kara-Djehennah – Iconium – Die Kilikischen Pässe – Der Bischof von Tomarse – Der Awscharenfürst

Malatia, den 3. November 1838

Am 3. Oktober verließ ich Malatia, begleitet von einem Dragoman, einem türkischen Tschausch, einem Tataren und einem Seïs oder Pferdeknecht mit dem Handpferd. Schnell jagten wir über die weite, von hohen, schon mit Schnee bedeckten Bergen umgebene Ebene von Malatia fort und stiegen im Tal von Hekimhan sanft, aber stetig auf das hohe Plateau des mittleren Kleinasiens; es war dies derselbe Weg, den ich im Frühjahr mit so vieler Beschwerlichkeit zurückgelegt hatte, diesmal aber, vom schönsten Herbstwetter begünstigt, ging es in starken Märschen rasch vorwärts, umso mehr, als die Gegend höchst einförmig und ohne Interesse ist.

Während eines Ritts von zweiundzwanzig Wegstunden, zwischen Hekimhan und Deliklitasch, erblickten wir nur zwei bewohnte Orte; die Berge treten zurück, und so weit das Auge reicht, entdeckt es nur unangebaute Flächen oder kahle Hügel.

Auf der Ebene von Deliklitasch ist man 4000 bis 5000 Fuß über dem Meer; es fiel mir auf, das Korn noch auf dem Halm, die Leute bei der Ernte zu finden, wenige Tage zuvor war hier schon Schnee gefallen. In unserem nördlichen Himmelsstrich reichen einige warme Sonnenstrahlen, die ganze Vegetation zu beleben, hier fängt das Frühjahr überall sehr spät an und die Ernte zieht sich bis in den Winter hinein.

Man hatte mich genötigt eine Bedeckung von Bewaffneten mitzunehmen, die ich bis Kaisarieh in jedem Dorf wechselte; sie sollten uns gegen die räuberischen Anfälle der Awscharen schützen, eines turkmenischen Wanderstammes, der im Winter im Gebiet von Adana haust, den Sommer aber auf asiatischem Boden lagert und dann seine kleinen Bedürfnisse auf Unkosten anderer zu beziehen pflegt. Es waren kürzlich Tataren angefallen, Reisende geplündert und sogar vor zwei Nächten ein Dorf angegriffen worden, was alle übrigen Ortschaften in Schrecken gesetzt hatte.

Der Marsch ging in derselben öden und einförmigen Hochebene westlich weiter, mein Tatar richtete es immer so ein, dass er Pferde und Frühstück in einem Giaur-köj oder christlichen Dorf forderte, denn dort ist er Herr von dem Augenblick seiner Ankunft, bis der Hufschlag seines Pferdes verhallt.

Von Scharkischla aus war es mit dem schönen Wetter vorbei, der Regen strömte unbarmherzig auf uns herab, meine Kleider waren so schwer, dass sie mich fast erdrückten, und die armen Pferde konnten die Füße kaum aus dem tiefen Lehmboden herausziehen. Unser Einzug in das Städtchen Gemerick ergab einen trübseligen Anblick; ich kroch in ein Paar weite rote Beinkleider und den Pelzmantel des Mullahs, während mein wattierter Überrock an einem mächtigen Feuer geröstet und die Stiefel ausgegossen wurden. Eine halbe Stunde jenseits des Städtchens aber war es wieder dasselbe Elend.

Wir übernachteten in einem Dorf unweit Pallass an den Salzquellen, welche die Gegend mit Salz versorgen; es gibt aber dort weder Pumpen noch Dampfmaschinen, weder Gradierhäuser noch Kochherde, die flachen Teiche füllen sich von selbst, die Sonne trocknet sie aus, das Salz bleibt zurück und Kamele in langen Reihen tragen es davon. Als am folgenden Morgen früh der Wolkenvorhang sich auseinander zog, stand vor uns der mächtige Riese Erdschiesch; er hatte während der Nacht ein neues, schneeweißes Kleid angelegt, purpurn gefärbt von der Sonne, der er schon ins Antlitz schaute, obwohl sie für uns noch tief unter dem Horizont weilte; fünfzig Stunden weit bis nahe vor Konieh sah ich den Giganten hoch über alle anderen Berge emporragen. Die Form dieses Berges ist überaus schön; der schroffe Gipfel spaltet sich in drei Zacken, die mit ewigem Schnee überschüttet sind, und rings umstehen diese Riesenpyramide eine Menge runder Bergkegel mit überaus abschüssiger Böschung, der Fuß ist mit endlosen

Weinbergen bedeckt und verläuft sich in eine Ebene, aus der die Kuppeln und Minaretts des neuen Cäsarea emporstreben.

Kaisarieh ist eine der hübschesten Städte in der Türkei, zwar sind die Straßen auch hier eng und schmutzig, aber die Häuser haben ein freundliches Aussehen; sie sind aus schönem Sandstein erbaut und Fenster und Türen sind künstlich geschnitzt; die Dächer bilden flache Terrassen, von denen aus man eine schöne Aussicht auf den nur zwei Stunden entfernten Erdschiesch, auf das alte Kastell im Innern der Stadt und die weite fruchtbare Fläche hat, die diese umgibt.

Am folgenden Morgen war das Wetter eine Mischung aus Regen, Sturm und Hagel, der Weg aus Sumpf, Stein und Geröll; es war mir anfangs sehr auffallend, auf einer vollkommenen Horizontalfläche zwischen so hohen, steilen Bergen hinzujagen, bald aber mussten wir einen Sattel erklettern und jenseits zogen wir längs eines der Sasslyk oder Sümpfe hin, welche jenen Teil Asiens charakterisieren und worin fast alle Flüsse nach kurzem Lauf versiegen.

Auf diesem Ritt war mir ein Dragoman abhanden gekommen und ich musste den Tatar absenden, um ihn wieder einzufangen; dem armen Menschen waren die Hände erstarrt, er war gestürzt und hatte sich den Fuß beschädigt; es blieb aber nichts übrig, als weiterzureisen nach Indje-suj (Schmalwasser), einem hübschen Städtchen in einer Schlucht, aus deren rötlichem Gestein ein großes Hann mit Mauern und Moscheen erbaut ist, das die ganze Breite des Tals schließt. Dort wurde der erste Physikus requiriert und es erschien der Tschoban oder Viehhirte, welcher versicherte, dass nichts gebrochen sei, sondern nur eine Quetschung stattgefunden habe; der Dragoman war aber sehr besorgt und fragte drei Tage lang jeden Menschen, der uns begegnete, ob er nicht ein Kyrekschi oder Wundarzt sei.

Nachdem wir unter fortwährendem Regen eine Hochebene überschritten hatten, öffnete sich gegen Abend vor uns ein tiefes Tal, an dessen Hang wir wohl eine halbe Stunde hinabstiegen; jenseits breitete sich das hübsche Städtchen Uergyp aus, überragt von einer alten Burg auf einem senkrecht abgeschnittenen Felsen, der von Höhlen wunderbar durchwühlt ist. Die Häuser in Uergyp sind überaus zierlich aus Stein errichtet; aber nichts ist leichter, als hier ein Haus zu bauen. Der Sandstein ist weich wie Kreide, er verhärtet sich an der Luft und das Loch im Felsen, aus welchem die Steine geschnitten werden, ist wieder ein Haus, das im Sommer kühl, im Winter warm, zu allen Zeiten trocken ist und in keiner Feuerversicherungsanstalt assekuriert zu werden braucht.

Die Hochebene hinter Uergyp ist mit Weinfeldern bedeckt, von tiefen Schluchten durchschnitten, an deren schroffen Rändern seltsame Burgen sich erheben, wie man sie auf alten Tapeten abgebildet findet; zur Rechten zieht das weite, offene Tal des Kisil-Irmak (des roten Stroms). Wir erblickten nach einem kurzen schnellen Ritt das weiße Kastell, das die große freundliche Stadt Newschehr krönt.

In Newschehr machte ich die Bekanntschaft einer Notabilität dieses Landes, die den Titel Kara-Djehennah oder schwarze Hölle führt; dieser Mann, dessen eigentlichen Namen fast niemand kennt, hatte bei der Janitscharenvertilgung eine so blutige Rolle gespielt, er hatte damals und seitdem so viel Festigkeit, Grausamkeit, Mut und Jähzorn gezeigt, dass ihm jedermann aus dem Wege ging, seinen Namen nur mit einer gewissen Ehrfurcht und leise aussprach und mein Tatar mich zweimal fragte, ob ich in Newschehr wirklich beim Müsselim absteigen wolle.

»Mein Herr will sogleich Pferde.« – »Dein Herr wird warten können.« – »Du kennst meinen Bey nicht, es ist ein angesehener Mann.« – »Mein Bey ist noch ein ganz anderer Mann; hast du noch nicht von Kara-Djehennah gehört?« Diese Unterredung war eben gepflogen worden zwischen dem vorausgeeilten Tataren und der Dienerschaft, als ich in den Hof des Serajs ritt. Der Müsselim sei beim Namass (dem Gebet), hieß es, ich könne ihn nicht sprechen. Ich schlenderte daher in eine nahe gelegene schöne Moschee mit dem schlankesten Minarett, das ich irgendwo gefunden; als ich zurückkam, hieß es, der Müsselim-Effendi sei noch nicht aufgestanden. Nun kenne ich aber meine Türken gut genug, um zu wissen, dass hier durch Warten oder Nachgeben nichts zu gewinnen war; ich erklärte daher dem versammelten Schwarm von Kawassen und Agas zuversichtlich und laut, dass ich unverzüglich zum Müsselim geführt zu werden beabsichtige, dass ich nicht gewohnt sei, mich im Hof empfangen zu lassen, und schritt ohne weiteres die

Stiege hinauf und in ein Zimmer, in das fast gleich darauf der Bey eintrat, ein Mann mit der imposantesten Persönlichkeit, die mir vorgekommen. Der Höllenfürst und ich begegneten uns wie zwei Männer, die gleich sehr bemüht sind sich nichts von ihrer Würde zu vergeben; das schöne Gesicht des Beys mit eisengrauem Bart schien anzukündigen, dass Krieg und Frieden noch nicht bei ihm entschieden sei, ich wiederum nahm nicht die geringste Kenntnis von seiner Anwesenheit, ließ mir, wie es die Sitte erfordert, die schweren Reitstiefel durch meine Leute ausziehen und schritt dann nach dem obersten Sitz; erst, nachdem ich mich dort niedergelassen hatte, begrüßte ich, die Hand an die Brust legend, meinen Wirt mit dem feierlichen »Merhabah!«, und der Bey, um mir eine Probe von seiner europäischen Lebensart zu geben, antwortete: »Adio!«

Nach den ersten Zügen aus der Pfeife, die ich mir reichen ließ, wechselten wir einige Redensarten; der Müsselim fragte mich, ob er ihn wohl schon kenne. »Ich habe dich nicht gesehen, aber wohl von dir gehört«, sagte ich. – »Was hast du gehört?« – »Dass du ein guter Artillerist bist und Kara-Dejehennah heißt.« Nicht für jeden Mann wäre der höllische Zuname ein Kompliment gewesen, meinem Bey schloss es aber das Herz auf; alsbald brachte man Frühstück und Kaffee und, zum freudigen Erstaunen meines Tataren, treffliche Pferde, mit denen wir noch denselben Tag sechzehn Stunden bis Akseraj weiterjagten; dort kamen wir bei finsterer Nacht an.

Die Ebene, die sich vor Akseraj (dem weißen Schloss) bis Konieh ausbreitet, sieht dem Meer ähnlicher als dem Land; dreißig Stunden weit erblickt der Wanderer keinen Baum, keinen Strauch und meilenweit kein Dorf, kein Haus und kein Ackerfeld. Es ist die ebenste Ebene, die ich gesehen, und nur am fernsten Horizont zieht sich ein blasser Streif blauer Berge, die wie auf der See in der Luft zu schweben scheinen. Eine dürftige Vegetation bedeckt die weite Fläche, meist ein gestrüppartiges Kraut, das die Kühe sehr lieben, und das unter den Hufen der Pferde einen überaus angenehmen Geruch verbreitet. in Konieh bereitet man ein Öl aus diesem Kraut, von dem ich eine Probe mitgenommen habe und das mir schöner zu riechen scheint als das Rosenöl. Der ganze Boden ist hier mit Salz und Salpeter gesättigt und der gänzliche Mangel an Wasser macht jeden Anbau unmöglich; mitten durch die Einöde ziehen die Ausläufer eines Sumpfes nach dem Salzsee von Chodsch-hissar zu, der völlig ohne Abfluss ist. An diesen Sumpflachen findet man einige »Jaïla«, eine sehr gebräuchliche Benennung für Häuser, welche die Turkmenen im Sommer bewohnen, um ihre Herden zu weiden, im Gegensatz von »Kischla«, Winterwohnung. Dicht neben jenem Sumpf erhebt sich das mächtige Sultan-Hann; das Portal desselben, aus Marmor, ist so hoch, so reich verziert und so prachtvoll, wie das irgendeiner großen Moschee in Konstantinopel; aber durch diese in einer solchen Gegend höchst überraschende Pforte tritt man in einen Hof der Verödung; die doppelte Reihe schöner Bogengänge ist meistens eingestürzt, und eine kleine Lehmhütte zwischen den Trümmern des Wartturmes ist der einzige bewohnbare Fleck. Unter den prächtigen Gewölben fand ich eine unglaubliche Menge von trockenem Kamelmist, die einzige Feuerung, welche man sich für den Winter zu verschaffen weiß.

Als Wegweiser durch die Einöde dienen die beiden schönen Gipfel des Hassan-Dagh; sie scheinen früher Vulkane gewesen zu sein, der eine, der oben schief abgeschnitten ist, zeigt einen weiten Krater, aus dem wieder ein Spitzkegel hervorragt.

Der zweitägige Ritt mit denselben Pferden achtunddreißig Stunden weit, auf dem wir bis Konieh nur zwei bewohnte Orte getroffen haben, ist einer der ermüdendsten, deren ich mich erinnere; froh war ich, als ich die Kuppeln, die Minaretts und die vielen Bäume von Konieh am Fuße steiler Berge endlich deutlich hervortreten sah.

Die türkischen Städte sehen überhaupt sehr verödet aus, aber keine mehr als Konieh; es ist weniger verfallen durch die Zeit, als zerstört durch Menschenhände. Ein Jahrhundert hat hier immer seine Denkmäler erbaut aus den Trümmern der vorhergehenden; in der christlich-römischen Zeit riss man die Tempel ein, um Kirchen zu erbauen; die Moslems verwandelten die Kirchen in Moscheen und die Moscheen liegen heute in Trümmer. Eine hohe lange Mauer mit hunderten von Türmen umschließt nur ein ödes Feld mit einigen zerfallenen Ruinen; in dieser Mauer siehst du heidnische Altäre, christliche Grabsteine, griechische und persische Inschriften,

Heiligenbilder und genuesische Kreuze, den römischen Adler und den arabischen Löwen ohne Rücksicht eingefügt, wie die Werkstücke eben zu einer Scharte oder Zinne passten, und eine große türkische Inschrift an jedem Turm sorgt dafür, dass niemand in Zweifel bleibe, wer die Barbaren waren, die dieses Werk vollbrachten. Auf einem Hügel mitten in der Stadt, der früher wahrscheinlich die Akropolis getragen hat, befinden sich die Ruinen mehrerer Moscheen und einer byzantinischen, sehr zierlichen Kirche. Von dort übersieht man alle die vielen eingestürzten Kuppeln von Bädern und Turbehs oder Gräbern türkischer Heiliger, einzelne schlanke Minaretts aus bunt glasierten Ziegeln neben einem Schutthaufen, der früher einen Dom bildete, ausgedehnte Mauern, alte Türme und dahinter die schöne Baumgruppe des großen Dorfes Sileh, das sich ins nahe Gebirge hinzieht. Ich trat durch die enge, halb verschüttete Tür in ein altes Gemäuer und fand mich plötzlich in dem schönsten Hof, den die Phantasie sich ausmalen kann; die arabischen Spitzbögen, die schlanken Säulen aus bunten Ziegeln, im Hintergrund ein weites, halb eingestürztes Gewölbe mit Arabesken aus schwarzen, dunkel- und hellblauen Ziegeln, dies alles bildet ein Ganzes, von dem ich unseren Architekten wohl eine Kopie wünschen möchte.

Nur die heutige Generation hat gar nichts gebaut als eine Kaserne und die Lehmhütten, in welchen sie sich verbirgt. Konieh liegt gegenwärtig außerhalb der alten Mauer und bildet eigentlich eine weite Vorstadt von einer Stadt, die nicht mehr existiert.

Hadschi-Aly, der Gouverneur des ausgedehnten Sandschaks von Konieh, ein Pascha vom alten Schlag, hatte mich sehr freundlich empfanden und mir den Konak des Müsselims zur Wohnung angewiesen, der besser logiert war als Se. Exzellenz in ihrem Seraj aus Lehm; er wünschte, dass ich die Reise nach dem Külek-Boghas in Begleitung *Ejub-Paschas*, des Zivilgouverneurs der Provinz, machen sollte, und ich musste deshalb ein paar Tage in Konieh verweilen; zum Abschied schickte der alte Herr mir vier Beutel durch seinen armenischen Bankier.

Da wir nun Geldgeschenke nicht annehmen, so bat ich diesen meinen Dank und die Summe an den Pascha zurückzutragen. Der Bankier fand das sehr schön, bat aber doch, einen anderen mit der Kommission zu beehren, da er seine Fußsohlen viel zu lieb habe, als dass er dem Pascha so etwas vorschlagen könne: Dieser werde von solcher Prozedur nichts begreifen, als dass die Summe mir zu gering gewesen wäre. Sprach ich nun selbst mit dem Pascha, so würde es mir schwer geworden sein, ihm begreiflich zu machen, weshalb ein Franke zwar wohl eine Dose oder eine Uhr für 200 Gulden, 200 Gulden aber nicht annehmen könne; sprach ich nicht mit ihm, so steckte der Bankier das Geld ruhig ein. Unter diesen Umständen nahm ich das Geschenk an, bedankte mich schön und ließ es sofort unter meinen Dragoman, den Tschausch und den Tataren verteilen; die Umstehenden fanden dies sehr großmütig und besonders sehr töricht, aber sie wussten schon, dass die Franken alle etwas »delih« oder närrisch sind.

Von Konieh aus ritten wir einen ganzen Tag, ohne mehr als zwei Dörfer zu berühren, und trabten noch die Hälfte der folgenden Nacht durch die weite, öde Ebene, bevor wir das jenseitige Bergufer bei Karapunar (schwarzer Brunnen) erreichten. Abends langten wir in Eregli an, einem unter Bäumen begrabenen Städtchen am Fuße der Gebirge, von denen ein prächtiger Bach in einem romantischen Tal herabrauscht, der aber schon nach zweistündigem Lauf in der Ebene bitter und salzig wird und sich in einen Sumpf verläuft.

Die Stadt ist ziemlich groß, aber fast ganz entvölkert. Die warmen Quellen, die in der Vorzeit gewöhnlich dem Herkules geweiht waren, haben dem Ort seinen Namen gegeben, aber außer ein paar Kapitellen fand ich keine Spur mehr von dem alten Herakleia.

Die weite Ebene hatte sich jetzt in ein Tal verengt, das immer schmaler zusammenlief; zur Rechten zieht der hohe Bulgur wie eine Mauer ohne Unterbrechung und fast in gleicher Höhe zwanzig Stunden weit hin. Jene Bergwand ist es, die Adana von Kleinasien abtrennt und durch die nur ein einziges Tal oder vielmehr eine tiefe Schlucht hindurchführt und eine Verbindung öffnet zwischen Syrien und Anatoli; diese Pylen (Pforten) haben daher auch von Cyrus, Xenophon und Alexander bis auf Ibrahim-Pascha herab eine wichtige Rolle gespielt in den Zügen der Heere und eine noch wichtigere, obschon weniger bemerkte, in den Zügen des Handels und des Verkehrs der Völker. Meinem Kollegen, dem Hauptmann Fischer, war die Aufgabe zuteil geworden diese Kilikischen Pässe, heute Külek-Boghas, durch welche europäische Heere sonst gegen Persien, Indien und Ägypten vorgedrungen, den ägyptischen Kriegsvölkern zu schließen, welche diesmal, wie vor fünf Jahren, drohten gegen Europa vorzubrechen.

Bei Ulukischla traten die Bergwände von beiden Seiten zusammen; es ist dort der größte und schönste Hann im Osmanischen Reich, man könnte ein Regiment Kavallerie bequem darin unterbringen, und obwohl seit Jahrhunderten kein Ziegel daran repariert wurden, so ist das Ganze doch noch gut erhalten. Dieses ausgedehnte Bauwerk ist mit einem Bad und einer Moschee versehen; die 100 Fuß langen, weit gespannten Gewölbe, die sorgfältige Ausführung des Ganzen zeugen von der Wichtigkeit, die einst diese Straße für den Handel hatte; jetzt freilich ist sie verödet und kaum sieht man ein paar Maultiere mit Weintrauben oder Kohlen auf derselben dahinziehen.

Sieben Stunden weiter, bei Tschifte-Hann, hat sich das Tal schon in eine Schlucht verwandelt, hohe zackige Felsen schließen es und die Sohle hat nur Raum für den Bach, der über die Steinblöcke rauscht. Der Weg windet sich am rechten Ufer hinab; hier herrschte reges Leben: Die beiden Hanns neben der Brücke waren neu aufgebaut und dienten den Arbeitern zur Behausung; die Berge ertönen von der Axt der Holzhauer und dem Sturz der alten Pinienstämme. Aber in dieser Szene der Tätigkeit suchte ich den Urheber vergebens; ich fand meinen Kameraden in einem feuchten Stübchen des Hanns von einem heftigen Fieber geschüttelt. Bei einer so wichtigen Aufgabe war indes keine Zeit, krank zu sein, und noch am selben Tag beritt er mit mir die nächste Umgebung; wir kehrten erst bei dunkler Nacht heim, an den Thermen oder heißen Quellen vorüber, von denen schon Xenophon spricht.

Am folgenden Morgen ritt Fischer mit dem Pascha und mir über Tagta-Köpry bis eine Stunde von Akköpry vor, wo die ägyptischen Grenzposten stehen; dann über hohe Berge nach Dschevisly-Hann, wo dieselbe Tätigkeit herrschte wie bei Tschifte-Hann, und tags darauf nach Maaden. Die Kraft des Willens siegte bei Fischer über die Schwäche des Körpers; wenn der Fieberanfall kam, so legte er sich eine Stunde unter einen Baum oder neben einer Fontäne nieder, wir machten ein Feuer aus Reisig und trockenem Gras, kochten einen Tee und setzten dann den Weg, so gut es gehen wollte, fort. In Maaden verließ ich meinen Kameraden und habe leider seit der Zeit noch keine Nachricht von ihm.

Die Gebirge streichen vom Külek-Boghas an ebenso mauerartig nördlich, wie sie bis dort östlich gezogen waren; bei Djevisly-Hann bildet der Apuyschkir-Dagh gegen Westen eine senkrechte Felswand von mehr als 1000 Fuß Höhe. Dieser Bergdamm endet plötzlich bei der weiten Sumpfebene von Mussa-Hadschi (»Pilger Moses«). Mir kam es nur darauf an, einen Weg durchs Gebirge direkt nach Malatia zu finden, dem aber stellten sich neue Schwierigkeiten von allen Seiten entgegen. Es gebe gar keinen solchen Weg, hieß es, und die Gegend sei durch die Awscharen so unsicher, dass man ohne starke Eskorte sie nicht passieren könne. Ich hatte ein Schreiben *Hadscht-Aly-Paschas* an den Müsselim von Devely mit, der persönlich für mein Weiterkommen verantwortlich gemacht wurde; dieser erklärte, dass er die Verantwortung meiner Reise in der gewünschten Richtung nicht auf sich nehmen könne, wenn ich mich aber an den Bischof von Tomarse wenden wollte, so wäre das der Mann, der mir den besten Geleitbrief gegen die Awscharen geben könne, und bis dahin werde er mir so viel Eskorte mitgeben, als ich nehmen wolle.

Ich war nicht wenig verwundert den Müsselim, der ein Moslem war, so von einem armenischen Bischof reden zu hören, der ein Giaur ist, und beschloss den Vorschlag anzunehmen. Mein Dragoman, der selbst Armenier ist, setzte sofort eine armenische Schrift, ein Meisterstück von einem Empfehlungsbrief, auf; nächst dem Padischah und dem Müsselim von Devely gab es keinen so großen Mann mehr im Osmanischen Reich wie mich, und der Müsselim petschierte seinen Namen darunter.

Tomarse liegt in einer weiten Ebene, die mit Ackerfeldern und Viehweiden bedeckt ist; vor der Stadt erblickt man die Trümmer einer schönen byzantinischen Kirche, welche die Türken zerstört haben, aber in der Stadt ragt stolz, aus Steinen gefügt, ein neues Gotteshaus empor, das der Bischof im vorigen Jahr vollendet hat. Die Giaurs sahen uns beim Vorüberreiten in der Stadt so zuversichtlich an, als fühlten sie sich unter dem Schutz ihres geistlichen Hirten sicher gegen die Bedrückung, die ein Besuch wie der unsrige, gewöhnlich mit sich bringt. Der Bischof hatte unlängst einen Feldzug gegen die Awscharen unternommen und einige zwanzig Räuber in sein Kloster eingesperrt; ich fing an mir den Tomarser Prälaten ungefähr wie einen Kurfürsten von Köln vorzustellen.

Der Dragoman war vorausgeeilt mit seinem epistolischen Meisterstück, um, wenn ja etwas daran fehlte, es mündlich zu interpretieren; man führte mich nun nach einer Felsspalte, in der ein paar kleine Häuschen, von einer Mauer umgeben, lagen; das war das Kloster und die Residenz des Bischofs. Im Hof empfing mich ein kleines wohlgenährtes Männchen, das war der Bischof.

Nachdem mein freundlicher Wirt mich mit Kaffee, Likör und Pfeife erquickt hatte, fragte ich ihn nach dem Ursprung seiner weltlichen Gewalt. Es hatte vor zehn Jahren die gesamte Bevölkerung von Tomarse den Beschluss gefasst auszuwandern, um dem unerträglichen Druck der türkischen Behörden zu entgehen; damals überzeugte der Bischof die Leute zu bleiben und übernahm selbst die Iltesam oder die Pacht der Abgaben. Da außer den Armeniern eine große Anzahl Moslems im Ort wohnen, so hatte man, um die Form zu retten, einen Woiwoden über sie eingesetzt, der aber ganz von dem Bischof abhängt, der uns einen neuen Beweis gab, dass unterm Krummstab gut wohnen ist.

Der Bischof erzählte mir ferner, dass ich von den Awscharen wenig zu befürchten hätte; die Awscharen seien ebenso wenig ein Volk aus lauter Räubern wie irgendein anderes; freilich gebe es viel loses Gesindel unter ihnen, aber diese seien die Feinde ihres eigenen Stammes so gut wie der Fremden und von ihm verfolgt.

Am folgenden Mittag erreichte ich Ekrek; die Gegend ist felsig, die Schichtung des Gesteins vollkommen waagerecht, durch den Regen ist zuweilen das Erdreich zwischen zwei solchen Schichten ausgewaschen und es haben sich weite unterirdische Räume gebildet, welche Wohnungen für Menschen und Herden bilden.

In Ekrek erfuhr ich, dass *Suleiman-Pascha*, der Gouverneur von Marasch, sich in Gögsyn befinde, dem nächsten Dorf auf der von mir eingeschlagenen Richtung auf Albistan; Gögsyn war aber volle zweiundzwanzig Stunden auf schwierigen Gebirgswegen entfernt, mit denselben Pferden war diese Tour ein einem Tag nicht zu machen und unterwegs gab es kein Dorf, kein Haus, kein festes Obdach. Da war es denn ein großes Glück für mich, dass einige der gefürchteten Awscharen da waren, und wie ich die vorige Nacht unter dem Dach eines armenischen Bischofs geschlafen, so lagerte ich die nächste unter dem Zelt eines turkmenischen Fürsten.

Ein Aga *Suleiman-Paschas*, den ich in Ekrek gefunden, eilte voraus, um *Osman-Bey* meinen Besuch anzukündigen; das war einigermaßen nötig, denn der Bey, auf dessen Wort 2000 Reiter aufsitzen, hatte unlängst seinem jüngsten Sohn eine Frau gekauft, und der achte und letzte Hochzeitstag ward eben heute gefeiert, auch gab es für mich keine bessere Empfehlung als die *Suleiman-Paschas*, auf dessen Grund und Boden der Wanderstamm des Sommers lagerte.

Wenn die Moslems nicht recht über die Empfangszeremonie des Fremden mit sich einig sind, so richten sie es gern so ein, dass sie bei seinem Eintreffen das Gebet verrichten, dann brauchen sie von niemandem Kenntnis zu nehmen und vermeiden wenigstens das ihnen so lästige und anstößige Aufstehen vor einem Ungläubigen. *Osman-Bey* fand ich, nachdem ich von Musik empfangen worden war, in seinem großen Zelt aus schwarzem Ziegenhaar auf dem Teppich kniend und gegen die Kaaba von Mekka gewendet; es waren schöne seidene Polster am oberen Ende ausgebreitet, neben einem großen Feuer, das unter dem nach einer Seite ganz offenen Zelt loderte, vor ihm war das Leibpferd des Beys, wie üblich, an allen vier Füßen gefesselt und an einen Pflock in der Erde festgebunden; der Sattel wird auch des Nachts nicht abgenommen und ein Tschüll oder eine große Decke aus Filz ist der einzige Schutz der harten turkmenischen Pferde gegen die Witterung; die übrigen Rosse sprangen frei und ohne Fesseln auf der Weide herum.

Nachdem ich es mir möglichst bequem gemacht hatte, kam der Bey herbei, begrüßte mich freundlich und nachdem Kaffee und Pfeifen das zu Anfang jedes Besuches schickliche Stillschweigen gelöst hatten, erkundigte er sich nach meiner Heimat, ungefähr wie wir einen Mondbewohner ausfragen würden, wenn er wie ein Meteorstein auf unseren Planeten herabfiele; er wollte wissen, ob das Meer bei uns wäre? – Ja! Und des Winters gehen wir darauf spazieren. – Ob viel Tabak bei uns wüchse? – Wir holten das meiste davon aus der Neuen Welt. – Ob es wahr wäre, dass wir unseren Pferden die Ohren und die Schwänze abschnitten? – Nein, bloß die Schwänze. – Ob Quellen bei uns flössen? – Ja, wenn sie nicht zugefroren sind. – Ob es Kamele bei uns gäbe? – Ja, aber bloß zum Ansehen für Geld. – Ob Zitronen wüchsen? – Nein. – Ob wir viele Büffel hätten? – Nein. – Beinahe hätte er gefragt, ob die Sonne bei uns schiene, er unterdrückte indes mit einem erstickten »Allah! Allah!« die Bemerkung, dass mein Land wohl ursprünglich nur für Eisbären bestimmt sei.

Das große Zelt, in dem wir uns befanden, war eigentlich der *drawing room* des Beys, die Winterzelte der Turkmenen sind sonst klein und backofenförmig; sie bestehen aus einem kreisförmigen Gitter, überdeckt von einem Dom aus leichten, zierlich gefugten Stäben, das Ganze ist mit Filz überzogen und mit langen Halftern umwickelt. Wenn man in ein solches Zelt ein Kohlenbecken setzt, so ist es bald wie eine Badstube.

Das fürstliche Diner bestand aus Milch, Reis, Käse und Brot; um einen schwierigen Etikettepunkt zu umgehen, wurde die Tafel vor mir gedeckt, d. h. ein Leder an die Erde ausgebreitet und hölzerne Löffel darauf gelegt; die ganze Gesellschaft kam dann dorthin. Der Bey aber blieb sitzen und aß erst, nachdem wir fertig waren.

Nach der Mahlzeit fing das Ballett an; es schien mir wirklich viel unterhaltender als das im Opernhaus zu Berlin und war jedenfalls wohlfeiler in Szene gesetzt. ich will dir eine Beschreibung davon geben:

Der Schauplatz ist eine schöne Wiese, im Hintergrund begrenzt durch hohe schneebedeckte Berge, über die sich eben die fein geschweifte Sichel des Neumondes erhebt; statt der Lampenbeleuchtung lodert in der Mitte ein Feuer aus mächtigen Fichtenstämmen; das Orchester besteht aus einer großen Trommel und zwei Dudelsäcken, die ihre Symphonie mit besonderem Nachdruck vortragen. Das Publikum ist allerdings sehr gemischt, außer uns meist Büffel und Kamele, die ihre langen wunderlichen Hälse hoch über die niedrigen Zelte emporstrecken; um das Feuer tanzt nun ein junger rüstiger Bursche in seiner weiten turkmenischen Tracht, den Turban auf dem Kopf, Messer und Pistolen im Gürtel; und wenn körperlicher Anstand die völlige Beherrschung aller Bewegungen der Glieder ist, so konnte man ihm diese Eigenschaft nicht absprechen.

Plötzlich schießt aus dem Dunkel gegenüber ein zweiter Kämpe hervor, der ihn zu fassen strebt; der Angegriffene schwingt sich mit der größten Schnelligkeit um das Feuer, wirft sich zu Boden, springt wieder auf und sucht sich auf alle Weise der Verfolgung zu entziehen; da kommt ihm ein Kamerad von seiner Partei zu Hilfe, der nun auf den Verfolger Jagd macht. Es setzt oft arge Stöße, aber die größte Fröhlichkeit herrscht; man sieht die kräftigsten Gestalten, unter deren Fersen die Erde dröhnt; dort springt einer hoch in die Luft, ein anderer setzt mitten durch die Flammen; hier haben sich zwei gefasst, ringen mit aller Anstrengung unter schallendem Gelächter der Umstehenden. Jedenfalls muss man sehr gesunde Gliedmaßen haben, um in diesem Ballett drei bis vier Stunden lang mitzutanzen.

Diese Turkmenen haben mir sehr gefallen; sie haben jene natürliche Höflichkeit, die aus Wohlwollen entspringt, während sie uns anerzogen ist. Nichts kam dem in unserem Zelt versammelten Publikum seltsamer vor als mein Bett, obwohl es mir selbst sehr spartanisch schien und nur aus ein paar Decken und weißen Tüchern bestand; als ich aber, um mich schlafen zu legen, einen Teil meiner Kleider abtat, da konnte die Versammlung ein allgemeines Lächeln nicht unterdrücken. Wirklich machte die übrige Gesellschaft so wenig Nachttoilette, dass sie nicht einmal die Pistolen aus dem Gürtel zog. Die Gastfreiheit ist diesen Leuten natürlich; man macht nicht die mindesten Umstände, weder beim Kommen noch beim Gehen, und als ich am folgenden Morgen vor Sonnenaufgang abritt, hatte ich Mühe jemanden zu finden, der mir mein Trinkgeld abnehmen wollte.

Abends traf ich in Gögsyn ein, wo *Suleiman-Pascha* lagerte, und da es schon dunkel war, so schickte er mir einige seiner Agas mit Fackeln entgegen. Die Aufnahme war die freundlichste; am folgenden Morgen früh kam mir der Pascha schon mit seinem Besuch zuvor, er hielt mich für diesen Tag fest und schenkte mir ein schönes turkmenisches Pferd zum Abschied; ich revanchierte mich mit einem Paar Pistolen.

Die vorhandenen Karten von Kleinasien vermögen durchaus keine Vorstellung von der wirklichen Beschaffenheit des Landes zu geben; ich hatte erwartet, von Ekrek aus über lauter hohe Gebirge fortzuziehen, und war nicht wenig überrascht, eine weite Ebene zwischen schneebedeckten Bergen in der Richtung von Westen nach Osten zu finden, eine Öffnung in diesem Hochgebirge, als ob die Natur selbst den Menschen einen Durchgang bahnen wollte. So geht es bis Albistan oder El-bostan fort, einem sehr hübschen Städtchen mit prächtigen Pappeln und Obstbäumen in einer Ebene, die mit zahlreichen Dörfern und Feldern bedeckt ist. Hinter dem Städtchen erhebt sich schroff der schöne Scherr-Dagh, an dessen schwarzen Wänden die weißen Minaretts und Kuppeln sich abzeichnen.

Die besonderen Verhältnisse, unter denen ich reise, schließen mir Gegenden auf, die zu durchstreifen jedem Europäer bisher unmöglich war; Gegenden, die man noch heute zum Teil nicht ohne militärische Eskorte durchziehen oder, wie den Karsann-Dagh, nur im Gefolge eines Heeres betreten kann. So günstige Umstände vereinigen sich selten und ich benutze sie gewissenhaft; ich habe jetzt auf mehr als 700 geographischen Meilen dies Land durchkreuzt und von sämtlichen die Wegeaufnahmen gezeichnet.

51. Der Ramadan – Türkische Reiterkünste

Malatia, den 8. Dezember 1838

Wir befinden uns jetzt im Ramadan-scherif, d. h. in der edlen Fastenzeit; solange die Sonne am Himmel ist, dürfen wir weder essen noch trinken, der Geruch einer Blume, eine Prise Tabak, ein Trunk Wasser und, was schlimmer als alles, der Tschibuk sind verboten. Abends um 5 Uhr gehe ich in der Regel zum Kommandierenden, wo die Paschas versammelt sind, jeder mit der Uhr in der Hand; die große Messingscheibe ist schon mit Früchten, eingemachten Oliven, an der Sonne getrocknetem Rindfleisch, Käse, Scherbet usw. besetzt. Jetzt fehlt nur noch eine Minute an 12 (der türkischen Uhr), der Deckel wird von der Suppe aufgehoben und der verführerische Dampf steigert die Ungeduld aufs Höchste; endlich nach einer Minute, die gewiss 160 Sekunden hat, ruft der Imam sein »Lah-illah il Allah!« und mit einem »Bismillah« und »El ham d'illah!« fällt jeder über das, was ihm zunächst steht, her und rächt sich an Hammelfleisch und Pillaw für die lange Entbehrung.

Da es unseren Freunden, den Türken, unmöglich ist, zu arbeiten, ohne zu rauchen, so geschehen jetzt alle Geschäfte des Nachts; die Kanzlei ist versammelt, Briefe werden gelesen und spediert, Meldungen angenommen, Geschäfte besprochen. Du kannst dir eine Vorstellung von der Wirtschaft machen, wenn ich dir sage, dass zwei Stunden nach Mitternacht dem Soldaten das zweite Essen verabreicht wird; gegen Morgen geht jedermann zu Bett und hat den folgenden Tag einen verdorbenen Magen und üble Laune.

In acht Tagen haben wir nun den Beyram, was bei uns etwa das Osterfest ist, ein Fest der Freude, der Gratulationen und der Geschenke; jedermann gibt und empfängt an diesem Tag, wie überhaupt »Almaly-vermaly!« der Wahlspruch der Türken ist: »Nehmen und geben« oder »Leben und leben lassen«.

Bei schönem Wetter reiten wir manchmal aus, um mit der Büchse zu schießen oder Hasen mit Windhunden zu hetzen, die hier von vorzüglicher Güte und Schönheit sind. Es begleiten den Pascha dann die meisten Generäle, einige begünstigte Beys oder Obersten und ein Schwarm dienstbarer Agas. Nur wenige Städte wird es geben, wo so viele vortreffliche Pferde beisammen wären wie in unserem Lager; da sind die kleinen mageren, mit Kamelmilch genährten Renner, das kräftige turkmenische Ross mit schwerem Hals und Kopf, aber prachtvoller Kruppe, das große persische Pferd mit hoch aufgerichteter Vorhand, die trefflichen Tiere aus Sivas, vor allem aber die edlen Rassen der Nedschdi und Annesi.

Um sein Pferd zu probieren, jagt man hier einen abschüssigen Berghang mit Geröll herunter, auf dem der vorsichtige Reiter bei uns absitzt.

Sobald wir in die Ebene kommen, schießen aus dem Gefolge rechts und links Reiter hervor; sie halten einen Stab als Dscherid oder Wurfspieß oder auch nur die rechte Hand empor, als ob sie den Dscherid hielten, das Pferd weiß nun schon, worauf es ankommt: Es zäumt sich herbei, schnaubt und tanzt auf den Hinterbeinen, bereit, bei dem leisesten Stoß mit den schaufelartigen Steigbügeln wie ein Pfeil vorzuschießen. Der Reiter tummelt es in den kleinsten Volten, wobei das Pferd gewöhnlich abchangiert, dann schießt er mit einem »Jallah!« vorwärts, schleudert den Wurfspieß, pariert sein Pferd kurz aus der gestreckten Karriere und kehrt (freilich das Pferd meist mit blutendem Maul und triefenden Flanken) zum Haufen zurück, aus dem ein anderer es ihm zuvorzutun strebt.

52. Die Winterquartiere

Malatia, den 23. Dezember 1838

Nichts von dem fröhlichen Treiben, das bei uns eine große Truppenversammlung bezeichnet, darfst du hier suchen. Es ist, als ob diese Leute den kriegerischen Geist ihrer Väter ganz abgestreift hätten; vor ein paar Tagen haben wir einen Tschausch erschossen, der sechs Schildwachen von ihrem Posten mitgenommen hat und mit ihnen desertiert ist, die anderen sahen zu und dachten: »Armer Teufel!« Der Pascha zahlt 250 Piaster für jeden eingebrachten Deserteur.

Täglich erblicke ich zwei, drei traurige Gestalten an einem Halfterstrick, die Hände auf den Rücken gebunden, geduldig von irgendeinem Kurden hergetrieben. Ich habe sie zuweilen gefragt: »Eure Nahrung ist reichlich, eure Wohnung gut, eure Kleidung ist warm, ihr werdet nicht misshandelt, wenig angestrengt, gut bezahlt... Warum desertiert ihr?« – »*Ischte beule olmüsch.*« – »So ist es gekommen.« – »*Ne japalym!*« – »Was können wir tun!« Der Mann nimmt seine zweihundert Schläge seufzend hin und desertiert bei der nächsten Gelegenheit wieder. Von dem Regiment Boli sind auf dem Hermarsch dreihundertundvierundsechzig Mann ausgerissen.

Sehe ich zum Fenster hinaus, so habe ich im Vordergrund den Begräbnisplatz, auf dem vom Morgen bis zum Abend Leute arbeiten, um die vielen Gräber in die harte Erde zu hacken, die unsere Hospitäler verlangen. Wenn ich unsere Bataillone bei lustiger Musik in Parade vorüberziehen sehe, fallen mir zuweilen die seltsamsten Gedanken ein: Im Hintergrund erhebt sich eine der abscheulichsten Städte, die man sich wünschen kann, eine Stadt ohne Straßenjungen, ohne Laternen und ohne Droschken, eine Stadt ohne Frauen, ohne Bälle, ohne Theater, ohne Cafés, ohne Lesezirkel, nichts wie Himmel und Soldaten. Darüber freilich steigen stolze Berge von prachtvollen Formen und mit glänzendem Schnee empor und ich sage mir zuweilen, um mich aufzuheitern: Das ist Armenien und hier rollt der Euphrat, dessen Quellen ich in der Geographiestunde niemals anzugeben wusste, weil sie mir weiter als der Welt Ende schienen.

Doch darfst du, trotz dieser Schattengemälde, nicht glauben, dass ich mich in einer sehr melancholischen Stimmung befinde; innerhalb meines Hauses ist, Gott Lob, alles wohlauf, meine Leute sind guter Dinge und mir zugetan; die mutigen Rosse tragen mich täglich im Flug über die weite Ebene; das ist mein Familienleben, und die Paschas sind nicht allein sehr höflich, sondern wirklich so freundlich gegen mich gesinnt, wie sie es gegen einen Giaur nur immer sein können. Ein Hauptgenuss für mich ist es, hier an den Ufern des Euphrat regelmäßig meine Augsburger Allgemeine Zeitung zu lesen; ich erhalte sie alle vierzehn Tage mit dem Tataren aus Stambul und sie ist dann gewöhnlich 21 bis 28 Tage alt; das versetzt mich plötzlich über Berge und Meere weg nach Europa und ich habe Gelegenheit die Parallele zwischen den dortigen Zuständen und denjenigen zu ziehen, welche uns hier umgeben.

Ach, lieber Freund, könnten wir die Missvergnügten und Frondeurs doch von Zeit zu Zeit auf vierzehn Tage nach Malatia hinzaubern, wie würden sie sich nach den Institutionen zurücksehnen, die sie jetzt mit der ganzen Schärfe und Bitterkeit ihrer Kritik herabsetzen. Der Pascha lässt sich gern das Interessanteste aus der Zeitung erzählen; er spricht von einer Reise mit mir nach Stambul; früher kam das Städtchen mir vor, als ob es ein wenig aus der Welt läge, jetzt würde ich glauben, dort *au beau milieu de Paris* zu sein. Überhaupt, wie wird es uns vorkommen, wenn wir einmal wieder ein Gericht Kartoffeln, einen gewichsten Stiefel mit blank geputzten Sporen oder eine ähnliche europäische Erscheinung zu sehen bekommen.

Nun gute Nacht, das Feuer ist ausgegangen und die Tinte friert an. Nur noch herzliche Grüße.

N. S. Wenn es übermorgen, am Weihnachtsabend, bei dir spukt, so bin ich's gewesen.

53. Reise nach Orfa – Das Dscheridwerfen – Die Höhlen – Das Schloss des Nimrod

Biradschik, den 27. Januar 1839

Am 19. verließ ich Malatia und war recht froh, dass ich das Städtchen einmal im Rücken hatte. Ich reiste mit eigenen Pferden, da aber der Weg sehr schwierig und mein Tschausch mir eines meiner besten Tiere gleich auf dem ersten Marsch lahm geritten hatte, so schickte ich meinen Seïs zurück und nahm Postpferde. Den zweiten Tag erstiegen wir das steile Gebirge Göslen-Dagh und übernachteten im Dorf Erkenek am Hang eines tiefen Felstales; es lag auf der Höhe sehr viel Schnee und unsere kleine Karawane wanderte auf einem schmalen Steg, auf dem der Schnee festgetreten war. Zu beiden Seiten aber waren ellentiefe Löcher, welche die Kamele mit ihren langen Beinen eingetreten hatten; wenn daher der nur einen Fuß breite Pfad verfehlt wurde und eines unserer Pferde oder Maultiere von diesem herunterglitt, so kostete es immer viel Mühe und Zeit, das Tier aus dem Schnee wieder herauszuziehen.

Am folgenden Tag überschritten wir die höchste Stelle des Gebirges am Fuß des Sakaltutan-Dagh und stiegen in das tiefe Felstal des Goksuj oder Himmelwassers hinab. Wenige Stunden versetzten mich aus dem Winter in den Frühling; bei Malatia war noch alles weiß, hoher Schnee bedeckte die Ebene wie die Berge, am Südabhang des Gebirges hatten starke Südwinde und Regen allen Schnee, selbst in großer Höhe, schon geschmolzen; die Saaten grünten unten in der Flur, Lerchen schwirrten in der Luft und die Bäume trieben große Knospen; die Sonne schien heiß, aber der Boden war unbeschreiblich aufgelöst und die Bäche so angeschwollen, dass wenig fehlte, dass meine Packpferde nicht fortgeschwemmt wurden. Nach einem mühsamen Marsch erreichte ich, über Adiaman und Samsat, Orfa am Abend des fünften Tages.

Diese Stadt liegt am Abhang eines niedrigen, finster und seltsam aussehenden Gebirges und am Anfang der Tschöll oder Wüste, auf der Grenze der kurdischen und der arabischen Bevölkerung. Innerhalb der Ringmauern erheben sich eine Menge Kuppeln, Minaretts, Zypressen und Platanen, und die aus Steinen sehr zierlich erbauten Häuser mit dünnen Säulen, Spitzbögen und Fontänen erinnern an das, was die Araber einst waren, als sie, durch Mohammeds Lehre begeistert, die Eroberer eines Teils der gesitteten Welt und selbst die Bewahrer der Gesittung, der Wissenschaft und Künste wurden. Vor den Toren der Ringmauer erblickst du, was sie heute sind: Eine Menge von Trümmern bedeckt da eine beträchtliche Fläche, dorthin kommen die Kinder der Wüste, niemand weiß woher, hausen einige Wochen und ziehen eines Tages wieder ab, niemand weiß wohin, hunderte von Stunden in die meerähnliche Fläche hinaus. Zwischen jenen Steinhaufen, die man kaum Wohnungen nennen kann, begegnet man den braunen Gestalten mit kurzem schwarzem Bart und brennenden Augen; sie weichen schüchtern aus, blicken unstet umher und man sieht es ihnen an, dass sie fremd sind und fremd bleiben wollen, wo ihre Kamele nicht weiden und wo Mauern den Blick begrenzen.

In Orfa stehen jetzt die meisten der Truppen, mit denen ich im Sommer gegen die Kurden gezogen war; hier wurde ich als alter Bekannter empfangen und die Aufnahme, die mir zuteil wurde, macht mir in der Tat viel Freude; *Mehmed-Pascha*, der Gouverneur von Orfa geworden ist, behielt mich gleich bei sich und hat mir Zimmer im Seraj eingeräumt, welches eine Art Zitadelle bildet; Pferde, Dienerschaft und gute Mahlzeiten, Ehrenbezeugungen und Komplimente, kurz, alles, was man in diesem Land anbieten kann, stehen zu meinem Dienste.

Der folgende Tag war ein Freitag, der Sonntag der Türken, an dem es hier Sitte ist, auf einem Platz vor dem Tor zusammenzukommen, um den Dscherid zu werfen; der Pascha, die Beys, die vornehmsten und die geringsten Bewohner der Stadt, wer nur ein gutes Pferd hat, stellen sich ein. Die Araber, den weißen Mantel über die linke Schulter geworfen, den Dscherid hoch in der Rechten, tummeln da ihre kleinen mageren Stuten zwischen den schön gewarteten, reich gezäumten Rossen der Türken, die nach der alten prächtigen Art gekleidet mit ihren Turbanen und roten, blauen und gelben Gewändern einen höchst stattlichen Aufzug machen.

Der Platz ist freilich, wie man sich ihn bei uns nicht aussuchen würde, um Pferde darauf zu führen, denn er ist mit Stein und Geröll ganz überdeckt; aber man kann nicht rücksichtsloser reiten als diese Leute und wenn man sie in der gestreckten Karriere hinfliegen, das Pferd in kleinen Volten plötzlich herumwerfen oder kurz parieren sieht, so sollte man nicht denken, dass das Tier oft das halbe oder ganze Vermögen des Reiters ausmacht. Die Gesellschaft teilt sich ohne weitere Anordnung in zwei Parteien, eine der anderen gegenüber; wer will, sprengt hervor, sobald er umdreht, jagt ihm ein anderer nach, sucht ihn einzuholen und schleudert, hoch in den kurzen Bügeln aufgerichtet, den Dscherid mit aller Gewalt ihm nach. Der Dscherid ist ein Wurfspieß, dem die Spitze fehlt, ein drei Fuß langer Stock, der fingerdick, auch wohl etwas dicker ist; es gibt daher oft tüchtige Puffe, von einem Unglück aber hört man fast nie. Obwohl man stets nur im Verfolgen wirft, so wird die Gefahr, das Auge des Gegners zu treffen, dadurch nicht ganz beseitigt, denn der Verfolgte sieht sich um dem Wurf auszuweichen oder den Dscherid mit der Hand seitwärts zu schleudern; viele fangen den Stab und schicken ihn ihrem Verfolger zurück. Ich habe aber bemerkt, dass der Niedere gegen den Vornehmeren seinen Wurf sehr mäßigt und gewissermaßen nur markiert. Die Pferde scheinen ein ebenso großes Vergnügen an diesem Spiel zu nehmen wie die Reiter; da ich ein Pferd des Paschas ritt, das ich noch nicht kannte, so hielt ich mich zurück, das Tier stampfte und wieherte und als ich ihm die Zügel schießen ließ, jagte es mit solcher Gewalt und zeigte sich doch so folgsam gegen Zügel und Schenkel, dass der schlechteste Reiter mit Ehren hätte bestehen können.

Die ganze bewegte Szene an dem Fuß eines alten grauen Kastells, die unbegrenzte Wüste im Hintergrund, gab ein schönes und charakteristisches Bild.

Gestern besuchte ich die Höhlen, die sich auf dem Gipfel eines Berges nahe an der Stadt befinden. Es scheint, dass man alle die Steine zur Mauer, zu den Moschee, Karawansereien und Bädern hier geschnitten hat; die Höhlen, welche dadurch entstanden, sind von außerordentlicher Größe, ich ritt 150 Schritt in eine hinein, sie ist 8 bis 10 Ellen hoch, aber das Überraschende ist ihre Breite von 30 bis 40 Ellen, denn man erschrickt fast, ein steinernes nicht gewölbtes, sondern ganz waagerechtes Plafond von dieser Spannung, ohne alle Säulen oder Unterstützung, über seinem Kopf schweben zu sehen. Die Höhlen könnten an 2000 Pferde aufnehmen; leider ist kein Wasser da.

Auf einem der kahlen Felsen, etwa eine Stunde vor der Stadt, erhebt sich ein altes Gemäuer, welches die Araber Nimrods Schloss nennen. Es ist schwer zu erraten, für welchen Zweck es eigentlich erbaut wurde; keine Straße führt dahin, kein Baum, kein Grashalm gedeiht dort und das Wasser wird in große Zisternen gesammelt. Es scheint, dass ein Gebäude späteren Ursprungs in das ältere hineingebaut ist, welches sich durch seinen edlen einfachen Stil auszeichnet.

Der Pascha von Biradschik ist in Orfa und ich habe einstweilen Besitz von seinem Konak genommen. Ein Hauptmann und Kompaniechef, der mit meiner Bedienung beauftragt ist, steht unablässig mit gekreuzten Händen vor mir und reicht mir einen Tschibuk nach dem anderen, wobei fünf bis sechs Agas ihm helfen. Anfangs fiel mir diese Höflichkeit entsetzlich lästig, aber man muss sich daran gewöhnen; auch kann ich keinen Schritt aus dem Hause gehen, ohne den Tschausch oder Sergeanten auf den Fersen zu haben, welcher als Ordonnanz kommandiert ist; vergebens suche ich ihn abzustreifen; er folgt wie mein Schatten; da ich nun gern und schnell spazieren gehe und von der Topographie her lange Schritte mache, so kommt der arme Mensch ganz von Kräften. Die Türken begreifen überhaupt nicht, wie jemand, der ein Pferd oder einen Esel hat, zu Fuß gehen kann.

Die Truppen in Biradschik sind ebenfalls meine alten Bekannten, es wird täglich exerziert; die Offiziere vom höchsten bis zum niedrigsten zeigen die größte Bereitwilligkeit, sich zu unterrichten, und freuten sich über die Einfachheit der Manöver.

In Biradschik fand ich Anfang Februar die Felder mit grünen Saaten bedeckt; die Büsche hatten schon kleine Blätter und die Araber badeten im Fluss.

Ich nehme einen Plan der höchst interessanten Umgebung auf und durchkrieche das wunderbare alte Schloss; da sind weite Reihen von Gewölben, die seit Jahrhunderten verschüttet sein mögen. Es ist ein Riesenwerk, dieses alte Gebäude, und selbst das Erdbeben hat es nicht zu zerstören vermocht; ich habe dir früher schon davon erzählt. Von Biradschik machte ich einen kleinen Ausflug nach Nisib, einem Städtchen, hinter dem die ägyptische Grenze anfängt; das Städtchen liegt in einem Wald von Ölbäumen, der etwa 64 000 Stämme zählt. Die Zahl ist bekannt, weil jeder Baum mit einem Silbergroschen, nach unserem Geld, Steuer belastet ist. Ein großer Baum gibt 500 bis 600 Pfund Oliven.

Der Müsselim von Nisib glaubte sich verpflichtet dem vom »großen Pascha« Gesandten ein Pferd zu schenken, das natürlich die Stadt ihm wieder bezahlen musste, und wunderte sich sehr, dass ich es nicht annahm.

54. Konzentrierung der Taurus-Armee

Malatia, den 5. April 1839

Unser Hauptquartier bricht in acht bis zehn Tagen von hier auf und sämtliche Truppen des Korps vereinen sich in einem Übungslager am Südfuß des Taurus, unweit Samsat. Durch die lange Anwesenheit beträchtlicher Massen sind die Vorräte in den bisherigen Unterkünften aufgezehrt und der Mangel an Fourage macht es nötig, eine wärmere Gegend aufzusuchen, wo die Pferde bereits Grasung vorfinden. Zudem gestatten die Strenge des Winters und die große Hitze des Sommers nur während des Frühlings und Herbstes anhaltend zu exerzieren und der Kommandierende hat deshalb beschlossen den nächsten Monat zu größeren Truppenübungen zu benutzen.

Neben diesen Gründen wird die Konzentrierung des Korps allerdings auch noch durch andere Rücksichten notwendig.

Es ist bekannt, dass die Pforte ihre Streitmacht in Asien in zwei Hauptlagern aufgestellt hat, zu Konieh und in Kurdistan. Wenn *Ibrahim-Pascha* einen Angriffskrieg beschließt, so ist es immer noch am wahrscheinlichsten, dass er trotz aller Hindernisse über den Kulek-Boghas hervorbricht, weil diese Richtung ihm die schnellen und entscheidenden Erfolge bietet, deren er in seiner prekären Lage für die Fortdauer seiner Existenz bedarf. *Hadschi-Aly-Pascha* nun steht auf jener kürzesten und wichtigsten Straße von Syrien nach der Hauptstadt; er ist der Schwächere und, geschützt durch Verschanzungen, wird er sich ohne Zweifel auf ein bloßes Abwehren des Gegners beschränken.

Fragen wir nun, welches für den vorausgesetzten Fall das Verhältnis *Hafiz-Paschas* sein kann. Mit einem so bedeutenden Korps untätig stehen zu bleiben wird niemand in den Sinn kommen; sich dem eingedrungenen Gegner vorschieben ist unmöglich. Nachdem ich diese Gegenden in allen wichtigen Richtungen durchreist habe, darf ich behaupten, dass man nur auf einem weiten Umweg über Kalsarieh sich mit *Hadschi-Aly-Pascha* vereinen könnte.

Die Nachrichten aus Syrien verdichten sich dahin, dass *Ibrahim-Pascha* Vorbereitungen zu einer Ansammlung seines Heeres in der Gegend von Aleppo trifft: Wie viel davon bereits ausgeführt ist, bedarf noch einer näheren Bestätigung, da wir mit unseren Nachrichten sehr im Finstern tappen und meist unter den extremsten Angaben zu wählen haben. So viel ist aber klar, dass *Hafiz* bei dieser Lage der Dinge nicht in Unterkünften verbleiben kann, die unter sich durch ein schwieriges Gebirge und einen großen Strom getrennt sind, dass er seine Kräfte wird vereinigen und vielleicht die militärisch wichtigen Punkte an der Grenze verschanzen müssen; denn, wie ich es für wahrscheinlich halte, dass *Ibrahim-Pascha*, um gegen Konstantinopel vorzudringen, die Operationslinie über Konieh jeder anderen vorziehen werde, so setze ich dabei als unerlässlich voraus, dass er sich zuvor durch eine kurze, kräftige Offensive gegen uns Luft mache, ohne welche ein Unternehmen auf Konstantinopel unausführbar wäre. *Auf einen solchen plötzlichen Angriff muss Hafiz-Pascha nunmehr gefasst sein.*

Schließlich noch fühle ich mich veranlasse zu wiederholen, dass die Kriegsfrage, von unserem Standpunkt aus gesehen, eine sehr drohende Gestaltung gewinnt; die vereinte Dazwischenkunft der Großmächte mag allerdings den Ausbruch noch einmal zurückzuschieben vermögen, dann wäre aber dringend zu wünschen, dass der Friede auf haltbarere Grundlagen gestützt würde, als der *Status quo* sie gewährt. Nach allem, was ich sehe, muss ich glauben, dass man in Konstantinopel ernstlich entschlossen ist, es auf die Waffenentscheidung ankommen zu lassen, und wirklich kann der gegenwärtige Zustand unmöglich noch fortdauern.

55. Reise nach Egin an den Frat

Malatia, den 8. April 1839

Ich bin vor ein paar Tagen von einer kleinen Reise zurückgekehrt, die ich diesmal auf eigene Faust und einzig für den Zweck unternommen habe das Terrain zwischen den beiden Armen des Euphrat kennen zu lernen, das noch von keiner Karte auch nur ungefähr richtig dargestellt wird.

Um die zurzeit noch für Reiter ungangbaren Höhen zu umgehen, machte ich einen Umweg nach Akrabir, einer größeren Stadt mit schönen Obstgärten in einer tiefen Schlucht; sie liegt nicht am Frat, sondern an einem fast ebenso großen Wasser, dem Arabkir-Suj. Ich zog dann nördlich, immer den scharfen Gebirgsrücken des Munsur-Dagh zu; die Gegend ist ein Plateau und man würde nicht ahnen, auf einer so hohen Gebirgsebene sich zu befinden, wenn der Schnee und die furchtbar tief eingeschnittenen Felsschluchten, in denen ganz kleine Bäche fließen, nicht daran erinnerten. Die Sonne schoss glühende Strahlen auf die endlos scheinende Schneefläche, was die Augen, besonders bei der türkischen Kopfbedeckung, schrecklich blendet; ich folgte dem Gebrauch der Tataren, Schießpulver unter die Augen zu schmieren, was eine große Erleichterung gewährt.

Da uns die Nacht überraschte, so mussten wir wieder eine bedeutende Höhe erklimmen, um das nahe gelegene schöne Dorf Habunos zu erreichen; es war heller Vollmondschein, der Frat glänzte tief unter uns und die Schneegipfel schlossen uns bald ganz nahe wieder ein. Am folgenden Morgen hatte ich daher das Vergnügen auf einem Fußweg längs der Talwand hinzureiten, der sich fast senkrecht 1500 bis 2000 Fuß über den Fluss erhob, zu dem wir allmählich wieder hinabstiegen. Die Felsen treten nun immer näher zusammen und nötigen die Straße an einer scharfen Wendung des Stroms den Talweg zu verlassen und in endlosen Zickzacks eine sehr bedeutende Höhe zu ersteigen; sobald man den schroffen Kamm erreicht hat, erblickt man vor sich wieder das Tal des Frat und tief unten die Stadt Egin; diese Stadt und Amasia sind das Schönste, was ich in Asien gesehen. Amasia ist seltsamer und merkwürdiger, Egin aber großartiger und schöner, die Berge sind hier gewaltiger, der Strom bedeutender. Egin besteht eigentlich aus einer Gruppe aneinander stoßender Dörfer; da alle Häuser mitten in Gärten liegen, die von Nuss- und Maulbeerbäumen, Pappeln und Platanen überschattet sind, so bedeckt die Stadt einen sehr großen Flächenraum. Von oben gesehen, scheint sie ganz im Tal zu liegen, aber wenn man unten am Fuß angekommen ist, so erblickt man einen Teil derselben hoch über den Köpfen auf allerlei seltsamen Klippen und Felskuppen und die steilen Wände des Tals bis zu einer Höhe von 1000 Fuß mit Obstgärten und Weinbergen bekleidet; zahlreiche kleine Gebirgswasser rauschen herab und an einem derselben zählte ich fünf Mühlen, von denen der Fuß der einen, immer auf dem Dach der anderen steht, sodass das Wasser von Rad zu Rad fiel. Zur Zeit der Blüte muss der Anblick von oben unbeschreiblich schön sein.

Abweichend von der Bauart der asiatischen Städte sind die Häuser hier statt der flachen Erdterrassen mit Dächern versehen; jedes Haus steht auf einem steinernen Unterbau, in dem niemand wohnt, auf dem sich aber zwei oder drei Stockwerke erheben, wovon das obere stets die unteren überragt. Oberhalb der großen Fenster befindet sich eine Reihe kleinerer, runder Fenster; mit einem Wort, wenn man nur die Häuser sieht, glaubt man in Konstantinopel zu sein.

Der hohe Schnee und die Kürze meines Urlaubs hinderten mich weiter vorzudringen; ich kehrte über Tschimischgesek, eine ansehnliche Stadt, zurück, welche noch keine Karte angibt. Nahe bei der Stadt bemerkte ich einen schönen Wasserfall; ein Bach stürzt über ein vorspringendes Gestein an die 60 Fuß tief und kommt unten als Tropfregen an, doch glaube ich, dass dieser Bach nur bei der Schneeschmelze fließt.

Ich richtete nun meinen Weg auf das alte hohe Kastell von Pertek, wo ich den südlichen Arm des Murad, der vom Ararat herabkommt, überschritt und dann über Karput nach Malatia zurückkehrte.

56. Versuch, den Euphrat bei hohem Wasser hinabzufahren

Malatia, den 12. April 1839

Der Euphrat ist eben jetzt, wo wir ihn brauchen, um 15 Fuß gestiegen und der Pascha war sehr in Sorge, ob es möglich sein werde, ihn unter diesen Umständen zu befahren, und wen er mit dem etwas misslichen Versuch beauftragen solle. Die erfahrensten der Kelektschi oder Ruderer erklärten es für ganz unmöglich, die Stromschnellen hinabzukommen, da schon bei günstigem Wasserstand von drei Versuchen zwei verunglückt wären. Beim Abendessen schlug der Pascha mir die Partie vor; ich ritt daher denselben Abend noch nach Ecebeh am Murad, wo mein Kelek oder Floß bei Fackelschein schnell gebaut wurde und war bald nach Mitternacht flott; gegen Sonnenaufgang kam ich nach Kymyrhan, wo die schwierigen Stellen anfangen. Das war nun freilich arg; was früher Stromschnelle gewesen, war jetzt Wasserfall und vor den Jilan Degirmeni musste ich meine Arche in ihre integrierenden Teile zerlegen, Stangen, Schläuche und Gepäck über Land tragen und unterhalb des Katarakts wieder zusammensetzen lassen, worüber drei Stunden vergingen. Es regnete viel, was mir jedoch gleichgültig schien, da wir ohnehin schon von den Wellen ganz eingeweicht waren, die an manchen Orten uns überschütteten. Oberhalb Telek musste das Floß nochmals auseinander genommen werden; es war nicht daran zu denken, durch die Wasserfälle und die Brandung von dort durchzukommen.

Bei Stockfinsternis landeten wir in Telek, wo wir die Nacht blieben und uns notdürftig trockneten; wir hatten in diesen Tagen in sechs Stunden eine Strecke zurückgelegt, zu der ich später vierundzwanzig brauchte. Mit mir waren ein Ingenieuroberst, *Mehmed-Effendi*, und sein Begleiter; diese erklärten mir, dass sie sich nicht berufen fühlten mich ferner noch zu begleiten, sie hätten genug, wogegen ich nichts einzuwenden hatte. Außer einem Aga des Paschas hatte ich vier Kalektschi oder Ruderer an Bord und nahm noch einen fünften aus dem Dorf als Piloten mit; als ich mich aber am anderen Morgen früh einschiffen wollte, erklärte mir mein Tschausch oder Sergeant ebenfalls, dass er nicht die Ehre haben könne. Da machte ich nun keine Umstände und bat ihn Platz zu nehmen, wenn er nicht gebunden nach Malatia zurückgeschickt werden wollte. Der arme Teufel meinte, zu Land wolle er mit mir durchs Feuer gehen, aber das Wasser sei nicht seine Sache; als er indes sah, dass es nicht anders ging, bequemte er sich. Es wäre mir aber bald leid geworden, ihn gezwungen zu haben; kaum stießen wir vom Ufer, so ging es pfeilschnell davon, ich glaube kaum, dass wir 10 oder 15 Minuten brauchten, um eine Stunde Wegs zurückzulegen – aber wie? Der Murad, der oberhalb 250 Schritt breit ist, verengt sich zu 100, zu 80 und weniger Schritt; die ganze gewaltige Wassermasse stürzt nun durch diesen Trichter und über Felsblöcke steil hinab, wodurch so gewaltige Strudel und Wellen entstehen, dass an einigen Stellen Wassergarben von 5 Fuß Höhe sich senkrecht emporrichten, während zu beiden Seiten die Flut schnell, und als ob sie siedete, dahinschießt; die Wogen schlugen buchstäblich auf unsere Köpfe nieder und das Floß war zuweilen ganz und gar unter Wasser. Aber die Hammelhäute arbeiteten sich beständig wieder empor und die Gefahr war nur bei dem steilen Auf- und Absteigen über die hohen kurzen Wellen umzuschlagen; an ein Rudern war gar nicht zu denken; zwei der Kelektschi fielen über Bord, sie waren aber mit Stricken festgebunden; unter der übrigen Besatzung herrschte die größte Bestürzung und das Kelek trieb wohl eine Drittel Wegstunde so fort, bis Allah uns in einen Strudel seitwärts führte und uns dort ein Dutzend Mal um und um drehte, aber doch etwas wieder zur Besinnung kommen ließ. Die Ruder wurden nun mit aller Anstrengung gebraucht, aber es schien eine Zeit lang zweifelhaft, ob wir das Ufer erreichen oder, von dem Strom gefasst, einem neuen Wasserfall zugeführt werden würden. Die Stangen, aus welchen das Floß gefügt ist, sind 1½ bis 2 Zoll dick, es waren davon drei mitten durchgebrochen, vier der Schläuche geplatzt, zwei davongeschwommen; indes näherten wir uns glücklicherweise dem Ufer. Suleman-Tschausch, um sich der Lage zu entziehen, in der er sich befand, machte mit augenscheinlichster Lebensgefahr, wie Wilhelm Tell, einen Satz aus dem schwankenden Fahrzeug auf eine Felsklippe, dort fiel er nieder, wendete sich nach der Kaaba und erhob die Hände zum Gebet; Aly-Aga gelobte ein Lamm als Kurban zu schlachten.

Ich hatte bei der ganzen Geschichte eigentlich die Überzeugung gewonnen, dass man wahrscheinlich doch durchkommen würde, denn ein zäheres Wesen als diese Keleks gibt es nicht; freilich muss man sich damit abfinden, komplett im Wasser zu sitzen, was zur Zeit der Schneeschmelze nicht erfreulich ist; aber so, wie die Sache einmal eingeleitet war, hatte ich ein großes Interesse sie zu Ende zu bringen, viel ärger konnte es nicht mehr kommen. Ich beschloss daher den »Kalabalik« zurückzuschicken und bot zweien der Kelektschis einen Beutel, wenn sie mit mir allein noch einen Versuch wagen wollten, denn gegen Mittag konnten wir bei der Schnelligkeit des Stromes in Gerger unterhalb der Wasserfälle sein. »Nicht um Venedig!« Niemand wollte mehr mitspielen. Die Frage der Schiffbarkeit war übrigens vollkommen beantwortet, die Unmöglichkeit, Güter hinabzuflößen, lag zu Tage, und ich fand mich genötigt umzukehren.

Eine neue Verlegenheit bereitete uns aber jetzt die Stelle, wo wir gestrandet waren; vor uns der Murad, von dem wir nun doch einmal nichts mehr wissen wollten, hinter uns eine Felswand, die bis zur Schneegrenze emporstieg. Nach zwei vergeblichen Versuchen blieb uns nichts anderes übrig, als in einem Bach oder vielmehr in einem Wasserfall emporzuklettern, und ich glaube gewiss, dass wir weit über tausend Fuß emporstiegen. Die Steine, die unsere Füße lostießen, rollten bis in den Fluss und dabei mussten wir ein paar Ocka Wasser mit hinauftragen, welche die Kleider eingezogen hatten. In Telek, wo alles zusammengelaufen war, um unsere Abfahrt zu sehen, hatte man uns verloren gegeben; das ganze Dorf wurde nun aufgeboten, um unser Wrack zu bergen, und gegen Mittag saßen wir auf Mauleseln, die uns den Weg, den wir so schnell hinabgekommen, langsam und mühsam zurücktrugen; denn bald erhob sich der enge Pfad bis zum Schnee, bald senkte er sich bis zum Ufer hinab, dabei waren die Bäche so angeschwollen, dass unsere armen Tiere nahe daran waren, den Grund zu verlieren, wodurch wir dann wieder dem »Chodja Murad« in die Arme geführt worden wären.

57. Aufbruch der Taurus-Armee

Lager zu Karakalk am Murad, 5 Stunden unterhalb Samsat, den 29. April 1839

Im Frieden und von keinem Feind belästigt, mit Benutzung aller Hilfsquellen des eigenen Landes haben wir soeben den Taurus auf den gangbarsten Straßen überschritten. Kommandos von 2000 Mann waren vierzehn Tage vorher mit Schneeschippen, Steinsprengen, Ebnen und Brückenbauen beschäftigt. Am Mittag des 14. April brachen die Korps von allen Seiten auf.

Wahr ist es, dass wir das unglücklichste Wetter von der Welt haben, seit wir Malatia verlassen haben, regnet es in Strömen. Der Pascha hatte mir aufgetragen mit *Mustapha-Pascha* zu gehen, der zuerst aufbrach und den schwierigsten Weg, den von Abdul-harab, einzuschlagen hatte; Ströme von Regen, die uns bis auf die Haut durchnässten, und ein starker Südwind hatten den noch drei bis sechs Ellen hohen Schnee so aufgelockert, dass wir unsere Pferde, obwohl wir sie am Zügel führten, nur kaum noch mit durchbrachten; alles Gepäck musste umkehren und der zweiten Kolonne folgen. Wir hatten an diesem Tag zwei Tote, erreichten aber unserer Etappen.

Am folgenden Tag ging ich mit *Mustapha-Pascha* voraus, um zu sehen, ob es nach dem eingetretenen Wetter überhaupt noch südlich einen Ausweg gäbe. Die Truppen hatten Ruhetag, dessen sie durchaus bedurften. Die Berge waren mit so hohem und lockerem Schnee bedeckt, dass an ein Überschreiten gar nicht zu denken war; wir kamen überein, eine Brücke über das Bölem-suj zu schlagen, dann diesem Wasser abwärts zu folgen bis Karikjahn, wohin ich vorausging und eine andere Brücke über das Chodialy-suj baute. Dieser Bach war 50 bis 60 Schritt breit und ungemein reißend; ich fand eine Stelle, wo er nur 16 Arschinen breit war; hohe, schöne Pappeln gaben ein leichtes Baumaterial und in vierundzwanzig Stunden war die Brücke fertig. Von dort ging ich über halsbrecherische Fußsteige an dem Siaret-tschai hinab nach Adiaman, um von dort Lebensmittel den Truppen entgegenzusenden, und eilte nun der zweiten Kolonne entgegen, welche über Sürghü und Tut heranrücken sollte. Die Ebene von Adiaman war ein Morast und die Pferde sanken bis an die Bügel ein; als ich am Schembker-suj ankam, war er kaum für Pferde zu durchfurten; hier war die Sache schwierig, denn es gab keinen Baum. Es wurde Abend, ehe ich, nur von einem Tschausch begleitet, aus drei Dorfschaften, die hoch im Gebirge eine Stunde weit entfernt liegen, vierzig Mann zusammenraffte; es blieb nichts anderes übrig, als zwei Häuser einzureißen, um drei Balken zu erlangen, die notdürftig die erforderliche Länge hatten, eine vierte Pappel wurde drei Viertelstunden weit von 25 Mann aus den Bergen herbeigetragen. Dieses Wasser ist äußerst reißend und steigt oft in wenigen Stunden 4 bis 5 Fuß; ich fand eine Stelle, wo zwei mächtige Felsblöcke vom Gebirge in das Flussbett gestürzt waren und den Bau möglich machten.

58. Versammlung des Korps zu Biradschik

Beledjik, den 7. Mai 1839

Der Pascha hatte mich nach Karakalk vorausgeschickt, wo ich einen guten Lagerplatz für
das gesamte Korps fand; mittlerweile war er selbst nach Biradschik gegangen, hatte sich in die
Stellung verliebt und befahl ohne weiteres, dass alles direkt dahin abrücken sollte.

Unsere Stellung hier vor Biradschik ist ohne Rückzug und die schulgerechte Kritik wird sie
also tadeln; ich rechne ihr das als einen Vorzug mehr an. Eine Brücke würde unmittelbar hinter
dem Schlachtfeld nur den Ausreißern nützlich werden, jetzt weiß jedermann, dass er stehen oder
verderben muss. Unsere Stellung hat eine Verteidigungsfront von 3500 Schritt, auf welcher vier
Schanzen ihrer Vollendung nahen, beide Flügel lehnen an den Murad, vor der Front ein Glacis
von 600 Schritt, dann ein kleines, vollkommen eingesehenes Tal und jenseits sanft ansteigende
Höhen; rückwärts fällt der Höhenzug stark, das zweite Treffen ist schon vom Feind nirgends
mehr einzusehen und die Reserven sind ganz gedeckt.

Der Anblick der 4000 Zelte von der Schanze herab gesehen, der Euphrat und das alte Schloss
von Biradschik bilden, beiläufig gesagt, einen sehr malerischen Anblick.

Die Stimmung unter den Truppen ist gut; sie glauben 80 000 Mann stark zu sein und begreifen nicht, warum wir hier so lange stehen bleiben. Wir lassen ihnen gern diese Meinung.

Lager von Biradschik, den 10. Mai 1839

Ich unterlasse nicht, darauf aufmerksam zu machen, dass bei der großen Nähe beider Korps
jetzt ein bloßer Zufall den Ausbruch der Feindseligkeiten herbeiführen kann. Wie friedlich auch
die Nachrichten aus Konstantinopel lauten, so kann ich von meinem Standpunkt aus den Krieg
nur als höchst wahrscheinlich ansehen und glaube meine Pflicht zu erfüllen, indem ich diese
Überzeugung nochmals zur Kenntnis bringe.

Lager von Biradschik, den 20. Mai 1839, Pfingsttag

Unsere Kavallerie ist vollzählig und wir haben jetzt acht Regimenter hier, zu denen noch
1500 Pferde aus Musch stoßen; an Infanterie stehen 53 Bataillone im Lager. Ich brauche dir
nicht zu sagen, dass wir wieder sehr viele Menschen, namentlich durch Desertion, verloren
haben; ich schätze die wirkliche Stärke auf 25 000 bis 28 000 Mann Infanterie mit 5000 Pferden
und 100 Geschützen. Wenn wir 30 000 Mann ins Gefecht bringen, will ich zufrieden sein, das
ist aber auch höchst wahrscheinlich mehr als alles, was *Ibrahim* an regulären Truppen gegen
uns verwenden kann, da er doch den Kuleck-Boghas nicht wird entblößen dürfen, ohne dass
Hadschi-Aly nachfährt.

Unsere Vorposten stehen vor Nisib hart an der Grenze; es waren ihnen Pferde weggelaufen,
die Spahis suchten sie auf jenseitigem Gebiet, einer von ihnen wird verwundet und stirbt. Aus
diesem Hergang wird ein entsetzliches Hallo gemacht.

59. Das Lager

Lager von Biradschik am Euphrat, den 10. Juni 1839

Es ist so lange her, seit du keine Nachricht hast, dass ich dir gern heute einen langen Brief schriebe, aber das wird kaum mehr möglich sein, der Tatar geht morgen früh ab und mein Lichtstümpfchen ist beinahe schon in die Bajonettdille hinabgebrannt, die als Leuchter neben mir in die Erde eingepflanzt ist. Um dich jedoch nicht länger ohne Kunde von hier zu lassen, melde ich für heute nur das Wichtigste, dass wir von Malatia aufgebrochen und mit unserem ganzen Korps hier im Lager stehen, dass ich gesund und wohl, bei sehr starkem Appetit und etwas abgerissenen Kleidern und Stiefeln bin, denn wir haben einen beschwerlichen Marsch durch den Taurus hinter uns. Hoher Schnee, tiefer Dreck, ein neunundzwanzigtägiger Regen und beschwerliche Gebirgswege haben uns viel zu schaffen gemacht; jetzt wollen wir uns hier ein wenig ausruhen und uns die Zeit mit Exerzieren und Manövrieren vertreiben. Von der Höhe unserer Verschanzungen habe ich eine prächtige Aussicht; unten im Tal am Euphrat haben wir eine Stadt aus 4000 Zelten gebaut, der gewaltig angeschwollene Strom krümmt sich um drei Seiten unseres Lagers, und jenseits erhebt sich an der weißen Felswand Biradschik mit seinen Mauern und Türmen, Moscheen und Gärten, und über alles ragt das seltsame alte Schloss Kalai-Beda empor. Hunderte von beladenen Kamelen, je fünfundzwanzig unter dem Vortritt eines Esels, steigen langsam die Berge hinab, hoch auf dem vordersten sitzt ein Araber, der auf zwei Pauken verkündet, dass er uns Mehl, Zwieback und Reis zuführt; kleine Flotten von Flößen aus Hammelfellen eilen den Strom hinab, um Holz, Stroh und andere Bedürfnisse zu bringen; zahlreiche Herden von Schafen und Ziegen hüpfen an den Talhängen, und tausende von Pferden stehen angefesselt in den Gerstenfeldern. Die Bajonette, die Lanzen und Kanonen blitzen in der Sonne und von allen Seiten erschallen Trommeln und Hörner; dort zerren Hunderte von Soldaten einen uralten 36-Pfünder, der einst Bagdad beschossen hat, den Hügel hinan, hier schaufeln und hacken andere hunderte in der harten Erde, um Schanzen aufzuwerfen. Vor den Zelten wimmelt es von Menschen: Der eine backt Brot, wie man bei uns Eierkuchen macht, indem er einen dünnen Fladen auf einer Scheibe von Eisenblech über einem Feuer von Kamelmist breitet, der andere wäscht seine Hemden, dieser putzt sein Gewehr, jener flickt seine Schuhe und alle rauchen den Tschibuk, ich nicht ausgenommen. Mitten durch das Gewühl zieht ein Regiment Spahis auf Vorposten und blickt stolz auf die irregulären Reiter herab, die mit vierzehn Fuß langen Rohrlanzen und in der alten prächtigen Tracht ihre arabischen Hengste tummeln. Wie schade, dass ich nicht eine Camera obscura von Daguerre hier habe.

60. Die Schlacht bis Nisib

Asbusu bei Malatia, den 12. Juni 1839

Du bist sehr lange ohne direkte Nachricht von mir geblieben, weil in der letzten Zeit die Ereignisse sich so drängten, dass kein Augenblick zum Schreiben blieb. Jetzt sitze ich wieder in meinem schattigen Quartier auf der Brücke unter dem Corneliuskirschbaum in Asbusu; aber manches hat sich geändert, seit ich diesen Ort verließ.

Zu unserem festen Lager zu Biradschik standen wir so unbeweglich den ganzen Monat Juni still, dass die Schwalben anfingen sich Nester an meinen Zeltstangen zu bauen und Zeit und Weile uns lang wurde. Ein furchtbares Ereignis unterbrach jedoch die Einförmigkeit, als am 29. Mai mittags unser Pulvermagazin mit mehr als 1000 Zentner fertiger Munition in die Luft flog; man hatte zur Unterbringung derselben ein Hann oder gewölbtes steinernes Gebäude am Ufer des Murad innerhalb unserer Stellung gewählt. Nur auf wiederholte Vorstellung war es mir gelungen, sechzig Mann Wache aus dem inneren Hof des vierseitigen Gebäudes zu entfernen, die dort kochten und rauchten; es ging aber später noch, wie bei allen türkischen Pulvermagazinen, so arg her, dass ich bei dem ersten Knall keinen Augenblick im Zweifel war, welches Unglück uns betroffen hatte.

Mein Zelt stand etwa tausend Schritt weit auf einer Höhe, die Tür gegen das Hann gewendet, entfernt genug, um außer aller Gefahr zu sein, nahe genug, um das Schauspiel deutlich mit anzusehen. Sobald der erste heftige Knall meine Aufmerksamkeit erregte, sah ich eine Feuergarbe aus dem inneren Hof emporsteigen, wo man eben Kisten mit Infanteriemunition öffnete; unmittelbar darauf flog das Hann selbst auf. Eine dichte Rauchsäule erhob sich bis zu einer unglaublichen Höhe in die klare blaue Luft, aus ihr aber zuckten helle Blitze, und ein Regen von Gewölbsteinen und Kugeln rasselte herab; das Platzen mehrerer hunderter gefüllter Granaten in derselben Minute verursachte ein Getöse, das viele Stunden weit in den Bergen widerhallte. Nun musst du wissen, dass in einer Entfernung von 80 Schritt zu beiden Seiten des Hanns 200 geladene Munitions- und Granatwagen standen; eine Protze flog wirklich in die Luft, und doch wurde wunderbarerweise der ganze Rest des Fuhrwerks gerettet. Einer meiner Kameraden, der Hauptmann Laue, war in größter Gefahr gewesen; er arbeitete zur Zeit der Explosion nur einige hundert Schritt weit vom Magazin und wurde an drei Stellen leicht verwundet; dennoch war er der Erste, der mit Hilfe einiger Artilleristen eine bereits brennende Granatprotze wieder löschte. Als wir mit der Infanterie herbeikamen, wurden schnell alle Munitionswagen aus der Nähe des Vulkans fortgezogen; viele Granaten und ganze Kisten mit Patronen waren, ohne sich zu entzünden, zwischen die Wagen geschleudert, sie wurden von den Soldaten fortgetragen. Zum Glück ist, wie es scheint, gleich bei der ersten Explosion ein Teil des Gewölbes niedergedrückt worden; die Kisten waren alle sehr sorgfältig in Überzüge aus Filz und dann in Leder verpackt, und so war es möglich, dass eine Feuersbrunst, nur durch Pulver genährt, vom Mittag bis auf den Abend fortdauern konnte; noch in der Dunkelheit platzten Granaten, aber seit der ersten heftigen Explosion nur im Innern des Hanns oder seiner Trümmer. Wenn die ganze Masse Pulver auf einmal sich entzündet hätte, so dürften auch die Wagen erfasst worden sein und die Verwüstung wäre ungeheuer gewesen; fünfhundert Zentner Pulver wurden gerade erwartet und kamen glücklicherweise erst zwei Tage darauf an. Wir hatten einen Oberst und über zweihundert Tote und Verwundete zu beklagen.

Wenige Tage später brachten wir in zwei Kolonnen nach Nisib, drei Stunden westlich von Biradschik, auf, wo wir uns lagerten und sofort verschanzten. Die Hitze war sehr groß und stieg im Schatten bis auf 30, selbst 35 Grad Reaumur; eine wahre Plage waren die Fliegen, die uns keinen Augenblick Ruhe ließen. In diesem Land sind die Bäume selten, aber wo sie sich finden, sind sie prächtig; mein Zelt steckte in einem Granatwäldchen, überragt von mächtigen Nuss- und Aprikosenbäumen; tausende von Granatäpfeln glühten in den lichtgrünen Blättern, die Nachtigallen, die hier Andelib heißen, sangen in den Zweigen, und kleine Chamäleons kletterten die Stämme auf und ab. Aber auch an garstigem Gewürm, an Taranteln, Ohrwürmern und Schlangen, fehlte es nicht; die Schildkröte schob sich schwerfällig durch das Gras, und tausende von Johanniswürmchen funkelten in der Finsternis.

Wir brachten in diesem Lager wieder drei Wochen zu, eine Zeit, die für mich umso unerfreulicher war, als ich, schon seit langem von der epidemisch gewordenen Dysenterie erfasst, das Lager hüten musste und so manches gegen meinen Rat und meine Überzeugung geschah, was uns dann endlich einer traurigen Katastrophe entgegenführte.

Ich habe dir aus bekannten Gründen in meinen früheren Briefen nie etwas über meine dienstliche Stellung geschrieben; die Begebenheiten aber, von denen ich sprechen will, gehören nun der Vergangenheit an und stehen als vollendete Tatsache dar.

Vollauf beschäftigt mit den dringendsten Angelegenheiten des Augenblicks, war die europäische Diplomatie froh, die orientalische Streitfrage, welche unlösbar schien, in möglichst ferne Zukunft hinauszuschieben. Seit dem Frieden von Kutahia hatten die Waffen in diesen Ländern geruht und man forderte allseitig und bestimmt von der Pforte wie von *Mehmed-Aly*, in dem jetzt bestehenden Zustand der Dinge zu verharren, vielleicht ohne genau zu wissen, ob dieser Zustand erträglich und haltbar sei und ob er nicht auf die Dauer beide Parteien unausweichlich zu Grunde richten müsse.

Sultan *Mahmud* ist ganz unstreitig seit Anfang Januar unwiderruflich entschlossen gewesen sich dem drückenden Zustand durch Krieg zu entziehen; neue große Opfer wurden gebracht, kein Geldaufwand gescheut, Auszeichnungen und Beförderungen verschwendet, Truppenergänzungen gewaltsam durchgeführt, das Material der Artillerie vervollständigt, Vorräte angehäuft und jede Forderung des kommandierenden Generals bewilligt. Geängstigt durch die europäischen Gesandtschaften, wurden mittlerweile in Konstantinopel die bündigsten Friedensversicherungen offiziell erteilt, und während seit sechs Monaten schon die Kriegsfrage entschieden, während wir bereits die Grenze überschritten, versicherte man aus Konstantinopel immer noch, dass der *Status quo* erhalten werden würde.

Die Pforte hatte in Kleinasien drei Korps aufgestellt, die zusammen 70 000 Mann stark waren; diese Truppen bestanden zur größeren Hälfte aus Rediffs, d. h. Landwehren, gebildet aus eben ausgehobenen Mannschaften, die schnell etwas von der europäischen Taktik lernen mussten, und aus Offizieren, die, nach Gunst gewählt, nicht die geringste Kenntnis ihres Standes besaßen; auch die Linientruppen bestanden zur Hälfte aus Rekruten. Es herrschte eine so furchtbare Mortalität, dass wir während der Dauer unseres Hierseins die Hälfte der Infanterie begraben haben. Der ganze Ersatz lastet nun fast ausschließlich auf Kurdistan; die Bewohner der Dorfschaften flohen in die Berge, sie wurden mit Hunden gehetzt, die Eingefangenen, oft Kinder und Krüppel, an lange Seile gebunden und mit geknebelten Händen abgeführt. Diese Soldaten, die nicht einmal die Sprache ihrer Offiziere verstanden, mussten fortwährend als Gefangene behandelt werden; dichte Postenlinien umstellten das Lager eines jeden Regiments; oft aber entwichen die Wachen selbst. Man zahlte 20, ja später 100 Gulden für jeden Deserteur, ohne das Ausreißen hindern zu können; es gab Beispiele, wo 50 Mann mit Pferden und Waffen von den Vorposten desertierten. Der Soldat war gut bezahlt, wohl gekleidet, reichlich ernährt und milde behandelt; aber fast kein Kurde hielt länger als zwei Jahre aus, er ging ins Hospital, starb oder lief davon. Neben dieser Disposition von zwei Dritteln des Heeres muss der gänzliche Mangel an tüchtigen Offizieren genannt werden; man sollte daher glauben mit solchen Militärs sei gar kein Krieg zu führen.

Indes, wenn *Ibrahim-Paschas* Heer besser, so war es auch nur im Vergleich mit dem türkischen erträglich zu nennen; es hatte im vorigen Jahr, namentlich gegen die Drusen, furchtbare Einbußen erlitten, bestand zum großen Teil auch aus neuer Mannschaft und war an Zahl sehr viel schwächer. Zur Schlacht hatte später *Ibrahim-Pascha* alles versammelt, was er in ganz Syrien besaß; selbst die Besatzung Adanas erlaubte man ihm heranzuziehen, und doch war er nur etwa 10 000 Mann stärker als das Korps *Hafiz-Paschas* allein. Die gesamte Streitmacht der Pforte in Asien, wäre sie vereint gewesen, konnte ihm fast um das Doppelte überlegen sein. *Ibrahims* Truppen waren manövrierfähiger als die türkischen, seine Artillerie zahlreicher und gut bedient, aber der Geist des Heeres war um nichts besser als im Korps *Hafiz-Paschas*.

Seit wir dem Gegner gegenüberstanden, verging fast kein Tag, wo nicht zwanzig bis vierzig Überläufer, Offiziere und Soldaten, mit ihren Gewehren ankamen. Während im türkischen Lager ungeheure Geldsummen ausgegeben wurden, herrschte in der ägyptischen Armee Not; die Ration betrug kaum ein Drittel der unsrigen, die Leute lagerten ohne Zelte und nicht weniger als achtzehn Monate Sold war rückständig. Die Verpflegung war sehr schwierig und die Bevölkerung von ganz Syrien, namentlich die der großen Städte, erwartete nur ein Signal zum Aufstand.

Die Wahrscheinlichkeit eines Erfolgs war auf der Seite der Pforte, aller Vorteil aber wurde aufgehoben durch einen Kardinalfehler: In Syrien befehligte ein Mann, um dessen Existenz es sich handelte; in Asien vier unabhängige Feldherren, jeder mit besonderen Interessen und einer eifersüchtig auf den anderen. So kam es, dass wir schon in Scharmützel verwickelt waren mit dem Gegner, als das Korps *Isset-Paschas* noch in Kalsarieh 150 Stunden rückwärts stand und das *Hadschi-Aly-Paschas* zu Konieh sich in einer solchen Passivität verhielt, dass *Ibrahim* diese Pässe fast von allen Verteidigern entblößen und sich dadurch verstärken konnte.

Hafiz-Pascha wollte den Krieg und war gewiss, dadurch den geheimsten Wünschen seines Gebieters zu entsprechen; den Vorwand suchte er in einigen Plänkeleien der Araber. Es war mir zu jener Zeit sehr peinlich, immer abzuwehren, stets der Hemmschuh für alle Unternehmungen zu sein, immer auf die Ankunft der übrigen Korps zu verweisen und es blieb mir, um meinen Kredit zu retten, nur übrig, den tätigsten Anteil an solchen Expeditionen zu nehmen, deren Ausführung zu hintertreiben mir nicht gelungen.

Ibrahim-Pascha hatte offenbar nicht die mindeste Lust den Streit anzufangen, er ließ sich viel gefallen. In einem Gefecht der irregulären Truppen hatten wir ihm achtzig Gefangene abgenommen und unsere Rekognoszierungen, bei der die Kavallerie ihre gänzliche Untauglichkeit dokumentierte, überschritten fünf Stunden weit die Grenzen; in Aintab hatten die Einwohner ihre Garnison in die Zitadelle gesperrt; diese hielt eine sehr schwache Kanonade aus, ergab sich aber nicht nur gegen Zusicherung ihres rückständigen Soldes von achtzehn Monaten, sondern nahm sogar Dienst bei uns. Das war nun mehr, als der syrische Generalissimus vertragen konnte, und am 20. Juni erschien er mit seinem ganzen Heer, überschritt gegen Mittag das Defilee von Misar und lagerte in dichten Haufen diesseits desselben, nur anderthalb Stunden vor unserer Front.

Es zeigte sich sogleich, trotz aller schönen Nachrichten unserer Kundschafter, dass *Ibrahim* weit stärker war als wir. Unsere irregulären Reiter und eine Brigade Gardekavallerie mit einer reitenden Batterie wurden sogleich aus Misar herausgeworfen und überließen dem Feind ihre Zelte; das Korps *Hafiz-Paschas* rückte mittlerweile schnell und voller Ordnung in seine Gefechtsstellung, ungefähr 1000 Schritt vor dem Zeltlager, ein Manöver, das mehrmals eingeübt worden war. Wir erwarteten mit Zuverlässigkeit, dass wir an diesem Tag angegriffen werden würden; *Ibrahim* aber blieb den Rest des Tages und die Nacht stehen. Unser Korps brachte die Nacht unter Waffen zu.

Am folgenden Morgen (21. Juni) vor Sonnenaufgang begab ich mich auf einen spitzen Felskegel, der auf unserem rechten Flügel besetzt und verschanzt war und von wo man mit dem Fernglas alles übersah; von hier aus war der Anmarsch des Gegners in allen seinen Details sehr deutlich zu erkennen und man konnte seine Gegenmaßregeln beizeiten treffen.

Bis 9 Uhr blieb alles ruhig im feindlichen Lager, dann setzten sich 9 Kavallerieregimenter, 18 reitende Geschütze und eine Infanteriebrigade in Marsch gegen die Front und gegen die linke Flanke unserer Stellung. Da der Rest des Korps in seinen Biwaks verblieb, so benachrichtigte ich meinen Pascha sogleich schriftlich, dass es auf eine bloße Erkundung abgesehen sei. Es kam zu einer Kanonade aus sehr großer Ferne und nur die irregulären Truppen wurden handgemein; hierauf zog sich der Feind zurück. Es scheint, dass man unsere Aufstellung zu stark gefunden, wenigstens erfolgte kein Angriff auf diese Rekognoszierung; ich schlug vor unsere Truppen in ihre Zelte zurückkehren und abkochen, höchstens das erste Treffen unterm Gewehr zu lassen; man fand dies aber bedenklich und wir blieben auch diese Nacht unterm Gewehr. Unsere Stellung lehnte rechts und links an nicht leicht zu ersteigende Höhen, die verschanzte Front war sanft einwärts gekrümmt. Nach unseren Grundsätzen hatte die Stellung etwas viel Front und wenig Tiefe, auch war viel Artillerie aufgestellt; aber wie ich die Fechtart der Orientalen kenne, waren eben diese Eigentümlickeiten vorteilhaft, und auch *Ibrahim-Pascha* scheint sie so beurteilt zu haben. Das Gefecht dauert unter diesen Völkern nur wenige Stunden, der erste Anlauf entscheidet, zur Anwendung großer Reserven bleibt keine Zeit, es ist geraten, schon anfangs viel Kräfte ins Spiel zu bringen und seine besten Trümpfe gleich auszuspielen; deshalb standen auch die zuverlässigsten Gruppen in erster Linie, die schlechtesten in Reserve.

Am 22. Juni früh war große Bewegung im feindlichen Lager. Mehrere tausend Kamele gingen durch das Defilee von Misar zurück, dann folgten starke Kavalleriemassen und etwas Infanterie. Man glaubte allgemein an den Rückzug; ich benachrichtigte aber bald den Pascha, dass die Richtung des Marsches auf eine Umgehung unserer linken Flanke deute. Gegen 10 Uhr ritt ich zum Kommandierenden hinab, ihm die Gewissheit dieses Manövers zu geben: Die Avantgarde war uns fünf Viertelstunden nahe, zwei Stunden von ihrem Gros entfernt, das zu drei Viertel noch diesseits des Misarbachs stand. Mühlbach, Laue und ich schlugen einstimmig unter diesen Umständen einen allgemeinen Angriff vor, der aber auf eine nichts bedeutende Demonstration unserer traurigen Kavallerie reduziert wurde.

Nachmittags kam der Pascha zu mir auf den Spitzberg, um sich mit mir über die Lage zu beraten; ich zeigte ihm die Kolonnen *Ibrahims*, die sich nun auf eine Brücke zubewegten, welche den Bach von Nisib, anderthalb Stunden unterhalb unserer Aufstellung, überquert. Aufgefordert, erklärte ich, da wir den Gegner während der Umgehung nicht haben angreifen wollen, so hätten wir jetzt keine andere Wahl, als bevor sie vollendet ist, zurückzugehen. Wir hatten drei Stunden hinter uns die feste Stellung von Biradschik; nach europäischen Grundsätzen hatte diese Stellung den großen Fehler, ganz ohne Rückzug zu sein; nach allem, was ich schon damals gesehen, war dieser Umstand in meinen Augen der größte Vorzug derselben. Jeder, auch der letzte Kurde, sah, dass er dort standhalten oder untergehen müsse; von Umgehung war nicht die Rede, beide Flügel lehnten an den Euphrat, der auch den Rücken sperrte; die Front war mit guten Verschanzungen versehen, hinter uns hatten wir ein festes Schloss mit ungeheuren Vorräten, vor uns eine glacisartige Ebene, auf der unsere Fouragierungen dem Feind auch nicht einen Grashalm übrig gelassen hatten. Der Pascha erklärte es für eine Schande zurückzugehen; dabei fürchtete er, Biradschik sei eben allzu stark, der Feind würde uns überhaupt da nicht anzugreifen wagen usw., worauf ich ihm erwiderte, er möge hier meine rechte Hand abhauen, wenn *Ibrahim ohne eine Schlacht* nach Aleppo zurückginge. Da es sich um die wichtigsten Interessen handelte, so nahm ich nicht Anstand, mich in Gegenwart der höheren Offiziere des Heeres, *Mustapha-Paschas, Mashar-Paschas, Han-Effendis* u. a. m., aufs Freimütigste und Nachdrücklichste auszusprechen; ich stellte dem Pascha die geringe Zuverlässigkeit seines Heeres und die Stärke der Gegner vor, wie unsere Verstärkungen von allen Seiten im Anzug seien, und es also nur darauf ankäme, Zeit bis zu ihrer Ankunft zu gewinnen, dass es sich ja nur um einen freiwilligen Rückzug handele, der vom Feind nicht gedrängt werden könne, endlich, dass alle kleinlichen Rücksichten, selbst der momentane Verlust von Aintab, gar nicht in Betracht kämen, wo so viel auf dem Spiel stände. Schließlich erklärte ich ihm, dass ich in der Stellung, in welche Sultan *Mahmud* mich gestellt habe, ihm diese Sprache schuldig sei und von Stund an alle Verantwortlichkeit für die Folgen von mir ablehne, die nach meiner Überzeugung ein längeres Verweilen bei Nisib nach sich ziehen müsse. Laue, welcher zugegen war, trat, auf Befragen, ganz dieser Ansicht bei, und das Resultat war, dass trotz der ersten Abneigung der Rückzug bis Biradschik fast schon beschlossen, die Zeit des Aufbruchs, Zahl der Kolonnen usw. beraten wurde.

Nach einer Stunde ritt ich zum Pascha, ihm zu melden, dass jetzt das Gros ebenfalls den Weg nach der Kerssun-Brücke eingeschlagen habe und dass die Avantgarde in einer halben Stunde jenen Punkt erreichen würde. Ich fand den Kommandierenden unter Mullahs und Chodschas (Lehrer) sitzen, die seit kurzem großen Einfluss gewonnen hatten; er war völlig umgestimmt. »Meine Nachricht könne kaum richtig sein, der Gegner beabsichtige nur sich morgen früh nach Aleppo zurückzuziehen. Die Sache des Sultans sei gerecht, Allah werde ihm Hilfe verleihen und aller Rückzug sei schimpflich; ich möchte eine Stellung auf dem linken Flügel suchen, Front gegen die Brücke.« Dies lehnte ich auf das Bestimmteste ab und ritt in mein Zelt zurück.

Als die erste Nachricht von *Ibrahims* Anmarsch ankam, lag ich krank; ich hatte mich während der Rekognoszierungen der letzten Tage nur mit Anstrengung zu Pferde halten können und jetzt war eine Stunde Ruhe dringend nötig. Im Vorbeireiten benachrichtigte ich die Herren A. und R. von der Geographischen Gesellschaft zu London, die seit einigen Tagen im Hauptquartier verweilten, ihr Gepäck bereitzuhalten, da wir uns wahrscheinlich morgen in einer schlechten Stellung schlagen würden und für den Ausgang nicht mehr zu stehen sei. Kaum hatte ich mich aber auf mein Lager geworfen, als der Pascha nach mir schickte: Die Nachricht von dem Eintreffen des Feindes an der Brücke war nun auch von dorther eingegangen und die Bestürzung jetzt ebenso groß, als kurz zuvor die Sicherheit gewesen war. Man erwartete den Angriff noch diesen Abend, woran gar nicht zu denken war. In Gegenwart sehr vieler Offiziere und der Engländer wiederholten meine Kameraden und ich, dass bis jetzt noch nicht das Mindeste verloren, dass aber der Marsch auf Biradschik ohne Zeitverlust nun unerlässlich notwendig geworden sei. Der Pascha war in großer Aufregung, wollte sich aber zu dieser Maßregel nicht verstehen, hauptsächlich wohl, weil er seinen schlechten Truppen so wenig traute, dass er fürchtete, *jeder* Rückzug werde sie demoralisieren. Alle Paschas wünschten inständigst jenen Marsch und doch wagte keiner zu sprechen; ich rief *Mustapha-Pascha*, den Generalleutnant der Garde, und *Han-Effendi* zu, meiner Meinung, die sie auf dem Spitzberg ja geteilt, laut beizustimmen; ich forderte *Hafiz-Pascha* auf, nicht Leuten Gehör zu schenken wie den Mullahs, die nichts von militärischen Angelegenheiten verständen, erinnerte ihn, dass morgen, wenn die Sonne wieder hinter jenen Bergen untergehe, er wahrscheinlich ohne Heer sei. Alles vergebens!

Schon fing es an zu dämmern und noch war kein Entschluss gefasst. Der Pascha begab sich mit großem Gefolge nach unserem linken Flügel, um dort selbst eine Stelle aufzusuchen; auf Befragen erklärte ich dem Kommandierenden, dass das Terrain zwar nicht entschieden ungünstig, aber für Truppen wie die seinigen keine genügende Garantie biete; forderte ihn nochmals auf, Befehl zum Abmarsch zu geben, und verlangte, da er es bestimmt verweigerte, meine Entlassung. Es verstehe sich von selbst, dass ich das Gefecht, wie jeder andere Soldat, mitmachen werde, dass aber meine Stellung als »Müsteschar« oder Ratgeber von Stund an aufgehört habe. Im ersten Verdruss hatte *Hafiz-Pascha* meinen Abschied bewilligt, aber schon nach wenigen Minuten rief er mich wieder: Er erwarte, dass ich ihn in diesem Augenblick nicht verlassen werde, nach Biradschik gehe er nicht, eher lasse er sich in Stücke reißen und ich möge die Stellung nehmen, wie ich könne. Ich sah, dass es unmöglich war, ihn nach Biradschik zu bringen, und hielt es nun für meine Pflicht, aus den misslichen Umständen, in die wir uns ohne Not begeben, das Beste zu machen, was daraus zu machen war. Demnach forderte ich, dass sogleich sämtliche Truppen auf die Höhe, wo wir uns befanden, hinaufgeschickt würden; die Brigaden trafen auch bald eine nach der anderen ein und wurden bei Vollmondschein in ihrer neuen Position aufgestellt. Um 3 Uhr morgens waren wir fertig. Jedes stand an seinem Platz und die Leute blieben die dritte Nacht unterm Gewehr.

Ich hatte meine Dienerschaft verloren und schlief eine Stunde auf der Erde; vor Sonnenaufgang aber ließ der Pascha mich rufen, er ritt die ganze Aufstellung entlang und war höchst zufrieden und glücklich, nicht nach Biradschik zurückgegangen zu sein. An diesem Morgen (dem 23. Juni) defilierte *Ibrahim-Pascha* über die Kerssun-Brücke; die gänzliche Untätigkeit unseres Korps, namentlich unserer Kavallerie, gab ihm die Dreistigkeit, sich eine Stunde vor unserer Front in dichten Biwakshaufen, das Defilee im Rücken, aufzustellen und den ganzen Tag in diesem Lager ruhig stehen zu bleiben. Ich schlug dem Pascha vor, diese Kühnheit durch einen nächtlichen Angriff zu strafen.

Mit Hauptmann Laue war ich gegen Abend ganz dicht an das ägyptische Biwak herangeritten; wir fanden vor uns keine Vorposten, nur auf den Höhen links schwärmten einzelne Hannady-Araber und vierzig Geschütze standen dicht vor der Front aufgefahren. Unsere türkischen Begleiter waren rückwärts auf einem Berg stehen geblieben und beobachteten uns und den Feind durch Ferngläser. Sie behaupteten, dass man damit beschäftigt gewesen sei , ein Geschütz auf uns zu richten, was sehr viel Ehre gewesen wäre und, wie jeder weiß, wenig Gefahr hat.

Nachdem wir eine sehr günstige Aufstellung für zwölf Haubitzen in einer Vertiefung 1600 bis 1800 Schritt vom Feind gefunden hatten, kehrten wir zurück.

Abends, eine Stunde vor Mitternacht, brachen wir mit der Infanteriebrigade *Ismael-Paschas* (die ich vom Kurdenkriege her als die Beste von allen kannte) und mit zwölf Haubitzen auf. Es war Vollmond, der Weg eben und gut, und alles ging in tiefster Stille vonstatten; die Infanterie marschierte in Kolonnen nach der Mitte zu beiden Seiten der Artillerie. Eine kleine Avantgarde ging nur achtzig Schritt voraus; ohne auf eine feindliche Patrouille zu stoßen, erreichten wir den Punkt, den wir uns ausgesucht hatten. Man hat nochmals gesagt, warum man das Unternehmen nicht in größerer Stärke ausführte; die so sprachen, waren freilich nicht zugegen, um die Verwirrung zu sehen, die eintrat, als nur zwölf Geschütze in gewisser Nähe vom Feind abprotzen sollten; auch von der Infanterie kamen verschiedene hohe Anfragen, ob es nicht schon nahe genug sei, worauf immer geantwortet wurde: »Noch lange nicht.« Zu einem allgemeinen Überfall hätte gehört, in getrennten Kolonnen einen Nachtmarsch und auf demselben eine Rechtsschwenkung auszuführen mit Leuten, von denen die größere Hälfte eben nur auf einen Nachtmarsch wartete, um sich zu entfernen. Konnte man aber wohl von Truppen, mit welchen ihr Anführer nicht gewagt hatte, drei Stunden weit zurückzugehen oder unter den günstigsten Verhältnissen (am 22.) einen Angriff zu machen, konnte man von solchen Truppen erwarten, dass sie durch das Feuer von vierzig Geschützen hindurch sich auf überlegene Massen stürzen würden, denen die Möglichkeit einer Flucht durch den Fluss in ihrem Rücken genommen war und welche nicht etwa, wie wir, in Zelten lagerten, sondern zwischen ihren Gewehren biwakierten; Truppen, die nur von der Erde aufzustehen brauchten, um bereit zum Empfang ihres Gegners zu sein? Der Pascha war gewohnt, von mir nur solche Vorschläge zu hören, deren Ausführung ich selbst in die Hand nahm und für welche ich die Verantwortlichkeit tragen konnte.

Nachdem Hauptmann Laue jedes Geschütz einzeln revidiert und ich die Infanterie zu beiden Seiten aufgestellt hatte, wurde das Signal »Feuer!« gegeben. Gleich die erste Granate schlug mitten unter die Wachtfeuer ein und platzte dort, nun folgte Schuss auf Schuss und die Granaten zogen in feurigen Bogen am nächtlichen Himmel entlang; fast alle platzten unmittelbar nach dem ersten Aufschlag und bei den dichten Haufen, in welchen der Feind lagerte, muss die Wirkung furchtbar, die erste Bestürzung groß gewesen sein. Bald aber erwiderte der Feind unser Feuer; das Gras vor unseren Geschützen hatte sich zu einer leichten Feuersbrunst entzündet und zeigte sie dem Gegner; dieser mochte uns aber nicht so nahe glauben, wie wir wirklich waren, die meisten Kugeln gingen über unsere Köpfe hin und erst auf dem Rückzug, als unsere Granaten verschossen waren, passierten wir ein ziemlich starkes Strichfeuer. Indes hatte nur die Infanterie einige Verwundete, die Artillerie gar keine und die Geschütze kamen alle in guter Ordnung zurück.

Dieses kleine Unternehmen machte einen sehr guten Eindruck auf unsere Leute, die hier zum ersten Mal selbst handelnd aufgetreten waren. Bei der Rückkehr empfingen wir die Glückwünsche der Paschas; sie waren alle auf eine Höhe geritten, von wo sie glaubten, dass der Angriff vor sich gehen werde, diese aber lag gewiss zweitausend Schritt hinter unserer Aufstellung. Die Leute haben hier ganz eigene Begriffe von Nähe und Ferne.

In dieser Nacht schlief ich drei Stunden, dann ließ der Pascha mir sagen, das Korps *Ibrahims* sei im Anmarsch. Wirklich war dasselbe früh aufgebrochen und bewegte sich in drei Kolonnen gerade auf Biradschik zu, so, dass es bald zwischen uns und unseren Magazinen stand. *Ibrahim* setzte alles aufs Spiel, wurde er geschlagen, so hatte er jetzt gar keinen Rückzug mehr; aber er hatte vollkommen Recht, so zu handeln, er war in der Lage, wo er nur alles gewinnen oder alles verlieren konnte.

In der Nacht waren mehrere hundert Deserteure angekommen, auch in allen vorhergehenden fanden sich Offiziere und Soldaten mit ihren Waffen ein.

Nachdem wir einmal auf unsere gute Stellung von Biradschik freiwillig verzichtet hatten, mussten wir die Schlacht da annehmen, wo *Ibrahim* sie uns bot. Es kam jetzt darauf an, schnell eine neue Front herzustellen, deshalb ließ ich den rechten Flügel, die große Batterie und die Garden stehen, sie bildeten den rechten der neu zu nehmenden Aufstellung; links von ihnen kamen drei Linien-Infanteriebrigaden; die Rediffs oder Landwehrbrigaden blieben in Reserve, eine hinter dem rechten, eine hinter dem linken Flügel und zwei hinter der Mitte. In der ersten Linie standen 14 Bataillone und 92 Geschütze, in der zweiten Linie 13 Bataillone, in der Reserve 24 Bataillone, 9 Kavallerieregimenter und 13 Geschütze. Vor der Front befanden sich zwei während der Nacht durch den Hauptmann von Mühlbach aufgeworfene Schanzen, der rechte Flügel lehnte an Ravins, der linke stand in einem lichten Olivenwald; die Reserve befand sich in einer Vertiefung des Terrains, ungesehen, die irregulären Truppen waren ganz links in das Gehölz gestellt.

Nachdem jedes Bataillon, jede Batterie und jedes einzelne Kavallerieregiment auf seinen Platz gestellt war, befand sich der Gegner noch auf dem Marsch in Richtung Biradschik. Ich hatte Zeit, mit dem Hauptmann Laue ein Huhn gemächlich zu verzehren, wobei die Umstehenden unseren guten Appetit bewunderten: Dann ritt ich noch etwa tausend Schritt vor die Stellung und brachte dem Pascha, der noch immer um seine linke Flanke besorgt war, die Versicherung zurück, dass dem rechten ebenso bedeutende Massen gegenüberstanden wie dem linken Flügel. *Ibrahim-Pascha* hatte in allen früheren Schlachten diesen Flügel umgangen und sein Marsch am Morgen deutete dieselbe Ansicht an. In der Schlacht am 24. Juni aber fand durchaus kein Überfall statt, und der Umgehung war vor Anfang des Gefechtes bereits durch eine neue Aufstellung begegnet. Alles stand seit einer Stunde bereit und die Soldaten hatten ihre Tornister hinter sich gelegt, um bequemer zu feuern. Die Bataillone der ersten Linie hatten deployiert, die des linken Flügels ihre Tirailleurs vorgezogen, die Reserveinfanterie stand in Kolonne nach der Mitte.

Im gerechten Vertrauen auf die Untüchtigkeit unserer Kavallerie hatte der Feind in Entfernung von einer Stunde vor unserer Front seinen Flankenmarsch ausgeführt; uns zunächst marschierte der größte Teil seiner Kavallerie und Artillerie, wohl 120 Geschütze, rechts derselben die Infanterie und die Reserve von allen Waffen; die Tiefe dieser Kolonne betrug wohl drei Viertelstunden. Es wurde ein kurzer Halt gemacht, dann ging die Artillerie im Trab vor und eröffnete ihr Feuer; die Infanterie blieb anfangs ganz aus unserer Schussweite zurück, zur Deckung der Artillerie ging die Kavallerie mit vor. Diese Anordnung war sehr verständig, sie hatte die Folge, dass unser sehr lebhaftes Feuer sich auf einen weiten Raum zersplitterte und die feindliche Reserve gar nicht erreichte, während das des Gegners den ganzen Raum unserer Aufstellung mit Kugeln überschüttete. Die feindliche Artillerie war in sehr großer Entfernung abgeprotzt, von unserem rechten Flügel war sie gewiss 2000 Schritt entfernt, auf dem linken etwas näher, sie schoss daher mit einem großen Erhöhungswinkel. Die Kanonenkugeln kamen wie die Granaten von oben herab, auch so matt, dass man sie mit den Augen verfolgen konnte; dieser Umstand war besonders ungünstig für uns: Rückte der Feind gleich nahe heran, so konnte die erste Linie allerdings noch mehr leiden, die zweite aber stand schon zum Teil, die Reserve ganz gegen den geraden Schuss gedeckt; so aber hatten wir schon in wenig Minuten kaum ein einziges Bataillon, das nicht durch Verluste moralisch erschüttert worden wäre. Sieben Achtel dieser Leute hatten noch nie eine Kugel sausen gehört; wenn zuweilen eine Granate in eine Kolonne einschlug und dort krepierte, so stäubten ganze Kompanien auseinander.

Der Pascha hatte mich nach dem rechten Flügel gesandt, um zu sehen, ob eine Vorwärtsbewegung desselben vielleicht mit den Garden und einem Teil der Reserve auszuführen sei. Der Feind war aber für die Offensive noch viel zu weit entfernt; Hauptmann Mühlbach war beschäftigt die rechte Flügelbatterie etwas näher an den Feind zu bringen, aber auf kurze Entfernung protzte diese schon wieder ab und ließ sich nicht abhalten, ein lebhaftes Feuer zu beginnen. Indes war auf dem rechten Flügel während der ersten drei Viertelstunden alles in guter Ordnung, ebenso hatte Hauptmann Laue den linken Flügel verlassen, der noch näher und lebhafter angegriffen war. Einen Hauptmann, der mit seiner halben Batterie abgefahren war, hatte Laue mit vorgehaltener Pistole wieder in die Schlachtlinie zurückgeführt. Aber bald darauf änderte sich alles.

Als ich nach dem Zentrum zum Pascha zurückkehrte, fand ich zu meinem Schrecken die Linienbrigade, welche ich auf dem linken Flügel aufgestellt hatte, in der Vertiefung der Reserve stehen; ich rief dem Kommandeur des zweiten Regiments namentlich zu, forderte ihn auf noch einmal vorzugehen, der Gegner ziehe sich schon zurück, es komme darauf an, nur noch eine halbe Stunde auszuhalten – aber umsonst. Schon kamen einzelne Geschütze, selbst Pferde mit abgeschnittenen Strängen zurück; einige Munitionswagen waren aufgeflogen; fast alle Bataillone standen mit erhobenen Händen und beteten, wozu freilich der Kommandierende den Befehl erteilt haben soll. Unter dem Vorwand, Verwundete wegzubringen, entfernten sich Trupps von vier, fünf Mann; die Reserve rückte hin und her, um dem Strichfeuer auszuweichen; kurz, moralisch war die Schlacht schon verloren. Eine lebhafte Kanonade war allerdings das Unangenehmste, was dieser Truppe begegnen konnte. Ein Bataillon von 480 Mann hatte nach Aussage des Kommandeurs 60 Tote. Die des linken Flügels werden wohl ebenso viel gehabt haben, dennoch glaube ich nicht, dass wir auf dem Schlachtfeld mehr als 1000 Tote und Verwundete gehabt haben.

In dem Augenblick, als ich den Pascha aufmerksam darauf machte, dass es unerlässlich sei, den linken Flügel wieder vorzunehmen, stürzte die Gardekavalleriebrigade ohne Befehl, wohl nur aus Unbehagen, aus der Reserve zu einem Angriff vor, der nicht einmal bis über unsere erste Infanterielinie hinaus gekommen ist; einige Granaten schlugen in diese Massen ein, sie kehrten in wilder Eile um und brachten die Infanterie in Verwirrung. Der Pascha war nach dem rechten Flügel geritten, wo er wohl den Tod suchte. Er selbst führte die Fahne eines Garderediffbataillons vor, aber das Bataillon folgte nicht. Von dem weiteren Verlauf der Schlacht lässt sich wenig sagen: Die Brigade *Halid-Paschas* wurde durch den Tod ihres tapferen Anführers erschüttert, dem eine Kugel den Kopf fortriss, während er vor der Front durch sein Fernglas sah; die Brigaden *Ismael* und *Mustapha* wichen zuletzt zurück, nachdem sie einen Kavallerieangriff abgeschlagen hatten; das erste Regiment der Brigade *Heider-Pascha*, das zuerst seinen Platz auf dem linken Flügel verlassen hatte, hielt nachher am längsten stand gegen die feindliche Infanterie, und sein Anführer wurde gefangen genommen; sonst aber ist ein eigentliches Nahgefecht gar nicht vorgekommen. Die Infanterie feuerte in ungeheurer Entfernung, oft aus der Kolonne, das Gewehr in die Höhe ab, die Kavallerie zerstreute sich und bald löste sich alles auf. Die Artillerie hatte sich eigentlich noch am besten gewehrt.

Da ich so glücklich gewesen war mit meinen zwei Kameraden gegen Ende des Gefechts im Zentrum zusammenzutreffen, so beschlossen wir uns aneinander zu halten. Uns kam es besonders darauf an, einen Vorsprung vor den Flüchtlingen zu gewinnen, denn sobald der Rückzug angefangen hatte, waren alle Bande der Disziplin gelöst. Die Kurden, und diese bildeten die größere Hälfte unseres Korps, waren unsere Feinde; sie schossen auf ihre eigenen Offiziere und Kameraden, sperrten die Gebirgswege und machten mehrere Angriffe auf *Hafiz-Pascha* persönlich. Andere Flüchtlinge warfen die Gewehre weg, streiften die lästige Uniform ab und wanderten fröhlich und singend ihren Dörfern zu. Wir gelangten am Abend bis Aintab, neun Stunden weit; dort aber ergriffen noch in derselben Nacht sämtliche Einwohner die Flucht aus Frucht vor *Ibrahims* Rache; wir mussten daher auch diese Nacht noch mit unseren müden Pferden aufbrechen, ritten den ganzen folgenden Tag ohne Lebensmittel für uns und ohne Gerste für die Tiere und trafen abends an einem Bach, vier Stunden vor Marasch ein, wo sich wenigstens Wasser und Gras vorfand.

Ich selbst war bis zur gänzlichen Kraftlosigkeit erschöpft, als wir am 26. morgens in Marasch eintrafen, wo wir einige Erholung fanden. Mein Pferd hatte ich in der Nacht vor der Schlacht, dann während derselben und zwei Tage und eine Nacht danach geritten, ohne dass das Tier etwas anderes als dürres Gras zu fressen bekam.

In Marasch sammelten sich allmählich viele Flüchtlinge. Bemerkenswert schienen mir die Äußerungen der Offiziere, welche die früheren Schlachten von Homs, Baylan und Konieh mitgemacht hatten, wo die Türken ihren Gegnern an Zahl weit überlegen gewesen waren; sie behaupteten, dass die von Nisib weit blutiger und der Widerstand besser und kräftiger als in allen vorhergehenden Gefechten gewesen sei‼ Der Rückzug aber kostete fünf Sechstel des ganzen Korps und außerdem das ganze Material der Artillerie; die Landwehr ging fast *in corpore* nach Hause. Die Brigade *Mahmud-Paschas* besteht heute aus 65 Mann, die von *Bekir-Pascha,* welche 5800 Mann stark war, aus 351 usw. Nur die Kavallerie, welche aus Spahis (Lehnsmänner) besteht, ist größtenteils beisammen. Du siehst hieraus, mit was für Elementen wir zu tun hatten.

Die Unordnung in *Ibrahims* Korps muss indes fast ebenso groß gewesen sein. Am Tage einer siegreichen Schlacht gingen zwei Bataillone zu uns über und ägyptische Kürassiere begleiteten unsere Reiter auf ihrer Flucht; 3000 Gewehre wurden an diesem Tag im Lager von Biradschik von Flüchtlingen abgeliefert, die sich dort über den Euphrat retteten, und es wurde behauptet, dass *Ibrahim* auf seine eigenen zurückweichenden Bataillone gefeuert habe, was ich jedoch nicht für bestimmt ausgeben kann. So hing die Entscheidung an einem Fädchen, und so kam es, dass der Sieger auch nicht die kleinste Verfolgung unternahm. Bei der Disposition unserer Truppen schien dies freilich kaum noch nötig, aber dadurch wurde es möglich, dass der größte Teil der Flüchtlinge sich rechts in die Berge warf und auch *Hafiz-Pascha* den Weg nach Rumkaleh und Bohesne einschlug, auf dem aber kein einziges Geschütz fortgebracht werden konnte.

Mein Weg vom Schlachtfeld hatte mich durch unser altes Lager geführt und ich ritt heran, um zu sehen, was aus meinen Leuten und Pferden geworden war. Vor meinem von einer Kugel durchlöcherten Zelt fand ich einen meiner Maulesel erschossen, in dem Zelt meine sämtlichen Sachen zum Aufladen bereit und einen fremden Menschen; die Dienerschaft aber mit acht Pferden war davon. Unsere eigene irreguläre Reiterei war die erste gewesen, welche die Zelte plünderte, wobei sie von feindlicher Kavallerie gestört worden zu sein scheint. Der Tschausch, der mich im Gefecht begleitete, hatte sich auch etwas früh fortgemacht, ich traf ihn aber glücklicherweise später wieder, und unter diesen Umständen war eine türkische Bedeckung für unsere Sicherheit unentbehrlich. Ich bedaure hauptsächlich den Verlust eines Teils meiner Karten, von denen ich keine Kopien besitze.

Nachdem ich zwei Tage in Marasch der Ruhe genossen, die unentbehrlich war, und wir erfahren hatten, dass *Hafiz-Pascha* nach Malatia gegangen sei , brachen wir dahin auf. Alle direkte Kommunikationen waren jedoch durch die Kurden und durch die turkmenischen Wanderstämme unterbrochen; wir schlossen uns daher 80 Reitern an, die unter Mystik-Bey in Payas einen kleinen Insurgentenkrieg geführt hatten und auf dem Umweg durchs Gebirge zur Armee zurückzukehren suchten. Nach einem sehr anstrengendem Marsch erreichten wir ein befreundetes turkmenisches Aschiret oder Lager auf einer köstlich grünen Ebene mitten unter rauen Felsgebirgen; am folgenden Tag ging es wegen Ermüdung der Pferde nur bis Gebenn und den dritten Tag ritt ich mit Hauptmann Laue bis Gögsyn voraus über die schwierigen und verrufenen Engpässe von Mariamtschil-Kalessi. Der Umweg, den wir machen mussten, war wenigstens für meine Karten ein Gewinn.

In Gögsyn fanden wir durch einen glücklichen Zufall einen Wagenzug von vierzig zweirädrigen, mit Büffeln bespannten Karren, welcher dem Korps *Isset-Paschas* nachfolgte. Es war schon Abend und wir brachen, obwohl wir den ganzen Tag geritten, sogleich wieder, mit auf. Die Strecke von Gögsyn bis Jarpys war sehr unsicher durch Flüchtlinge und durch die Stämme Atmaly, Dschorid und Tschadarly. Man befürchtete angegriffen zu werden, da die Eskorte nur schwach war. Dieser Nachtmarsch ging nun natürlich sehr langsam und war so unerträglich, dass Laue und ich mit unseren zwei Tschauschen allein vorausritten; ermüdet legten wir uns gegen Mitternacht in einen Busch, um kurze Zeit zu ruhen. Wir wurden geweckt von unseren Leuten, die Menschen im Gebüsch herumschleichen gesehen haben wollten; da der Mond aufgegangen war und ich den Weg kannte, ritten wir weiter und erreichten mit aufgehender Sonne unangefochten Jarpys. Der Transport hingegen war angegriffen worden und hatte einige Leute verloren. In Jarpys erfuhren wir zu unserer Freude, dass das Korps *Isset-Paschas* hinter Albistan lagerte; wir ritten noch am gleichen Tag mit unseren müden Pferden weiter und hatten die Freude, meinen Kameraden, den Hauptmann Vincke, dort zu treffen, der uns mit der freundlichsten Herzlichkeit empfing und uns armen Erschöpften und Flüchtigen nach langer Zeit einmal wieder eine gute Aufnahme bereitete. Wir fielen sogleich über seine Esswaren, seine Kleider und Wäsche her, machten vier Teile und nahmen jeder einen, sodass er nicht weniger geplündert war als wir selbst. Wir folgten nun dem Korps zwei Märsche bis Derindeh, von wo wir mit Vincke zusammen in zwei Tagesmärschen durch den Agtsche-Dagh zu *Hafiz-Pascha* gelangten.

Hafiz-Pascha empfing uns so wohlwollend und gut, wie man es in seiner Lage nur erwarten konnte. Ein türkischer kommandierender General, welcher geschlagen ist, weiß nicht allzu gewiss, ob er einen Kopf auf den Schultern hat oder nicht. Alles Kommando hört dann auf, daher ist von einer Verfolgung des Sieges in diesen Ländern noch ein unendlich größeres Resultat zu erwarten, als überhaupt schon sonst. Die Korrespondenz mit Konstantinopel mittels Tataren erfordert mindestens sechzehn Tage und daher weiß *Hafiz-Pascha* heute noch nicht, ob er Seraskier des Orients oder ein verurteilter Verbannter ist. Diese Entscheidung wird täglich erwartet.

Seitdem man aber in Konstantinopel über den Fall beraten hatte, haben andere wichtige Ereignisse stattgefunden. Gleich bei unserer Ankunft hier erfuhren wir, dass das Korps *Osman-Paschas* von Kalsarieh, 3000 Mann stark, bei Göryn seine Gewehre weggeworfen und auseinander gelaufen sei; acht Tage später war das Korps *Isset-Paschas*, 12 000 Mann, bei Derindeh demselben Beispiel gefolgt. Diese schmähliche Desertion wirft ein Licht auf die hiesigen Zustände, schlimmer als alle verlorenen Schlachten.

Wir hatten uns hauptsächlich zu *Hafiz-Pascha* verfügt, weil zu erwarten stand, dass hier Rückzugsgefechte stattfinden würden; wir fanden aber die tiefste Ruhe. *Ibrahim-Pascha* ist nach seinem Sieg wie gebannt stehen geblieben. Wenn diplomatische Vermittlung diesen Zauber üben kann, nachdem das Unglück geschehen ist, so ist nur zu bedauern, dass sie nicht eingeschritten, um es ganz zu vermeiden; in der Tat glaube ich, hatte man in Europa von dem wahren Zustand keine richtige Kenntnis gehabt.

Konstantinopel, den 10. August 1839

Der Großherrliche Ferman, welcher *Hafiz-Pascha* vom Oberbefehl entband und ihn vorläufig nach Sivas beschied, wurde am 28. Juli feierlich verlesen. *Mehmed-Aly-Bey*, der kaiserliche Abgesandte, hatte uns eingeladen ihn auf seiner Reise zu Lande nach Konstantinopel zu begleiten, da er aber noch in Angora und Kutahia verweilen sollte, so zogen wir es vor, mit dem am 3. August von Samsun abgehenden Dampfboot uns einzuschiffen. Ich begleitete meinen Pascha nach Sivas und es kam nun darauf an, jenen Hafen noch frühzeitig genug zu erreichen, was nur durch einen Gewaltritt geschehen konnte.

Laue und ich beschlossen den Versuch zu wagen, Vincke war zwei Tage früher abgereist; wir nahmen einen Tataren, dem wir die Bedingung stellten, dass, wenn wir vor Abgang des Schiffes ankämen, er einen Beutel oder 50 Gulden als Belohnung, wenn wir aber nur eine Minute später einträfen, er gar nichts bekommen solle. Der Mann überlegte sich die Sache, denn vor uns her zogen eine Menge türkischer Beys und Agas, welche wahrscheinlich alle Postpferde schon in Beschlag genommen hatten, dann sagte er: *»Eyi söiledin!«* – »Du hast gut gesprochen!« – *»Bakalum…«* – »Wir wollen es versuchen; bei meinem Kopf, wir werden ankommen!« – »… *basch üstüne!«* Nach einer Stunde saßen wir im Sattel und jagten über die Hochebene auf den Jildis-Dagh oder »Sternberg« zu. Am folgenden Morgen stiegen wir die steilen Waldschluchten nach Tokat hinab und erreichten spätabends Turhall; dort waren nun aber keine Pferde mehr zu beschaffen, erst am folgenden Morgen kamen einige aus Amasia zurück; wir nahmen sie sogleich in Beschlag, aber die Tiere waren so ermüdet, dass wir fürchten mussten liegen zu bleiben, ehe wir den zwölf Stunden weiten Ritt vollendet haben würden; deshalb entschlossen wir uns zu einem Umweg über Sileh, dem alten Zehlah, wo wir Pferde zu finden hofften. Die Stadt hat eine schöne Lage in einer fruchtbaren Ebene am Fuß des Gebirges; ein hoher künstlicher Berg trägt die alte Zitadelle und Mauern mit Türmen umschließen den Ort; dieser ist fast zugrunde gerichtet durch die Bedrückungen *Hassan-Beys*, welcher sich dafür ein prachtvolles Konak zu Sivas erbaut hat. Obwohl die Einwohner drohten sich gegen die Pforte zu erheben, fanden wir eine gute Aufnahme und treffliche Pferde; es fing schon an dunkel zu werden, als wir in das tiefe schöne Tal des Tokat-suj hinabstiegen, und erst um Mitternacht erreichten wir Amasia. Obwohl uns die Temperatur nördlich des Taurus um vieles gemildert erschien, so war doch die Nacht drückend heiß; in eine dichte Staubwolke gehüllt, ging es in der Dunkelheit auf dem holprigen, steinigen Pfad in vollem Rennen vorwärts; aber auf dem Hof des Müsselims fanden wir das ganze Gefolge *Mehmed-Aly-Beys* und nicht ein Pferd war zu haben. Unser Tatar war selbst sehr ermüdet und glaubte, dass es wohl nicht solche Eile haben werde: *»Ne japalym?«* – »Was können wir tun?« –, fragte er, zündete seine Pfeife an und fasste sich in Geduld. Das war nun unsere Absicht nicht, wir forderten durchaus Pferde. » *Olmaz!«* – »Es ist unmöglich!« –, sagte der Türke; *»Olur!«* – »Es wird gehen!«–, wir. Der Mann zuckte die Achseln und blieb bei *»ne japalym«*. Jetzt gab ich die Hoffnung auf, aber Laue hatte einen trefflichen Gedanken: Er eröffnete dem Tataren, dass, nachdem er sein Versprechen nicht erfüllt habe, er auch nicht weiter mit uns zu gehen brauche, und dass er sich vor *Hafiz-Pascha* in Acht nehmen möge, den wir von seinem Mangel an Eifer benachrichtigen würden. »Dann werdet ihr gar keine Pferde bekommen, auch morgen und übermorgen noch nicht.« – »Nichts ist leichter als das, wir haben dir 500 Piaster versprochen, die wir jetzt sparen; ich werde sogleich 250 davon auf dieser, die übrigen 250 auf der nächsten Station dem Imrahor bieten und heute Abend sind wir in Samsum.« Wirklich würde der türkische Postmeister für ein so bedeutendes Trinkgeld dem Bey selbst ein Pferd gestohlen und uns zugewendet haben, und eine einfache Algebra lehrte unseren Tataren, dass er wohl tun werde, sich selbst mit dem Mann für ein Geringeres zu arrangieren. Die Reise ging nun unaufgehalten weiter, nur dass wir alle aufs Äußerste ermüdet und erschöpft waren; in den letzten 36 Stunden hatten wir 38 Wegstunden zurückgelegt. Von einem Bergrücken mit prächtigem Laubwald erblickten wir endlich das flimmernde Meer und brachen, wie die xenophontischen Griechen, in lautes Freudengeschrei aus; in gestrecktem Galopp ging es zwei Stunden den steilen Hang hinunter in die Quarantäne von Samsun. Aber eine türkische Quarantäne dauert nicht länger, als nötig ist, um ein Empfehlungsschreiben des Paschas zu lesen oder 50 Piaster auf ein Sofakissen hinzuzählen. Zu unserer großen Freude trafen wir Vincke noch an, der nicht mehr gehofft hatte, dass wir ihn einholen würden, und schifften uns am folgenden Morgen zusammen ein.

Der eine Schritt von Samsun auf das österreichische Dampfboot führte uns in die europäische Verfeinerung. Wir forderten zuallererst Kartoffeln, die wir anderthalb Jahre am schmerzlichsten entbehrt hatten, und eine Flasche Champagner, um auf unseres Königs Gesundheit an seinem Geburtstag hier auf den Wellen des Schwarzen Meeres zu trinken. In unserer zerlumpten türkischen Kleidung, mager und abgezehrt, mit langen Bärten und türkischem Gefolge, wollte man uns erst gar nicht in die erste Kabine lassen, bis wir den Kapitän auf Französisch anredeten. Es ist nicht zu beschreiben, wie behaglich uns alles vorkam; da gab es Stühle, Tische und Spiegel, Bücher, Messer und Gabeln, kurz, lauter Bequemlichkeiten und Genüsse, deren Gebrauch wir fast verlernt hatten.

Am nächsten Morgen tauchten die weißen Leuchttürme des Bosporus am Horizont auf; bald entdeckten wir die Brandung an den Kyaneen und die Batterien des Bosporus, dann schwebten Bujukdere, Therapia, endlich alle die mir so wohl bekannten Dörfer des Bosporus an uns vorüber, bis die Spitze des Serajs vor uns leuchtete und wir die Anker im Goldenen Horn auswarfen.

Der ausgezeichnete Empfang, der uns von allen türkischen Großwürdenträgern zuteil wurde, machte einen sehr angenehmen Eindruck auf uns; ich fand meinen alten Gönner *Mehmed-Chosref-Pascha* aus der Verbannung wieder zur höchsten Macht erhoben. Er empfing mich mit demselben Wohlwollen wie früher, und da ich ihn jetzt ohne Dragoman sprechen konnte, musste ich ihm in Gegenwart des Ministers des Inneren und des Groß-Schatzmeisters wohl eine Stunde lang erzählen. Man war sehr geneigt alle Schuld auf *Hafiz-Pascha* zu werfen und den Stab über ihn zu brechen; der Wesir bat mich, ihm einen schriftlichen Bericht über alle Vorgänge seit Aufbruch der Armee einzureichen. Ohne im Mindesten die Fehler zu bemänteln, die, wie ich glaube, *Hafiz-Pascha* begangen hat und worüber ich mich ja auch gegen ihn selbst bestimmt genug ausgesprochen hatte, war es mir doch sehr angenehm, ihn bei *Chosref-Pascha*, der etwas auf dieses Urteil gab, gegen die Anschuldigungen rechtfertigen zu können, welche ihn nicht trafen; nicht seine Schuld war es, dass man statt 80 000 Mann, über die man disponierte, nur 40 000 ins Gefecht gebracht hatte; nicht seine Schuld, dass man nicht alle Korps unter denselben Oberbefehl gestellt hatte, worauf wir in allen unseren Schreiben an den damaligen Seraskier so wiederholt gedrungen; ebenso wenig konnte man ihm die fehlerhafte Zusammensetzung des Heeres aus zwei Drittel Kurden zur Last legen, die entschieden gegen ihren Willen dienten und davonliefen, als die Entscheidung kam. *Hafiz-Pascha* ist ein rechtschaffener Mann und unter den osmanischen Generälen immer noch der beste. Er hatte für die Ausbildung seines Korps getan, was irgend möglich war.

Der Pascha glich einem Künstler, dem man aufgibt, ein Gewölbe zu bauen, und dem man statt harten Steins nur weichen Ton bietet. Wie richtig er auch seine Werkstücke fügt, der Bau muss bei der ersten Erschütterung doch in sich zusammenstürzen; denn der Meister kann den Stoff formen, aber nicht umwandeln. Das Heer *Hafiz-Paschas* war ohne Zweifel die am weitesten ausgebildete, am besten disziplinierte, ausexerzierteste und doch die moralisch schlechteste Armee gewesen, welche die Pforte jemals aufgestellt hat.

Ich beruhigte den Wesir über die Besorgnis, dass *Hafiz-Pascha* wie *Achmed* (sein Freund) Partei für *Mehmed-Aly* ergreifen könne, und stellte ihm vor, dass der Augenblick, wo ganze Korps ihre Waffen weggeworfen und die Flotte übergegangen, nicht der passende sei, um streng gegen einen General zu verfahren, der unglücklich, aber persönlich tapfer gegen einen überlegenen Feind gefochten hatte. Ich bat einige der einflussreichsten Diplomaten, sich für *Hafiz-Pascha* zu verwenden, der auch bald darauf begnadigt und mit dem Paschalik von Erzerum belehnt wurde.

Unterdes war der Sultan gestorben, die Gesandten hatten ihre neuen Kreditive noch nicht erhalten, und keiner war bis jetzt dem neuen Herrn vorgestellt worden; ein Schreiben des mächtigen Wesirs verschaffte uns aber sogleich eine Audienz, in der wir von Sr. Hoheit huldreich empfangen, beschenkt und entlassen wurden. Der Seraskier äußerte, dass es ihm sehr lieb sein würde, wenn wir wieder nach Konstantinopel zurückkehren möchten, sobald die jetzige Verwicklung gelöst sein werde, umso mehr, als wir ihre Sprache und Sitte jetzt kannten; und er hoffe, dass wir mit ihnen so zufrieden sein würden, wie sie es mit uns gewesen.

Wir trafen den Sultan zu Beglerbeg in denselben Sälen, in denen sein Vater uns vor zwei Jahren so gnädig und freundlich empfangen hatte, und der Anblick des jungen Monarchen erinnerte mich lebhaft an den Hingeschiedenen. *Abdul-Medschid* ist ein junger Mann von gutem Aussehen; obwohl er erst siebzehn Jahre alt sein kann, ziert doch schon ein stattlicher schwarzer Bart das feine, etwas blasse Antlitz; der Großherr scheint weniger von kränklicher als zarter Konstitution zu sein; er trägt ganz die Tracht seines Vaters, den roten Fes mit der Brillantagraffe und den weiten dunkelblauen Mantel; aber er erschien mir schweigsam und ernster als Sultan *Mahmud*. Er hat wohl Ursache ernst zu sein.

62. Sultan Mahmud II.

Konstantinopel, den 1. September 1839

Heute besuchte ich das Grab des verstorbenen Großherrn. Auf dem Bergrücken zwischen dem Marmarameer und dem Hafen, unfern der Moschee Nuri-Osman, überschaut man das ganze Panorama von Städten und Meeren, Gebirgen, Inseln, Schlössern und Flotten, das sich an keinem anderen Punkt des Erdballs so reich zusammenstellt; dort, hatte einst Sultan *Mahmud* geäußert, wolle er begraben sein und dahin hatte man seinen Sarg gebracht; ein Zelt war über demselben aufgeschlagen und das Türbeh oder Grabmal wird nun über das Zelt gewölbt, denn die Asche des hingeschiedenen Herrschers darf nicht noch einmal gestört werden. Ruhe und Friede sei mit ihr! Sultan *Mahmud* hat ein tiefes Leid durchs Leben getragen: Die Wiedergeburt seines Volkes war die große Aufgabe seines Daseins und das Misslingen dieses Planes sein Tod.

Man hat erzählt, die Mutter Sultan Mahmuds sei eine Europäerin gewesen: Diese Behauptung möchte sehr schwer zu beweisen sein; so viel ist gewiss, dass der Großherr nicht eine Silbe Englisch, Französisch oder Deutsch verstand; er konnte daher auch die Kenntnis der Weltverhältnisse aus Büchern nicht schöpfen und seine wissenschaftliche Bildung beschränkte sich auf den Koran und auf die Kenntnis der arabischen und persischen Sprache, so weit beide nötig sind, um türkisch zu schreiben. Der osmanische Prinz verkehrte nur mit den wenigen Personen, welchen die Eifersucht des Despotismus Zutritt gestattete, und dies waren Weiber, Verschnittene oder Mullahs.

So war Mahmud 23 Jahre alt geworden, als eine Empörung ihn in die Welt hinausrief, die er bisher nur durch die vergoldeten Gitter des Serajs erblickt hatte. Als man ihn in dem weißen Kiosk über dem Eingangstor an der Gartenseite des Serajs unter einem Haufen Binsenmatten hervorzog, glaubte er, es geschehe, um ihn auf Geheiß seines Bruders zu erdrosseln; stattdessen umgürtete man ihn mit dem Säbel Ejubs und machte ihn zum unumschränkten Beherrscher eines weiten Reichs, von dem er gerade nur die Lustgärten am Bosporus kannte.

Was der neue Großherr überhaupt von den inneren und äußeren Angelegenheiten seines Landes wusste, das verdankte er unstreitig seinem unglücklichen Oheim, dem entthronten Sultan Selim, zu dessen Gunsten eben die Empörung eingeleitet war, welche ihm das Leben kostete und Mahmud zum Padischah erhob. Von Selim hatte dieser unstreitig die Anerkennung europäischer Überlegenheit, die Liebe zur Reform, den Hass gegen die Janitscharen geerbt.

Sultan Mahmud erkaufte den Thron durch Unterhandlung mit Empörern, denen er alle Forderungen bewilligen musste, und durch das Todesurteil seines Bruders. Die Familienbande sind im Orient lockerer als bei uns und zerreißen auf dem Thron leichter als in der Hütte; Mustapha war für Sultan Mahmud nur der Sohn seines Vaters mit irgendeiner Sklavin und sein Todfeind; selbst wenn er ihm das Leben hätte schenken wollen, so würde er es gegen den Willen des empörten Volkes nicht vermocht haben. Indem Mahmud nachgab, opferte er den Mustapha seiner Sicherheit und war der letzte und einzige noch übrige Sprössling vom Stamm Osmans.

Die Regierungsperiode Sultan Mahmuds ist bezeichnet durch das Erwachen zum Selbstbewusstsein der christlichen Völkerschaften, die seit Jahrhunderten unter dem Druck der Türkenherrschaft geschmachtet hatten, und der neunundzwanzigste Enkel Osmans büßte für das Unrecht seiner Vorfahren. Die Rajahs in Serbien, Moldau, der Walachei und Hellas griffen zu den Waffen; unter den Moslems selbst tauchte eine puritanische Sekte (die Wachabiten) feindselig auf; der Erbfeind, der Moskowiter, bedrängte die Nordgrenzen des Reiches, und die Paschas von Rumelien und Widdin, von Bagdad, Trapezunt und Akre, von Damaskus und Aleppo, von Latakia und Janina pflanzten einer nach dem anderen das Banner der Empörung auf, während die Hauptstadt selbst von den Meutereien der Janitscharen unaufhörlich bedroht war.

Die herbe Erfahrung von achtzehn Regierungsjahren hatte in Sultan Mahmud die innige Überzeugung erweckt, dass er bei den bestehenden Staatseinrichtungen nicht fortregieren könne und dass er Herrschaft und Leben an eine Umgestaltung der Verhältnisse setzen müsse, zu welcher er die Muster in den Einrichtungen des glücklichen Abendlandes suchte. Wie unvorbereitet er auch die Bahn der Reformen betrat, so hatte er gesunden Verstand genug, um ihre unabwendbare Notwendigkeit zu erkennen, und Mut genug sie durchzuführen. Zur Erreichung seines Zieles gehörte unerlässlich, dass er jede zweite Gewalt im Reich zu Boden warf und die ganze Fülle der Macht in seiner Hand vereinte; dass er den Bauplatz freimachte, bevor er sein neues Gebäude errichtete. Den ersten Teil seiner großen Aufgabe hat der Sultan mit Klugheit und Festigkeit gelöst, an dem anderen ist er zugrunde gegangen.

Zunächst war es die zügellose, mutwillige Gewalt der Janitscharen, die gebeugt werden musste. Dieses Unternehmen, bei dem bereits vier Großherren Thron und Leben eingebüßt hatten, wurde durch Sultan Mahmud jahrelang klug und beharrlich vorbereitet und an *einem* Tag, in *einer* Stunde kühn und glücklich vollendet. Am Mittag des 14. Juni 1826 hörte man in Pera den Donner der Kanonen von Konstantinopel herüberschallen und die nächste Nachricht war schon, dass die türkischen Strelitzen, die Prätorianer des Islam, nicht mehr existierten. Gestützt auf die unter allerlei Namen und Verkappungen gebildeten regulären Truppen und ganz besonders auf einen großen Teil der türkischen Bewohner der Hauptstadt selbst, ausgerüstet mit dem heiligen Banner des Propheten und einer Verdammungsfetwa des Scheich-ül-Islam, trat der Großherr aus dem Seraj hervor; Hussein-Pascha, der Janitscharen-Aga, war das tätigste Werkzeug ihrer Vertilgung. Aber während man die Kaserne auf dem Atmeidan frontal mit Kanonen beschoss, ließ man die Türen der Rückseite zur Flucht offen, und obwohl Ströme von Blut innerhalb der alten Mauern von Rumeli-Hissar und an vielen anderen Punkten des Reiches flossen, war man froh, die Kinder Hadschi-Becktaschs nicht zu sehen, welche sich verbergen wollten; denn die Janitscharen, die 199 Orta oder Bataillone zählten, bildeten den streitbarsten Teil des osmanischen Volkes selbst. Nur die am höchsten Stehenden, die Gefährlichsten und Trotzigsten wurden mit schonungsloser Strenge geopfert, so die berüchtigte Otuss-bir oder 31. Orta, welche in den europäischen Dörfern am Bosporus hauste, bis auf den letzten Mann vertilgt. Die bei weitem größere Menge der Janitscharen blieb im Land verborgen und noch heute siehst du in allen Provinzen des Reiches alte, kräftige Gestalten, denen das Abzeichen ihrer Orta auf dem rechten Arm mit unverlöschlichen blauen Zügen eingeätzt ist. Die Individuen blieben, aber das Korps ist vernichtet.

Die Ulemas waren stets mit den Janitscharen gegen die Willkür der Sultane verbündet gewesen; jetzt war es möglich geworden, zwar nicht jene geistliche Körperschaft zu unterwerfen, aber doch so weit einzuschüchtern, dass sie den Neuerungen nur eine verhehlte Abneigung und heimlichen Widerstand entgegenstellte.

In seinem eigenen Volk fand Sultan Mahmud auch nicht *einen* erleuchteten Mann, der ihm bei seinen Neuerungen leitend oder helfend zur Seite gestanden hätte; es ist den Europäern fast unmöglich, sich den Stand der Intelligenz im Orient so niedrig zu denken, wie er wirklich ist. Ein Türke, der lesen und schreiben kann, heißt »Hafiz«, ein Gelehrter; die Kenntnis des ersten und letzten Verses aus dem Koran vollendet seine Bildung und die vier Spezies sind den wenigsten geläufig. Einer der türkischen Würdenträger, den ich den Aufgeklärtesten nennen möchte von allen, war dennoch ein eifriger Anhänger von Wahrsagungen und Traumdeutereien; von der Kugelgestalt der Erde konnte er sich keine Vorstellung machen und nur aus Höflichkeit und weil wir so hartnäckig auf diesen Punkt bestanden, gab er nach, dass sie nicht flach wie ein Teller sei. Niemand spricht irgendeine europäische Sprache, außer etwa die Renegaten, und viele Türken in hohen Ämtern müssen sich die Briefe, die sie in ihrer eigenen Sprache erhalten, vorlesen lassen.

Es blieb demnach nichts weiter übrig, als sich Rat bei den Fremden zu holen; aber in der Türkei wird die beste Gabe verdächtig, sobald sie aus der Hand eines Christen kommt. Peter der Große hatte 500 Offiziere, Ingenieure, Artilleristen, Wundärzte und Künstler für seinen Dienst persönlich angeworben; sie teilten seine Mühe und ernteten die Früchte derselben. In Russland konnten die Fremden *gehasst* sein, in der Türkei sind sie *verachtet*. Ein Türke räumt unbedenklich ein, dass die Europäer seiner Nation an Wissenschaft, Kunstfertigkeit, Reichtum, Kühnheit und Kraft überlegen seien, ohne dass ihm entfernt in den Sinn käme, dass ein Franke sich einem Moslem gleichstellen dürfte. Wenige Europäer werden unter so günstigen Verhältnissen in der Türkei aufgetreten sein wie wir; die ersten Würdenträger des Reiches waren von der größten Aufmerksamkeit, sie erhoben sich bei unserem Eintritt, wiesen uns den Platz auf dem Diwan an ihrer Seite an und reichten uns ihre Pfeife zum Rauchen; die Obersten räumten uns den Vortritt ein, die Offiziere waren noch leidlich höflich, der gemeine Mann aber machte keine Ehrenbezeigungen mehr, und Frauen und Kinder schimpften gelegentlich hinter uns her. Der Soldat gehorchte, aber er grüßte nicht. Wir waren höflich ausgezeichnete Individuen einer äußerst gering geschätzten Kategorie.

Als Russland seine Regeneration unternahm, befand sich dieses Land in einer solchen Isolierung von Europa, dass die Staaten des Abendlandes fast gar keine Kenntnis nahmen von Maßregeln, deren Wichtigkeit sie erst in ihren gewaltigen Folgen erkannten. Wie ganz anders ist das im Osmanischen Reich; man möchte sagen, Europa nimmt mehr Anteil an der Türkei als die Türkei selbst. Der gemeine Mann lebt noch immer in der Meinung, dass die Eltschis oder Gesandten da sind, um vom Padischah eine Krone für ihre Könige zu erbitten. »Warum«, sagte ein Mullah in der Versammlung zu Biradschik, »sollten nicht heute noch zehntausend Osmanly aufsitzen und mit festem Glauben an Allah und scharfen Säbeln bis Moskau reiten?« – »Warum nicht?«, antwortete ein anwesender türkischer Offizier. »Wenn ihre Pässe von der russischen Gesandtschaft visiert sind, immerhin.« Dieser Offizier war *Reschid-Bey,* der seine Erziehung in Europa erhalten hat; aber er sagte es auf Französisch, wo er freilich das Kühnste sagen durfte, denn niemand verstand ihn.

»Ne sarar var!« – »Was schadet's«, meinten die Leute nach der Katastrophe von Nisib, »der Padischah ist reich genug, um hin und wieder eine Schlacht und ein paar Provinzen zu verlieren!« Die europäischen Kabinette haben darüber eine andere Ansicht, alle sprechen den Wunsch aus das Osmanische Reich möglichst gestärkt und gekräftigt zu sehen, aber jeder versteht unter diesem Ausspruch etwas anderes.

Seitdem der Großherr mit einem Schlag das Gewicht vernichtet hat, das die Türkei bisher in die politische Waagschale Europas geworfen, seit der Vernichtung der Janitscharen, büßte er Länder und Reiche an Feinden und Untertanen ein. Hellas, Serbien, Moldau und die Walachei entzogen sich seiner Macht, Ägypten, Syrien, Kreta, Adana und Arabien fielen einem aufrührerischen Vasallen zu; Besarabien und das nordöstliche Kleinasien wurden von den Russen erobert; Algier durch die Franzosen besetzt; Tunis machte sich unabhängig; Bosnien, Albanien und Tripolis gehorchten fast nur noch dem Namen nach; zwei Flotten gingen verloren, die eine im Kampf, die andere durch Verrat; ein russisches Heer überschritt den Balkan und erschien unter den Mauern der zweiten Hauptstadt des Landes; ja, um das Unglück voll zu machen, mussten die Waffen der Ungläubigen den Padischah in seiner eigenen Residenz gegen ein moslemisches Heer beschützen.

So viele und so große Hindernisse stellten sich dem Plane des Sultans entgegen. Die Reform bestand meist in Äußerlichkeiten, in Namen und Projekten. Die unglücklichste Schöpfung war die eines Heeres nach europäischen Mustern mit russischen Jacken, französischem Reglement, belgischen Gewehren, türkischen Mützen, ungarischen Sätteln, englischen Säbeln und Instrukteuren aus allen Nationen; zusammengesetzt aus Lehnstruppen oder Timarioten, aus Linientruppen auf Lebenszeit und Landwehren mit unbestimmter Dienstzeit, in welchem die Führer Rekruten, die Rekruten kaum besiegte Feinde waren. In der Zivilverwaltung hatte man einen schwachen Versuch gemacht die Steuern nicht mehr zu verpachten, sondern unmittelbar für den Staat zu erheben. Die Ausfälle in den Finanzen, die hierdurch zu Anfang unausbleiblich entstehen mussten, und mehr noch der Mangel an redlichen Beamten hinderten die weitere Durchführung dieser wichtigsten aller Verbesserungen. Die Titel der Staatsmänner wurden gewechselt, aber die Männer, die sie bekleideten, blieben von derselben Untüchtigkeit.

Sultan Mahmud hinterließ seinem jungen Nachfolger das Land im traurigsten Zustand, denn abgesehen von der augenblicklichen Verwicklung, ist das Osmanische Reich mit Bezug auf die neuen Einrichtungen, die noch nicht Wurzel geschlagen haben, schwach wie ein Kind und hinfällig wie ein Greis in den älteren Institutionen, welche sich überlebt haben. Die unparteiische

Beurteilung wird Peter dem Großen einen sehr viel höheren Platz in der Geschichte anweisen als Mahmud dem Zweiten; sie wird aber auch einräumen müssen, dass die Aufgabe des Sultans, wenn sie überhaupt zu lösen, noch unendlich schwieriger war als die des Zaren.

63. Reise durchs Schwarze Meer und auf der Donau bis Orsowa

Ibrail, am Bord des »Fernandos«, den 13. September 1839

Wir verließen Konstantinopel am 9. September mittags; es blies ein ziemlich frischer Nordostwind und unser Kalk hatte Mühe, an das Dampfschiff das in Bujukdere zu unserer Aufnahme anhielt, heranzukommen.

Kaum waren wir über die Leuchttürme hinaus, so schaukelte das Schiff so gewaltig, dass ein Reisender nach dem anderen krank wurde, und erst am folgenden Morgen, nachdem das Wetter ruhiger geworden war, sah man sich wieder; wir erreichten um Mittag Varna, wo wir dem Pascha einen Besuch machten, und setzten bei ziemlich ruhiger See und klarem Himmel unsere Reise fort. Anfangs geht es ziemlich nahe an der Küste entlang bis zum Kap Güllgrad, einem sehr schönen Vorgebirge, das von einer alten Ruine gekrönt ist und dessen hohe Wände senkrecht zum Meer abstürzen; von hier tritt die Küste weiter zurück, wird allmählich niedriger und verwandelt sich dann in einen flachen Morast, der vom Meer, von ausgedehnten Seen und von den Armen der Donau umschlossen ist. Dieses ganze, viele Meilen weite Land ist ein Alluvium des mächtigen Stroms, der hier mit dem Wasser der Alpen, des Balkans und der Karpaten das blaue Meer auf eine Strecke von drei bis fünf Meilen hinaus gelb färbt; aus diesem Umstand entnehmen die Schiffer, dass sie dem Ufer sich nähern, denn das Land selbst wird erst später sichtbar, und kein Leuchtturm bezeichnet bei Nacht die schwierige Einfahrt in die Donau.

Im Frieden von Adrianopel wurde der nördliche Donauarm den Russen, der südliche den Türken zugesprochen, das Land zwischen beiden aber, die großen Morastinseln zu beiden Seiten der Sulina, sollten unbewohnt bleiben. Wir fanden indes die russischen Quarantänekordons bis an das nördliche Ufer der Sulina vorgeschoben und an der Mündung selbst auf dem südlichen Ufer eine kleine russische Stadt, die gewiss schnell aufblühen und größer werden wird, denn eine Menge Schiffe gehen hier vor Anker. Von einem Leuchtturm, den die öffentlichen Blätter erwähnen, fanden wir keine Spur, wohl aber sahen wir ein paar Kanonierschaluppen und einige Geschütze am Ufer. Der russische Kommandant des Postens hat mehrere Versuche gemacht die österreichischen Dampfschiffe einer Art Visitation zu unterwerfen, was diese jedoch stets verweigert haben. Faktisch aber sind die Russen im Besitz der Mündung dieser wichtigen Lebensader Deutschlands.

Zehn Meilen weit fährt man in einem unabsehbaren grünen Meer von wogendem Schilf umher, aus welchem die Masten und Segel von großen Schiffen hervorragen, die den Wendungen des Stroms bis Gallatz und Brailow hinauffolgen. Nur ganz in der Ferne am südlichen Horizont waren die Gebirge von Baba-Dagh und Besch-Tepe sichtbar und die Sonne sank rot glühend hinter schönen Weidenbäumen.

An Bord des »Franz« auf der Donau,
den 10. Oktober 1839

Am 15. September morgens setzten wir unsere Reise weiter fort. Bis Rustschuk waren die Ufer der Donau mir bekannt, rechts Inseln mit Schilf oder Weiden, links die bulgarischen Ufer mit Hügeln, wenigen Dörfern und geringem Anbau, zuweilen mit etwas Wald. An mehreren Stellen bemerkte ich Wassermühlen.

In Rustschuk machten wir einen Besuch beim Wesir *Sayd-Mehmed-Pascha*; dieser ist ein persönlicher Freund von *Hafiz-Pascha* und schien über die ganze Lage der Dinge sehr nachdenklich. In Nikopolis besahen wir die wohl erhaltene Festung auf einer schroffen Höhe an der Donau, und in Widdin besuchten wir den alten Wesir *Hussein-Pascha*, den Janitscharenvertilger; dieser ließ sogleich Pferde vorführen und bat uns, die neuen Befestigungen zu besichtigen und unsere Meinung über ihre Fortsetzung zu geben.

Uns war es interessant, auch diese türkische Festung noch kennen zu lernen. Widdin ist eine bedeutende Stadt in einer weiten Wiesenniederung an der Donau; sie ist mit einem bastionierten

Hauptwall und trockenen Graben umgeben. Dort baut *Hussein-Pascha* eben jetzt geschlossene Bollwerke aus Stein, von denen die zwei an der Donau fertig sind. Wir fanden in der Stadt fast alle Läden geschlossen, weil selbst die angesehensten Bewohner schanzen mussten, als wäre man am Vorabend einer Belagerung.

Die Fahrt stromaufwärts geht nur langsam und wir brauchten fünf Tage, um von Brailow nach Gladowitza zu gelangen, obschon wir auch nachts fuhren, bis der Mond unterging. Wir brauchten einen ganzen Tag, um die nur zwei Meilen lange Strecke von Gladowitza nach Orsowa zurückzulegen, auf der das Eiserne Tor oder Demir-kapu passiert werden muss.

Das Eiserne Tor ist nun nicht so schrecklich wie sein Name; die Donau fließt zwischen nicht sehr hohen bewaldeten Bergen auf einer Strecke von etwa 1500 Schritt über mehrere niedrige Felsriffe. Nur bei ganz niedrigem Wasserstand sind die Klippen sichtbar; da aber die Donau 800 bis 900 Fuß breit und ihr Gefälle hier stärker ist als an anderen Stellen, so entsteht ein heftiger Strudel bei geringer Tiefe des Fahrwassers.

Reisende und Güter werden in große Donaukähne eingeschifft und von zwanzig Paar Ochsen bis gegenüber von Orsowa hinaufgezogen.

Die Festung Neu-Orsowa mit dem gegenüberliegenden Fort Elisabeth gewährt einen sehr schönen Anblick. Die Festung ist, soviel ich weiß, unter Kaiser Leopold I. von den Österreichern erbaut worden; kaum fertig, ging sie nach dem Fall von Belgrad ohne Widerstand an die Türken verloren, die sich damit begnügt haben, der Kirche ein hölzernes Minarett anzufügen und alles Übrige zu lassen, wie sie es vorgefunden haben.

Den Serben können wir das Zeugnis geben, dass sie ihre neuen Quarantänevorschriften gewissenhaft befolgen: Als wir beim Eisernen Tor an Land stiegen, waren wir von Wachen umgeben; jedes Läppchen Leinwand, jede Feder wurde aus unserem Weg entfernt, weil, wenn sie unseren Fuß berührte, das Eiserne Tor kompromittiert werden konnte. Der Posten, der mit geladenem Gewehr vor uns herging, uns also den Rücken kehrte, befand sich in einer schwierigen Lage, und die mit Silber- und Goldmünzen und Blumen geputzten serbischen Mädchen, die zu einer Hochzeit nach Fekie gingen, liefen schnell und in einem weiten Bogen um unsere verdächtige Gesellschaft herum. Uns kam diese Ängstlichkeit sehr komisch vor, aber wenn man den Zweck bedenkt, kann man sie doch nur loben.

Als wir in Alt-Orsowa österreichischen Boden betraten, sah man, dass hier die Sache nicht mehr so neu war; wir wurden ohne Pedanterie, aber doch mit Vorsicht in die eine Viertelstunde entfernte Quarantäne von Schupaneck abgeführt. Als Vorsichtsmaßregel waren aber doch die Schwänze der Zugochsen festgebunden, damit sie nicht etwa einen der Fremden und gleich darauf den Fuhrmann anwedeln möchten. In der Quarantäne wurden wir zu einem zehntägigen Zwangsaufenthalt verurteilt.

www.ingramcontent.com/pod-product-compliance
Lightning Source LLC
Chambersburg PA
CBHW050742180726
48003CB00018B/484